做事不能“太本分”

吕叔春/编著

中国电影出版社

图书在版编目（CIP）数据

做事不能"太本分"／吕叔春编著．— 北京：中国电影出版社，2004.6
ISBN 978-7-106-02174-0

Ⅰ．做…　Ⅱ．吕…　Ⅲ．人间交往－通俗读物　Ⅳ．C912.1-49

中国版本图书馆CIP数据核字（2004）第037905号

责任编辑：纵华跃

做事不能"太本分"
吕叔春　编著

出版发行　中国电影出版社（北京北三环东路22号）邮编100013
电话：64299917（总编室）　64216278（发行部）
E-mail: Jsja@netchina. com. cn
经　　销　新华书店
印　　刷　天津冠豪恒胜业印刷有限公司
版　　次　2004年6月第1版　　2020年3月第2次印刷
规　　格　开本／710×1000毫米　1/16
印张／17.5　插页／0　字数／200千字
印　　数　1-5000册

书　　号　ISBN 978-7-106-02174-0
定　　价　48.00元

前言
Foreword

世界在变化，因为变化而精彩。“在路上总比停在旅店里要好”，认真体会这句话，你会发现，它告诉了我们成功的道理，即我们只有不断地努力，进而搜寻最直接、最有效的方法去做事，结果会让你感到惊奇和满足。做事本分死板，执旧不变，缺乏技巧，结果往往难如人愿，即便是目的达到了，沉重的脚步总是落后于人。这怎能称得上是一种成功？两者之间，过程一样，步骤相同，确有云泥之别。

有这样一个故事，或许能让你懂得技巧和变化的重要。

传说古时候，有一个国王，长得十分丑陋。他一只眼睛瞎了，一条腿还瘸着。

然而，就这样的一个国王，有一天，竟召集全国的画师来为他画像。并发话说：谁画得令他满意有赏，不满意的就要被杀头。

这中间有一个画师想：“国王的威严谁敢冒犯！尽管国王长相丑陋，我还是给他画张漂亮的吧。”于是，他画了一张画像呈献给国王。画上的国王不瞎不瘸不丑，威严无比。谁知国王一看勃然大怒道：

“善于弄虚作假、阿谀奉承的人，一定是个有野心的小人，留着何益，拉出去斩首！”这个画师被杀了。

这时，第二个画师想：“既然画虚假的画像国王恼怒，那么我就给他如实的画像吧。”第二个画师也画了一张画像呈献给国王，只见画像上的国王瞎着一只眼，瘸着一条腿，又老又丑，没一点一国之主的威严形象。国王一看怒火中烧，大喝道：

“竟敢丑化国王，冒犯天威，此等狂妄之徒，留之何益，拉出去斩首！”第二个画师也被杀了。

画师们见此情景，个个吓得魂不附体，哪个还敢冒险为国王画像？但如果不画肯定是不行的，照样会被杀头的，正在众画师为难之时，人丛中闪出一个画师来，他双手呈上一幅画像给国王。

国王一看这幅画像，不禁连连称叹，赞不绝口，并将画像赐给群臣观赏。

这是一幅国王狩猎图。只见国王一条腿站在地上，一条腿登在一个树墩上，睁着一只眼，闭着一只眼，正在举枪瞄准。这幅画，真是太妙了，百官惊叹不已，画师们更是啧啧连声，自叹弗如。国王赐给这个画师千两黄金作为奖赏。

有时候，你会面对意想不到的状况。随机应变，是聪明的行动者的处世法则。你过去的生活仍在今天延续，尽管你对许多事物抱怨不已，祈求着，期盼着：落后于时代的废物应该抛弃，我们的生活应该变得更美好。可是与此同时，你却又懒得动一动脑，懒得变一变，依然被习惯的力量带进昨天。如果希望改变自己的命运，拥有真正的成功，就应该为此付出努力。

《做事不能“太本分”》一书，以改变做事太本分，缺新少变、思维僵硬这种普遍存在的做事方式为出发点，从做事找技巧、做事要有目标、做事要灵活、做事讲效率、做事会求人、做事胆要大、做事分轻重、做事有信心、做事抓机会、做事有分寸、丢掉迂腐的做事习惯等十一个角度分析了如何改变做事太本分这种不好的做事方法的技巧，而后并列举了最为常见的几种本分呆板做事的习惯，帮助大家分析鉴别自己身上是否存在这种做事的方式，以来改变自己，走向成功。

现在，你的去向是何处？把自己变得更有创造力，更懂得求新求变，这样不仅为你的生命增加了岁月，也为你的步月增加了生命。

目录
Contents

第三章　做事要灵活

第四章　做事讲效率

第十章　做事有分寸

第十一章　丢掉迂腐的做事习惯

第一章

做事找技巧

曲则全，枉则直，只有拐个弯才能达到目的，并且达到得更快更好。这就是做事不能太本分的方法。

1. 做事不贪多

很多人做事贪多，总想一口吃一个胖子，那是办不成事情的。

把你需要做的事想象成一大排抽屉中的一个小抽屉。你的工作只是一次拉开一个抽屉，令人满意地完成抽屉内的工作，然后将抽屉推回去。不要总想着所有的抽屉，而要将精力集中于你已经打开的那个抽屉。一旦你把一个抽屉推回去了，就不要再去想它。

做事不能太"老实"地去做，要讲究做事的技巧，一个人的精力是有限的，把精力分散在好几件事情上，不仅是不明智的选择，而且也是不切实际的。在这里，我们提出"一件事原则"，即专心地做好一件事，就能有所收益，能突破人生困境。这样做的好处是不致于因为一下想做太多的事，反而一件事都做不好，结果两手空空。

想取得自我成功的人，不能把精力同时集中于几件事上，只能关注其中之一。也就是说，我们不能因为从事分外工作而分散了我们的精力。

如果大多数人集中精力专注于一项工作，那么，他们都能把这项工作做得很好。

在对一百多位在其本行业获得杰出成就的人士的商业哲学观点进行分析之后，有人发现了这样一个事实：他们每个人都具有专心致志和明确果断的优点。

做事有明确的目标，不仅会帮助你培养出迅速做出决定的习惯，还会帮助你把全部的注意力集中在一项工作上，直到你完成了这项工作为止。

最成功的商人都是能够迅速而果断做出决定的人，他总是首先确定一个明确的目标，并集中精力，专心致志地朝这个目标努力。

伍尔沃斯的目标是要在全国各地设立一连串的“廉价连锁商店”，于是他把全部精力花在这件工作上，最后终于完成了此项目标，而这项目标也使他成为了成功的人。

林肯专心致力于解放黑奴，并因此使自己成为美国最伟大的总统之一。

李斯特在听过一次演说后，内心充满了成为一名伟大律师的欲望，他把一切心力专注于这项目标，结果成为美国最知名的律师之一。

伊斯特曼致力于生产柯达相机，这为他赚进了数不清的金钱，也为全球数百万人带来无比的乐趣。

海伦·凯勒专注于学习说话，因此，尽管她又聋又哑，而且又瞎，但她还是实现了她的明确目标。

可以看出，所有成功者做事都不贪多，都把某种明确而特殊的目标当作他们努力的主要推动力。

专心就是把意识集中在某一个特定欲望上的行为，并要一直集中到已经找到实现这项欲望的方法，而且拯救自己的人直到将为之付诸实际行动为止。

自信心和欲望是构成人的“专心”行为的主要因素。没有这些因素，专心致志的神奇力量将毫无用处。为什么只有很少数的人能够拥有这种神奇的力量，其主要原因是大多数人缺乏自信心，而且没有什么特别的欲望。

对于任何东西，你都可以渴望得到，而且只要你的需求合乎理性，并且十分热烈，那么“专心”这种力量将会帮助你得到它。

假设你准备成为一位作家，或是一位演说家，或是一位商界主管，或是一位金融家。那么你最好在每天就寝前及起床后，花上10分钟，把你的思想集中在这项愿望上，以决定应该如何进行，才有可能成功。

当你要专心致志地集中你的思想时，就应该把你的眼光投向1年、3

年、5年甚至10年后，幻想你自己是这个时代最有力量的演说家；假设你拥有相当不错的收入；假想你利用演说的金钱报酬购买了自己的房子；幻想你在银行里有一笔数目可观的存款，准备将来退休养老用；想象你自己是位极有影响的人物，假想你自己正从事一项永远不用害怕失去地位的工作……唯有专注于这些想象，才有可能付出努力，美梦成真。

一次只专心地做一件事，全身心地投入并积极地希望它成功，这样你的心里就不会感到精疲力竭。不要让你的思维转到别的事情、别的需要或别的想法上去。专心于你已经决定去做的那个重要项目，放弃其他所有的事。

了解你在每次任务中所需担负的责任，了解你的极限。如果你把自己弄得精疲力竭和失去控制，那你就是在浪费你的效率、健康和快乐。选择最重要的事先做，把其他的事放在一边。做得少一点，做得好一点，才能在工作中得到更多的快乐。

可以看出，专心的力量是多么神奇！在激烈的竞争中，如果你能向一个目标集中注意力，成功的机会将大大增加。

2. 办事看情况

在日常生活中，说话与做事是分不开的，很多时候，说话是辅助做事的基础。所以，在办事的时候，我们要看情况，特别要注意语言的辅助力。

谈话的语言要视对方的修养而选择，做到能雅能俗，才不会有格格不入的反感。

谈话的话题应该视对方的情形而定，再好的话题，若不能符合对方的需要，就无法引起彼此共同的话题来，只有彼此有共同的话题，才能聊得投机，然后再设法慢慢地把话题引导进自己所要谈论的范围里。

在日常谈话中，一般人都是说些身边琐事，这或许是想向对方表示亲切。在正式交谈中，希望你不要把老婆、儿女当作谈话的资料，否则总不免给人以娘娘腔和不务正业的感觉。

谈话先从政治、经济等比较严肃的题目开始，然后再涉猎文学、艺术、个人的兴趣方面等比较轻松的话题。总之，将自己的观念见解堂堂正正地公布出来，使得彼此都能有共同的思想，才是最好的谈话。

一个善于求人的人，一定很注重礼貌，用词考究，不致说出不合时宜的话，因为他知道不得体的言辞往往会伤害别人，即使事后想再弥补也来不及了。相反地，如果你的举止很稳重，态度很温和，言辞中肯动听，双方自然就能谈得投机，求办的事自然也易办成。

所以为了使对方对你产生好感，必须言语和善，讲话前先斟酌思量，不要想到什么说什么，这样引起别人皱眉头自己还不知道为什么。那些心直口快的朋友平时要多培养一下自己的深思慎言作风，切不可像随地吐痰似的不看周围是何处脱口而出，那样会影响到自身的形象。

既然要托人办事，大多是因为工作生活出现了困难和危机，比如家人生病、婚姻不睦、事业不顺等等，这些因素都会使人心力交瘁，丧失信心，不仅影响情绪，而且影响和周围人的交往。在处于情绪低潮时，请求别人能寄予关怀，伸出援助之手。但千万记住，不要把过度沮丧的情绪带到别人面前。托人办事儿，总是一副哭丧脸，会使人感到晦气。

既然生活中的人有各种各样的类型，我们在办事时就肯定能碰到，对不同类型的人说不同的话，才能达到最好的办事效果。

3. 做事靠专长

对很多人来说，发现自己擅长的是什么事，是一个比较困难的问题，因为他们宁可相信别人，也不相信自己。其实，不必看轻自己，要相信你的能力是独一无二的。社会上大多数人，只会羡慕别人，或者模仿别人做事，很少有人去认清自己的专长，了解自己的能力，然后锁定目标，全力以赴，所以不能够成就大事。那么，成功的人又将怎么做呢？

据调查，有28%的人正是因为找到了自己最擅长的职业，才彻底地掌握了自己的命运，并把自己的优势发挥到淋漓尽致的程度。这些人自然都跨越了弱者的门槛，而迈进了成功人士之列；相反，有72%的人正是因为不知道自己的“对口职业”而总是别别扭扭地做着不擅长的事，因此，不能脱颖而出，更谈不上成大事了。实际上世界上大多数人都是平凡人，但大多数平凡人都希望自己成为不平凡的——成大事的人，梦想成大事，才华获得赏识，能力获得肯定，拥有名誉、地位、财富。不过，遗憾的是，真正能做到的人，似乎总是不多。

如果你用心去观察那些成大事的自我拯救者，几乎都有一个共同的特征：不论他们聪明才智高低与否，也不论他们从事哪一种行业、担任何种职务，他们都是在做自己最擅长的事。

从很多例子可以发现，一个人的“成就”来自他对于自己擅长的工作的专注和投入，无怨无悔地付出努力的代价，才能享受甘美的果实。

一位知名的经济学教授曾经引用三个经济原则做了贴切的比喻。他指出，正如一个国家选择经济发展策略一样，每个人应该选择自己最擅长的工作，做自己擅长的事，才会既胜任又愉快。换句话说，当你在与别人相比时，不必羡慕别人，你自己的专长对你才是最有利的，这就是经济学强调的“比较利益”。这是第一。

第二个是“机会成本”原则。一旦自己做了选择之后，就得放弃其他的选择，两者之间的取舍就反映出这一工作的机会成本，于是你了解到必须全力以赴，增加对工作的认真度。

第三是“效率原则”。工作的成果不在于你工作时间有多长，而在于成效有多少，附加值有多高，如此，自己的努力才不会白费，才能得到适当的报偿与鼓舞。

境遇是自己开创的，真正的成功乃是自己造就的。你不必看轻自己，你要相信你的能力是独一无二的，你也许正在完成一件了不起的事，有朝一日，你或许真的可以变得“很不平凡”，而成为大家羡慕的成功者。

一个人做自己擅长的事，脚踏实地是获得成功的另一法宝。每个人在年轻的时候都会立志，有的人想当科学家、发明家或者大文豪，个个看起来志向远大。年轻人难免都会“崇拜偶像”，希望找到学习的典型，但不是每个人都能当科学家、发明家。培养一技之长，一步一步去累积自己的个人资源，才是迈向成功之路的要素之一。

也就是说，一个人成功的办事方法是：该花的心血一定要投入，该有的过程一定要经过。

人生充满变数，一个人的成败与否，不单看他的资质，而是毅力。人应该要有梦想，否则就失去了奋斗的目标与方向，但成功者的条件必须靠日积月累地做准备，你可以立志做大老板，做大文学家，但绝对不要躺在那里等待。

在选择职业应注意的事项中，不管有怎样的规定，都以选择自己喜欢、擅长的事为根本。美国著名行为学家杰克·豪尔在题为“从自己的专长开始成功”的报告中，非常明确地说明：“人与人之间的竞争，不是聪明与不聪明的比赛，而是不同专长的比较，或者说各自在专长方面显示的能力如何，成功者是因为在专长上充分施展自己的智能优势，而失败者是没有专长的，总是盲目的受动者。如果一个人能在自己的专长上发挥86%的能力指数，那么他就已经可以成功了。”

4. 做事前了解自己的实力

哲学家说：“了解你自己。”最好的方法是站在一旁，像陌生人一样来评估你自己。接着，要尽可能客观地进行自我检查、评估自己的能力并认清自己的缺点。

有人会反驳：“这是一种毫无意义的行为，我已经知道我自己。难道有人不能知道他自己吗？”回答是：“是的！”但我们都有自欺欺人的弱点，我们都会为自己的弱点寻理由，为自己的失败找借口。

“我们中很多人都相信自己比实际情况要好得多。我们都认为自己在事业上没有做得更好的主要原因是我们没有运气。我们竭力回避这样的事实：像缺乏行动或故意拖延，或不够注意，或逃避义务等等。

你想去一家公司上班，所以你同这家公司总裁有约。他坐在桌边，身子前倾着说道：“如果我雇用你，你能给我们带来什么？好的坏的都说给我听听吧。”

你怎么回答？你能说出哪些资格、条件来？

任何公司都要经常盘点，通过检查库存货品，公司就会弄清要卖什么、短缺什么、某些产品是否过时了。

每个人需要时常检查自己，问问自己：“我有什么特别的才智和技术？我有能力同我的同事竞争吗？我准备付出成功所需要的时间、思想和精力吗？我所掌握的东西有可能过时了吗？”然而，我们中的另一些人却认为我们比实际情况还要糟，我们缺乏自信，我们感到不适，我们逃避棘手的挑战，因为我们不想失败。结果，我们注定一生平平庸庸。

我们都不愿居于他人之后。让我们来对付这种自欺欺人的行为，停下来严格地看待自己。要诚实地回答每个问题，要知道欺骗自己就是背叛自己。

（1）你勤奋吗

懒惰是你的劣习吗？你一离开办公室就把工作抛于脑后吗？当你落后于他人时，你很少在办公室待到很晚，或很少把工作带回家，或很少在周末去办公室吗？你是否比其他人花更多时间喝咖啡，把时间浪费在闲聊无关的小事上？你在周末起得很晚并找借口说：“我比别人需要更多的睡眠？”你宁愿坐下闲谈而不去阅读那本你知道该读的书吗？你大多数夜晚都把时间浪费在电视机前吗？你下决心保持身体健康，当工作进行得不顺手时就把事情抛到一边吗？你必须在“勤奋”和“懒惰”两个词中挑选一个来描绘你自己，你挑选哪一个？

（2）你有雄心吗

你想取得进步，可是你当真愿为它去出力吗？你采取具体的措施来增强你的能力、提高你的技术、更好地武装你自己吗？你为自己定下目标了吗？你就像遵循时间表那样去追求它们吗？你把眼光盯到具体的职业成就上吗？你已定下计划去实现它们吗？你的抱负合理吗？当你该晋升到高级的管理位置或甚至副总裁时，你的目标仅仅是增加一级工资或谋得一官半职吗？

（3）你持之以恒吗

你知道该做什么时，你做了吗？或者你是个拖延者吗？如果你有某项责任需要履行，某种麻烦棘手的事要做，你叹了口气但却继续干下去并坚持到把它办好才罢手吗？或者是一直拖下去，到最后才急匆匆地胡乱完成吗？

（4）你安排有序吗

你的工作是杂乱无章一团糟呢，还是“计划工作、完成计划”？如果没有秘书，你总是能及时得到并掌握新的档案资料吗？如果需要，你会花一点时间去留心某一特别的文件吗？你在家里是否有个角落，在那里你是否备有一个记事卷宗，用来与放在办公室的那份卷宗进行配合呢？你常常记笔记呢，还是相信自己的记忆呢？你口袋里有个袖珍日历、有一个详细的工作日历，每天第一件事就是查询这些日历吗？你把重要的日子或事件写在日历里呢还是拖延着不记？你是否常常忘了约会或最后期限，最后才惊慌地去弥补疏漏吗？

（5）你有创造性吗

你善于解决问题吗？你欢迎问题吗？如果拿到一个任务，你愿采用常规的方法去做呢，还是寻找更好的办法？当面临一个问题时，你在分析它时是陷入困境呢，还是迅速去评估它并开始寻找解决办法呢？如果一架机器抛锚了，你本能的反应是什么——是找出说明书并重新安装呢，还是找出新的方法把工作做得更好？当体制运转不灵时你勃然大怒但却继续留在里面工作吗？你准备着手改变它们吗？你常给意见箱投你的建议呢，还是从来想都不想？

（6）你注意力集中吗

你努力确立自己的目标并一直追求这些目标吗？你喜欢一次考虑十几件事情吗？你是否有热情却无兴趣？你是把头脑放在工作上呢，还是常做白日梦？你缺乏动力吗？你受模糊不清的雄心壮志的鼓动但却不太明白从哪里下手吗？如果有某项任务要做，你搞得清楚吗？你是否一直想换工作，但是去留之间，你却一直没有下定决心？

（7）你是个现实主义者吗

尽管你知道你不会走红运，但你仍相信总有一天你会得到它吗？你有足够强烈的意识来客观评估你的技能和潜力吗？你是否清晰地认识到在某些方面所缺乏的东西在其他方面可得到弥补吗？你了解你的局限和长处吗？你是坦率地回答上面这些问题，还是闪烁其词地回答呢？

问问自己这个基本的问题：为什么我想成功？重新安排下列观点的次序，看看你的重点是什么：

——我想成功，因为在事业上，成功就是意义之所在；

——成功是件值得个人骄傲的事；

——为了我的家庭，我想成功；

——我想得到同事们的夸奖；

——我想得到回报：金钱、权力和影响。

（8）仔细观察

当你答完后，把这些记录压缩成一页并贴在明显的地方，好让你记住。（衣橱里是最好的地方，每天早上你都看得见。）

把你的决心告诉你的“另一半”，这样能加强你的决心，你不想在配偶面前失败。

当你开始这一新计划时，你需要自我询问这样一个基本问题：“实现这些目标需要刻苦工作，我能吗？”

除了突出的天赋外，如果成功可以从一件事中直接获得，那十有八九是：刻苦劳动，做事时不能太老实，要有新的创意。

对于雄心勃勃的人来说，想在事业上成功并不是那么困难，因为任何组织里的多数人都没有全力以赴对待工作。多数的人付出的少得多！如果你准备“再赶上一程”。你很有可能“爬上梯子”了。

5. 做事要快而敏捷

兵家常说：“用兵之害，犹豫最大也。”实际上，犹豫不决，当断不断的祸害，不仅仅表现于战场上，在现代的商业战略上又何尝不是如此呢？商战之中，机不可失，时不再来，如果犹豫不决，当断不断，那你在商场上只会一败涂地，无立身之处。因此，斩钉截铁、坚决果断，已成为当代经营企业家的成功秘诀之一。当然，这里说的当机立断，首先，指的是认准行情、深思熟虑后的果敢行动，而不是心血来潮或凭意气用事的有勇无谋。宋人张泳说：“临事三难：能见，为一；见能行，为二；行必果决，为三。”当机立断的另一方面，并非仅仅指进攻和发展。有时，按兵不动或必要的撤退也是一种果敢的行为，该等待观望时就应按兵不动。撤退时就应该撤退，这也是一种当机立断的行为。

最让人感慨的当是“夜长梦多”这一俗语了。夜长梦多，指的是做某些事，如果历时太长，或拖得太久，就容易出问题。

“夜长”了，“噩梦”就多，睡觉的人会受到意外的惊吓，反而降低了睡眠的效果。同理，做事犹犹豫豫，久不决断，也会错失良机。“失时非贤者也。”

《史记》中有“兵为凶器”的说法。意思是说，不在万不得已时，不得出兵；但是，一旦出兵就得速战速决。“劳师远征”或“长期用兵”，每每带来的都是失败。

拿破仑穷兵黩武，征战欧洲，不可一世，但后来却有了“滑铁卢”之悲剧：希特勒疯狂侵略他国，得到的却是国破身亡，主权不保。这都是由于：

第一，他们没有认清战争的害处；

第二，他们不懂得“夜长梦多”的真正外延。

中国人向来讲究不温不火，从容自若，慢条斯理的做事态度，大难临头，“刀架在脖子上”也能泰然处之。能够做到这样，才算得上气宇大度的君子。然而，这并不是说中国人就喜欢做事拖拉，或不善于抓住战机。事实上，中国人在追求和谐、宁静、优雅的同时，无时不在潜心于捕捉机遇。

有一种“无为而治”的政治哲学。从表面上看，它似乎也是优哉游哉的处世信条，但就其内涵，远非字面那么浅显。所谓“无为”并不是单纯的“不为”，而是“阴谋诡计”之极为，它无时不在宁静的外表下进行频繁的权谋术数的操作。

打个比方，一个车轮，以无限的速度旋转，似乎就看不到它在旋转了，抑或看到的是倒转，“无为”就是这种状态，“无为”才能“无不为”。因此，做事不能太老实，应快速决断，不要犹豫、踟蹰。

6. 做自己喜欢做的事

每个人都必须当机立断，去做自己喜欢做的事情．也许这种想法是自私的更是不老实的，其实，做自己喜欢做的事，当知道自己已经走错方向时，就能及时地掉转头，朝正确的方向走，这样就会达到理想的目的地。如果做事太老实了，明知错了还要继续走，最终会一败涂地。做事不能太老实必须这样：每天有许多事可做，但有一条原则不能变，那就是一定要做你最喜欢做的事。

很多人在寻找工作的时候，都不知道自己要做什么，或是做一些自己不喜欢做的事。

有一位机械师不喜欢自己的工作想转行，却迟迟下不了决心，因为他已经学了二十几年的机械，如果突然换一份其他工作，会感到很不适应，尽管不喜欢，却无法抛开累积二十多年的机械专业知识。

他想改变，但又甩不掉过去的包袱，自然无法突破。

这是个矛盾，既然知道自己再继续做下去也不会有兴趣，就应该果断地做出决定：转行！做自己喜欢的事情毕竟是令人兴奋的，也更容易激发自己的想象力和创造力，并最终取得卓越成就。

要改变自己目前的状况。要让自己更有自信，要让自己做事更有成效，我们就必须做出更好的决定，采取更好的行动。

很多年前，一位名人讲过一句话：“你一定要做自己喜欢做的事情，才会有所成就。”

做你自己喜欢做的事情，其实是很困难的。大多数的人都在做他们讨厌的工作，却又必须逼迫自己把讨厌的事情做到最好。

他们经常失去动力，时常遇到事业的瓶颈，而没有办法突破，他们不断地征求别人的意见，却还是照着一般的生活方式在进行，凡事没有进展，原地踏步，这些当然不是他们想要的，但是由于种种原因，他们当中却很少有人试着去改变自己的状况，其实，要找到自己真正喜欢的工作，只需要把自己认为理想和完美的工作条件列出来就一目了然了。

一位颇有名气的心理学专家在叙说自己最终寻找到自己最喜欢的工作的经历时这样说。

运动和数学一直是罗克很喜欢做的两件事。

从小到大，罗克一直是运动健将，不仅担任过体育股长和篮球、乒乓球队长，也是校田径队的杰出运动员，罗克曾经想过要把兴趣发展成职业，也曾经梦想成为张德培第二。

罗克不断地问自己：这些真的是罗克自己想要的吗？罗克愿意把运动当成自己一辈子的终生事业吗？后来罗克告诉自己：靠体力过生活，并不是罗克真正喜欢过的生活，虽然罗克非常喜欢运动。

在高中和大学的时候，罗克的数学成绩一直都是名列前茅的，他也曾经想过，要当一位数学教授。

决定要做这件事之前，罗克列出一张理想和完美的工作条件表，他告诉自己：

第一，时间一定是由他自己掌握。

第二，要能不断地接触人，因为他喜欢人群。

第三，必定对社会有所贡献。

第四，可以环游世界。

第五，必须能够不断地学习与成长。

第六，必须能够不断地建立新的人际关系，可以跟一些成功的朋友交往。

第七，收入的状况可以由他的努力来控制。

罗克发现，当一位数学教授，并不能达到他理想的工作条件，于是，他又开始寻找另一个可以当成终生事业的工作。

17岁的时候，罗克接触了汽车销售业，因为他很喜欢车子，他想自己应该可以做得不错；真正进入了这个行业之后，他发现这个行业有非常大的特色，但是他的个性似乎并不适合，于是，他又转行了。

从16岁到21岁，罗克陆陆续续换了18种不同的工作，可是每次换工作之前，他从来都没有仔细想过："他到底要的是什么？"直到他把那些理想和完美的工作条件列出来。

后来罗克发现，自己有一个特点，就是从小到大一直很热心，很喜欢帮助别人，同学数学不会，他很喜欢教他；别人篮球打得不好，他会自告奋勇过去教他。

因为罗克相信，只要自己可以，别人一定也做得到。

在一个很偶然的机会，罗克参加了一个激发心灵潜力的课程，它给了他非常大的震撼。

罗克发现，自己上了那么多的课程，学习了那么多的资讯，却没有任何一个课程比得上他的老师安东尼·罗宾，在短短的8小时当中，所分享给他的资讯那么多。

罗克想，假如他以后也能做别人所做的事情，把一些真正对人们有帮助的资讯，不管用何种渠道，书籍也好，录音带也好，或是录像带也好，都能够分享给想要获得这些资讯的人，那该有多好！罗克发现，这个工作完全符合他所列出来各种理想和完美的工作条件，当他了解到这件事以后，他知道，这就是他毕业所寻找的方向。

罗克曾经听他的老师这样说过："世界上的每一项工作都很好，但是，没有任何一项工作，比他目前所做的更有意义。"因为，他可以借由帮助别人来帮助自己。

这句话让罗克决定一辈子做这件有意义的事情，经过了七八年的坚持，他终于在这个行业崭露头角，让非常多的人得到非常具体的帮助。

不管是在心灵的重整，或是自信心的培养，或是业绩上的突破，或是管理思想的一些转变，它们都有非常显著的改变。

以前，罗克一直把赚钱当成非常重要的目标，后来他才发现，赚钱并不是全部，也不是绝对。

赚钱固然重要，但是，罗克现在一心一意只想把所有精力放在如何提升自己，如何提高工作品质，如何提供更多、更有价值的服务，来帮助更多想要拯救自己的人，想要更上一层楼的伙伴们。

每当罗克发现，一个人不再自我成长，觉得自己没有什么可以学习的时候，他就为他感到非常可悲。

因为，连世界最顶尖的人，都还是那么的谦虚，那么努力地想成长，他们已经是全世界最棒的，却还在不断地学习如何再进步。世界顶尖的人士，一定有他们拯救自己的方法和道理，这些都是我们应该学习的。

如何让自己变成一位成功者呢？我们必须研究成功的人是如何思考的，他们采取什么样的行动，用什么样的态度，有什么样的想法。

他们是如何让自己更上一层楼，他们结交什么样的朋友，在他们还没有成功之前，他们到底付出了多大的代价和努力？当他们面临失败和巨大挑战的时候，又是如何坚持到底的？归根结底只有一个原因，那就是：把要做的事，做得最好。

7. 绕个弯把事做

曲则全，枉则直，只有拐个弯才能达到目的，并且达到得更快更好。这就是做事不能太本分的方法。

汉武帝有个奶妈，他自小是由她带大的。历史上皇帝的奶妈经常出毛病，问题大得很，因为皇帝是她的干儿子，这奶妈的无形权势，当然很高，因此，“尝于外犯事”，常常在外面做些犯法的事情。“帝欲申宪”，汉武帝也知道了，准备把她依法严办。皇帝真发脾气了，就是奶妈也无可奈何，只好求救于东方朔，东方朔在汉武帝面前，是有名的可以调皮耍赖的人。汉武帝与秦始皇不同，至少有两个人他很喜欢，一个是东方朔，经常与他幽默——滑稽、说笑话，把汉武帝弄得啼笑皆非。但是汉武帝很喜欢他，因为他说的做的都很有道理。另一个是汲黯，他人品道德好，经常在汉武帝面前顶撞他，他讲直话，使汉武帝下不了台。由此看来，这位皇帝独对这两个人能够容纳重用，虽然官做得并不很大，但非常亲近，对他自己经常有中和的作用。所以，东方朔在汉武帝面前，有这么大关系。奶妈想了半天，不能不求人家。皇帝要依法办理，实在不能通融，只好来求他想办法。他听了奶妈的话后，说道：此非唇舌所争——奶妈，注意啊！这件事情，只凭嘴巴来讲，是没有用的。因此，他教导奶妈说：“而必望济者，将去时，但当屡顾帝，慎勿言此，或可万一冀耳！”你要我真救你，又有希望帮得上忙的话，等皇帝下命令要办你的时候，叫人把你拉下去，你被拉走的时候，什么都不要说，皇帝要你滚只好滚了，但你走两步，便回头看看皇帝，走两步，又回头看看皇帝，千万不可要求说：“皇帝！我是你的奶妈，请原谅我吧！”否则，你的头将会落地。你什么都不要讲，喂皇帝吃奶的事更不要提。或者还有万分之一的希望，可以保全你。

东方朔对奶妈如此这样吩咐了一遍，等到汉武帝叫奶妈来问：“你在外面做了这许多坏事，太可恶了！”叫左右拉下去法办。奶妈听了，就照着东方朔的吩咐，走一两步，就回头看看皇帝，鼻涕眼泪直流。东方朔站在旁边说：“你这个老太婆神经嘛！皇帝已经长大了，还要靠你喂奶吃吗？你就快滚吧！”东方朔这么一讲，汉武帝听了很难过，心想自己自小在她的手中长大，现在要把她绑去砍头，或者坐牢，心里也着实难过，又听到东方朔这样一骂，便想算了，免了你这一次的罪吧！以后不可再犯错了。“帝凄然，即敕免罪。”

像这一类的事，看起来，是历史上的一件小事，但由小可以概大。此所以东方朔的滑稽，不是乱来的。他是以滑稽的方式，运用了“曲则全”的不老实办事的方法，救了汉武帝的奶妈的命，也免了汉武帝后来的内疚于心。

假如东方朔跑去跟汉武帝说：“皇帝！她好或不好，总是你的奶妈，免了她的罪吧！”那皇帝就更会火大了。也许说：奶妈又怎么样，奶妈就有三个头吗？而且关你什么事，你为什么替她说情？可能她犯的罪，都是你的坏主意吧！同时把你的讲话家伙也一起砍下来。那就吃不消了。他这样一来，一方面替皇帝发了脾气，你老太婆神经病，如此一骂，皇帝难过了，也不需要再替她求情，皇帝自己后悔了，也不能怪东方朔，因为东方朔并没有请皇帝放她，是皇帝自己放了她，恩惠还是出在皇帝身上，这就是“曲则全”。

三国时代，刘备在四川当皇帝，碰上天旱——夏天长久不下雨，为了求雨，乃下令不准私人家里酿酒，因为酿酒，也会浪费米粮和水，就下令不准酿酒。命令下达，执行命令的官吏，在执法上就发生了偏差，有的在老百姓家中搜出做酒的器具来，也要处罚。老百姓虽然没有酿酒，而且只搜出以前用过的一些做酒工具，怎么可算是犯法呢？但是执行的坏官吏，一得机会，便“乘时而驾”，花样百出，不但可以邀功求赏，而且可以借故向老百姓敲诈、勒索。报上去说：某人家中，搜到酿酒的工具，必须要加以处罚，轻则罚金，重则坐牢。虽然刘备的命令，并没有说搜到酿酒的工具要处罚，可是天高皇帝远，老百姓有苦无处诉，弄得民怨处处，可能会酝酿出乱子来。简雍是刘备的妻舅。有一天，简雍与刘备一起出游，顺便视察，两人同坐在一辆车子上，正向前走，简雍一眼看到前面有个男人与一个女人在一起走路，机会来了，他就对刘备说：这两个人，准备奸淫，应该把他俩捉起来，按奸淫罪法办。”刘备说：“你怎么知道他们两人欲行奸淫？又没有证据，怎可乱办呢！”简雍说：“他们两人身上，都有奸淫的工具啊！”刘备听了哈哈大笑说：“我懂了，快把那些有酿酒器具的人放了吧。”这又是“曲则全”的一幕闹剧。当一个人发怒的时候，所谓“怒不可遏，恶不可长”。尤其是古代帝王专制政体的时代，皇上一发了脾气，要想把他的脾气堵住，那就糟了，他的脾气反而发得更大，不能堵的，只能顺其势——“曲则全”——转个弯，把他化掉就好了。这是说身为大臣，必须要善于运用的道理。

这些历史故事，可作办事不要太老实的参考，告诉人们办事情一定不能老实巴交，否则事情肯定会办砸。世间有很多事情都是如此，即使家庭骨肉之间朋友之间办事，也一样不能太老实。

8. 善于逆向思维

当很多人在往同一条路上挤的时候，只要你拥有足够的实力和信心，另谋逆路而取之，也许会达到殊途同归的目的，只不过你看起来是要轻松得多罢了。

人们已经习惯了正常的思维方式，即使没有什么成效仍很难改变。这时候，逆向思维能给人以新的思路，逆向而往，走一着险棋往往可以带来与众不同的胜局。

德国奔驰汽车公司的成功经验告诉我们：办事不要太老实，采取非一般的逆向思维的方法。奔驰公司走出一步险棋：在巴黎举办汽车赛。

20世纪最后20年，日美汽车大量侵入西欧，几乎把欧洲的汽车工业挤到了灭亡的边缘。像以“车到山前必有路，有路就有丰田车”著称的丰田汽车公司，以其优质低价的汽车而风靡全球。这一次车赛很明显，如果奔驰失败，那就很难想象会有人愿意花买两辆丰田车的价钱去买一辆笨手笨脚的奔驰车了——尽管奔驰车的质量无与伦比，尽管奔驰车耐用又舒适豪华，这一次一旦失败，奔驰车将毫无疑问地被挤出强者的行列。

5月的巴黎气候宜人，第18届世界汽车大赛就在这里举行。赛场上，依次排列着十几辆世界级品牌的高级汽车，奔驰车以其豪华的造型位居其列。比赛开始了，奔驰公司的总裁埃沙德·路透一眼不眨地盯着大屏幕，注视着一路烟尘而去的小汽车。

毕竟都是世界名牌，无论是日本的丰田、本田，还是美国的雪佛兰、野马，谁也没有占到丝毫优势。奔驰车夹在日美汽车中间，速度上是丝毫不逊色，然而它也仅能与之并驾齐驱，看不出有什么优势。

路透的心简直提到嗓子眼了，周围的几个助手大气都不敢出一声，一起注视着赛场上奔驰的命运。赛程过半的时候，路透轻轻嘘了一口气，因为奔驰已显现出了微弱的优势。很快，各型汽车都将车速提到最高的限度，开始了最后冲刺……

随着一阵欢呼，路透终于揉了揉眼睛，脸上露出了自信的笑容。奔驰车赢了，超过了它所有的竞争对手。这一胜利，不仅保住了欧洲汽车工业的一席之地，而且更加稳固了奔驰汽车在世界汽车工业中的地位。

其实早在十年之前乃至更久以前，奔驰汽车就以其雄厚的实力而雄踞于世界汽车制造业前列：世界上最早的一辆汽车就叫奔驰，而奔驰公司的创始人卡尔·本茨和哥特里普·戴姆勒正是汽车的缔造者。只是到了埃沙德·路透的时候，这个满怀雄心壮志的德国人，决定要采取另一种竞争方式来稳固奔驰的地位。

“奔驰车将以两倍于其他车的价格出售”，这话说起来就像唱山歌一样动听，做起来难度之大可想而知，然而路透似乎早已下定了决心，他知道如果不设法提高奔驰车的质量，在以后越来越激烈的竞争中势必适应不了风云变幻的市场变化，靠老牌子吃饭是支持不了多久的，他感到自己有责任来为奔驰开辟新的发展道路。

为了激励全体员工来共同实现新的目标，路透感觉到有必要亲自到车间和试验场去身体力行一番。他当然知道这逆道而行的一步如果成功将给奔驰公司带来多么高的荣誉，但他更清楚这一步，一旦失足会有多么大的损失。他必须鼓起所有的士气走好这一步险棋。

路透和他所率领的公司是永远都不愿充当像恐龙那样不适应变化的角色的。在奔驰600型高级轿车问世之前，路透便对他的技术专家们说："我最近想出了一则很优秀的汽车广告，当然是为咱们奔驰想的。这则广告是：'当这种奔驰轿车行驶的时候，最大的噪声来自车内的电子钟。'我准备把这种奔驰车定价为17万马克。"专家们当然明白总裁的意思，却仍不免大吃一惊：17万马克，买普通轿车要买好多辆！

也许是总裁的表现感动了那帮专家，他们废寝忘食地工作，以惊人的速度把成功的新型优质奔驰轿车——梅塞德斯献给了埃沙德·路透。路透从病床上爬起来后的第一道命令便是宣布将奔驰轿车的价格提高一倍。这个命令不仅让整个德国震惊，更是让全世界的汽车工业惊惶不已。

路透的愿望还是很快变成了现实，闻名世界的高级豪华型轿车奔驰600问世了，它成了奔驰轿车家族中最高级的车型，其内部的豪华装饰，外部的美观造型，无与伦比的质量都令人叹为观止。很快，各国的政府首脑、王公贵族以及知名人士都竞相挑选奔驰600作为自己的交通工具，因为，拥有奔驰，不仅仅是财富的象征。

现在，奔驰汽车公司已是德国汽车制造业最大的垄断组织，也是世界商用汽车的最大跨国制造企业之一，奔驰汽车以优质高价著称于世历时百年而不衰。

当其他企业大多从降低成本、降低自己商品的价格来达到增强竞争能力的目的时，而奔驰公司则逆其道而行却大获成功，这不能不给人某种启示：办事不能老是按一般规则走，不能老老实实地机械地去办。

9. 没有兴趣的事，别去碰它

一个没有自己强项的人，只能是“挣扎着”活着，随时都有可能被击垮。

如果你没有强项，必须要善于寻找和培养自己的强项，做自己能做的事，把自己的优势淋漓尽致地施展出来。

一个人如果能根据自己的爱好去选择事业的目标，他的主动性将会得到充分发挥。

不断地了解自己能干什么，如此才能取之所长、避它之短，进而成就大事。

求职者在了解了兴趣与各种职业之间的关系之后，如何完成对自己兴趣的估价是十分重要的。

善于根据兴趣确定自己的职业，并以此推销自己的优势是你择业成大事的起点。

罗素说过，他的人生目标就是使“我之所爱为我天职”。也就是说，他要把生活中最感兴趣的作为其终身职业。这的确是个值得效仿的好榜样。

要确定你的终生奋斗目标，首先要问问你自己的兴趣所在。所谓兴趣，是指一个人力求认识某种事物或爱好某种活动的心理倾向，这种心理倾向是和一定的情感联系着的。“我喜欢做什么？”“我最擅长什么？”一个人如果能根据自己的爱好去选择事业的目标，他的主动性将会得到充分发挥。即使十分疲倦和辛劳，也总是兴致勃勃，心情愉快；即使困难重重也绝不灰心丧气，而能想尽办法，百折不挠地去克服它，甚至废寝忘食，如醉如痴。爱迪生就是个很好的例子。他几乎每天都在实验室里辛苦工作十几个小时，在那里吃饭、睡觉，但他丝毫不以为苦，“我一生中从未做过一天工作”。他宣称：“我每天其乐无穷。”难怪他会成大事。

很多人往往一时很难弄清楚自己的兴趣所在，或擅长什么，这就需要你在实践中善于发现自己、认识自己，不断地了解自己能干什么，不能干什么，如此才能取之所长、避它之短，进而成就大事。作家斯贝克一开始并没有意识到自己会成为作家，曾几次改行。开始，因为他身高一米九多，爱上了篮球运动，成为市男子篮球队员。因为球技一般，年龄渐长，又改行当了专业画家。他的画技也无过人之处，当他给报刊绘画时，偶而也写点短文，终于发现自己的写作才能，从此走上了文学创作的道路。

发现和准确判断自己的兴趣所在，可以通过对自己经历的回顾。在此基础上，将自己的兴趣归于某种兴趣类型，并与相应的职业对比，可以帮助你选择适合自己兴趣的职业。

对于兴趣和各种职业之间的关系，国内学者根据《加拿大职业分类词典》作了如下分类：

兴趣类型A：愿与事物打交道——喜欢同具体事物打交道，默默无闻，埋头苦干。相应的职业诸如制图、地质勘探、建筑设计、机械制造、计算机操作、会计、出纳等。

兴趣类型B：愿与人接触——喜欢同人交往，结交朋友，对销售、公共关系、采访、信息传递一类活动感兴趣，相应的职业如推销员、公关人员、记者、咨询人员、教师、导游、服务员等。

兴趣类型C：愿干规律性工作——喜欢常规性、重复的、有规则的活动，习惯在预先安排好的程序下工作。相应的职业如图书管理员、文秘、统计、打字、公务员、邮递员、档案管理等。

兴趣类型D：喜欢从事帮助人的工作——乐于助人，试图改善他人状况，帮助他人排忧解难，相应的职业如福利工作、慈善事业、医生、律师、保险业、护士、警察等。

兴趣类型E：愿做领导和组织工作——喜欢掌管一些事情，希望受人尊敬并获得声望，在活动中时常起骨干作用。相应的职业如政治家、企业家、社会活动家、行政管理、学校辅导员等。

兴趣类型F：喜欢研究人的行为——对人的行为举止和心理状态感兴趣，喜欢谈论人的问题，相应的职业如社会学、心理学、人类学、组织行为学、教育学、政治学等方面的研究和调查分析。

兴趣类型C：喜欢钻研科学技术——对分析的、推理的、测试的活动感兴趣，长于理论分析，喜欢独立工作并解决问题，也喜欢通过试验作出新发现。相应的职业如气象学、生物学、天文学、物理学、化学、地质学等研究和实验。

兴趣类型H：喜欢抽象的和创造性工作——对需要想象力和创造力的工作感兴趣，喜欢独立工作，乐于解决抽象问题，具有探索精神，相应的职业如哲学研究、科技发明、经济分析、文学创作、数理研究等。

兴趣类型I：喜欢操作机器——对运用一定技术、操作各种机械去创造产品或完成任务感兴趣。喜欢使用工具，尤其是大型的马力强的先进机械。相应的职业如飞机、火车、轮船、汽车的驾驶，机械装卸、建筑施工、石油、煤炭的开采等。

兴趣类型J：喜欢具体的工作——希望能很快看到自己的劳动成果，愿从事制作有形产品的工作。相应的职业如室内装饰、时装设计、摄影师、雕刻家、画家、美容美发、烹饪、机械维修、手工制作、证券经纪人等。

兴趣类型K：喜欢表现和变化的工作——对表演、运动、惊险、刺激的事情感兴趣，喜欢经常变动、无规律的但具挑战性的工作。相应的职业如演员、运动员、作曲家、旅行家、探险家、特技人、海员、职业军人、警察等。

求职者在了解了兴趣与各种职业之间的关系之后，如何完成对自己兴趣的估价是十分重要的。有条件的话，你不妨参加以一次标准化兴趣测试，以此准确把握你的兴趣所在，寻找一份可以满足你已查明兴趣的工作，千万不可迁就随便的一份工作！

第二章

做事要有目标

做事不能太本分，你要尽可能地想办法向最终目标一步步逼近，千万不要让你其他附属的或次要的自标，影响或改变了最终的人生目标，它们存在只是为了帮助你早日达成人生目标，不是来改变你人生的方向。

1. 做事有目标才能把事办好

长远事业的建立，最常见的阻碍也许就像很多人所表示的这个感觉：“我不太确定自己要干什么，所以我只是做一天算一天。”缺乏长期的指引，往往使一个人不能集中冲刺的力量。成功人士断言，先准备好再上路，是很重要的。

“从现在起的十年，你想做什么呢？”

一个为期十年的事业规划，必然会掺点幻想，谁知道以后会发生什么事呢？由于可能出现许多未能预料、未可预知的事，任何一幅“事业图”都可能不完全，但令人惊讶的是，却有那么多人实现了他们长远的目标。国外潜能学家进行的调查中有十一个人（占20%）就正在做他们16岁以前决定的事。

“事业图”不仅是目前趋势的合理延伸，它还需配合价值观、信念和直觉，把可能性和心志做新的组合。它不是瞬息万变的幻想，有效的“事业图”，应该是实际可能的观念所激发。长远事业的建立，最常见的阻碍也许就像很多人所表示的这个感觉：“我不太确定自己要干什么，所以我只是做一天算一天。”缺乏长期的指引，往往使一个人不能集中冲刺的力量。成功人士断言，先准备好再上路，是很重要的。

这样做不但可以建立事业，也能发展个人。人只有努力去完成，才会知道如何完成。凡是在事业奠基阶段（这是铸成基本形态的时期）忽略了发展的人，后来都不太可能赶上前者。对于一些有成就的人来说，从个人或环境变化的观点去再塑事业比较容易。

“事业图”集中了事业人的思想，给人以连贯和目标感。但“事业图”得来不易，它们以情感为基础，而人类情感却是逻辑思考无法渗透的。事实上，“事业图”是靠发现得来的，而不是追求得到的；它是通过省思、创见、踏实的感觉得来的。

期望最佳成绩，为最糟的情况做好计划，随时为意外之事妥当准备。你无法控制别人所为，但是你可以预期各种不同的情况，尽你所能做好万全准备；你也能控制你在意外发生时的反应。像奥运冠军涂弥在雨中练习一样——即使阳光普照，也带着他的雨天跑鞋。

涂弥认为，最正确的进度报告，其实是来自他的内在。

他再三地自问：“我对今天的进展感觉如何？我的身体是否发出了沮丧的信号？我是否在朝着目标奋力向前？我是专心致志还是漫不经心？”

最后，重要的问题是：“我的目标真是为我自己而定的吗？就我过去所为和未来能做的，这目标是否实际？”

只有你能以真正有意义的方式，如此扪心自问——而且，唯有你自己能回答。

为什么要相信你自己内在的回答，而非来自同事、朋友甚至家人？因为坚毅意志规则第四条：别用负面模拟。所谓负面模拟，是指在心理上预演你的问题，夸大它们，或者最糟的是，无中生有。当你沉湎于负面模拟，你便加入了涂弥的“澡盆俱乐部”。

涂弥把意料之外的事作一个“偶发事故规划”，实际上就是：“预期最佳状况，为最糟的情况作计划，随时准备出其不意的事。”也就是这坚毅意志的最后一项原则，使涂弥夺得奥运会十项金牌，并且在奥运史上赢得一席之地。

在这四年的准备中，涂弥总是为意料之外的事，做好万全的计划。当他在加州大学圣塔茅芭芭拉分校训练时，那时气温在二十七摄氏度左右，他却总是带着专为雨天准备的特制跑鞋。当然，雨天在加州是很罕见的，但涂弥为每一种意外状况事先做好计划。他总是为每一种想象得到的体能、心理和气象的可能性变化，准备妥当。

他是少数如此做好万全准备的人之一，在很少有的情况中，练习时真的下雨了，他发觉其他的运动员几乎全都到雨棚下避雨去了，或是转入室内运动场。但涂弥仍在大雨滂沱中练习，以防万一到墨西哥市时那里也下了雨。

在那十月阴雨的午后，7300英尺长的墨西哥市运动场里，涂弥与德国选手争夺冠军金牌。那德国选手看来有些焦虑，有点儿烦恼跑道的状况，他试跳一个比他最佳成绩还有一段差距的高度时，失败了。涂弥则轻松、冷静，看来像在雨中玩耍。这位奥运十项运动中最年长的选手，在雨中跳出了6英尺6英寸的成绩。他披挂着金牌，自信怡然地离去。

一个计划如果没有内在的动机做支撑，即使立意良好也不够完美，这时候必须对这计划加以质疑。如果有明确的动机，还应该再将思考与感觉结合在一起，一天一天推进自己的成功。

2. 不能偏离目标做事

在人生诸多的问题中，最大的原因就是大家每天都稀里糊涂，一点不晓得生命中真正对他们有意义、有价值的东西是什么，无怪乎他们在得到所追求的东西之后内心依然空虚，叹道：“难道人生就是如此？”

许多人之所以在生活中走偏了路，归根结底是没有弄清楚目标的正确含义，常常耗费心力于那些并非真正想要实现的目标上，因此才会遭受那么多的痛苦。

我们会有什么样的成就，会成为什么样的人，就在于先做什么样的梦。先有梦，才会有成就，才会发挥潜能。

有个出生于旧金山贫民区的小男孩从小因为营养不良而患有软骨症，在6岁时双腿变形成弓字形，而小腿更是严重萎缩。然而在他幼小心灵中一直藏着一个没有人相信会实现的梦——除了他自己。这个梦就是有一天他要成为美式橄榄球的全能球员。他是传奇人物吉姆·布朗的球迷，每当吉姆所属的克里夫兰布朗斯队和旧金山西九人队在旧金山比赛时，这个男孩便不顾双腿的不便，一跛一跛地到球场去为心中的偶像加油。由于他穷得买不起票，所以只有等到全场比赛快结束时，从工作人员打开的大门溜进去，欣赏剩下的最后几分钟比赛。13岁时，有一次他在布朗斯队和西九人队比赛之后，在一家冰激凌店里终于有机会和他心目中的偶像面对面接触了，那是他多年来所期望的一刻。他大大方方地走到这位大明星的跟前，朗声说道："布朗先生，我是你最忠实的球迷！"吉姆·布朗和气地向他说了声谢谢。这个小男孩接着又说道："布朗先生，你晓得一件事吗？"吉姆转过头来问道："小朋友，请问是什么事呢？"男孩一副自豪的神态说道："我记得你所创下的每一项纪录，每一次的达阵。"吉姆·布朗十分开心地笑了，然后说道："真不简单。"这时小男孩挺了挺胸膛，眼睛闪烁着光芒，充满自信地说道："布朗先生，有一天我要打破你所创下的每一项纪录。"听完小男孩的话，这位美式橄榄球明星微笑地对他说道："好大的口气，孩子，你叫什么名字？"小男孩得意地笑了，说："奥伦索，先生，我的名字叫奥伦索·辛普森。"

奥伦索·辛普森日后的确如他少年时所言，在美式橄榄球场上打破了吉姆·布朗所创下的所有纪录，同时更创下一些新的纪录。为何目标能激发出令人难以置信的潜力，改写一个人的命运？又何以目标能够使一个行走不便的人成为传奇人物？静下心来认真想一想，你就会发现，如果想要美梦成真，首要做的事便是制订目标，这是人生中一切成功的基础。目标会引导你的一切想法，而你的想法便决定了你的人生。

设定目标有一个重要的原则，那就是它要有足够的难度，乍看之下似乎不容易实现，可是它又要对你有足够的吸引力，愿意全心全力去完成。当我们有了这个令人心动的目标，若再加上必然能够达成的信念，那么就可说是成功了一半。

一切目标的制订，除了计划之外还需要行动，它制订的过程跟你用眼睛看东西的过程有很多雷同之处。当你的目光越是接近要看的目标，就越会注意地看，不仅是目标本身，且包括它周围的其他东西。

目标可以吸引我们的注意，引导我们努力的方向，至于最后是成功或是失败，就全看我们是否能始终走在正确的方向上了。

成功者和失败者之间最大的区别就在于是否能够明确目标。目标直接决定着你成功与否，并为你的人生赋予了许多重大的意义。

3. 逼近最终目标

做事不能太老实，你要尽可能地想办法向最终目标一步步逼近，千万不要让你其他附属的或次要的目标，影响或改变了最终的人生目标，它们存在只是为了帮助你早日达成人生目标，不是来改变你人生的方向。在你人生的旅途中，附属或次要目标在一段时间之后可能会扩展甚至改变了方向，也可能创造出新的目标或去掉一些目标，但最终的目的只有一个：那就是要达成最终的人生目标。

有人说，坏的计划比没有计划更糟糕。这句话若要成立，须满足两个前提：首先，实施这个计划，必会导致我们有所改变；其次，我们必须具备调适能力，而可随时修正、改进这个计划。

我们着手做事，不论对错，都会得到反馈；而这些反馈的信息，大多是我们追求成功最初阶段时，所无法获得的资讯，必须实际行动之后才产生的新资讯；不仅充实我们既有的策略，补足若干先前未曾发现的细节内容，或者可以指引我们调整大小方向。

欧洲有句格言：“不容许修改的计划是坏计划。”的确如此！

人生中有件事相当无奈：每个人在展开新历程之时，皆无法确切了解，自己究竟走向何方，无法完全清楚，究竟该如何达成目标。我们边走边学，假如愿意调整方向，则这些新学到的东西会颇有助益。

除非我们踏上追求目标的奋斗旅程，否则有一些资讯永远无法加以处理。这些新资讯，在我们努力清扫路途障碍的过程中，才能绽放光芒，发挥作用。

也唯有在我们朝梦想迈进时，才能从这些新资讯中，解读出新的机会。有些东西远看眩人，趋近一看，却平平常常；有些东西远看似乎混沌，但愈靠近愈见光彩夺目。人生旅程的景观一直在变化；向前跨进，就看到与初始不同的景观；再上前去又是另一番新的景象。要能够随时掌握人生目标的进度与方向，需要勤奋不懈以及持久耐心。

一个人的注意力很容易被分散，而一直不断包围着我们生活中的问题，有时候会令人无法集中精神。等到我们明确知道我们身在何处时，我们的人生目标早已被遗忘，梦想早已被粉碎。

无论是每日、每周或是每月做一次确认工作，都能够维持在正确的方向，并且非常真实地给人激动与成长。做确认工作意味着你必须和已经成为成功人士的人多多交往、学习。

切记，要不断地找寻那些比你有成就感、在某件事做得比你好的人作为学习模仿的对象。市面上，常出版一些关于如何自省的新知与技巧，或关于某些人如何完成一些伟大的成就，发表出如何将事情做得更好的理论与方法的书籍，供你参考。避免与终日抱怨、满脑子负面理想的人为伍。要战胜脑子里存在的负面思想，要花费更多积极、正面的鼓舞。换言之，就是你在自己心灵的窗口为自己站岗、把关，当正面或负面的思想抵达门口时，你的工作就是决定该让何种思想通过。

当然是正确思想顺利过关，将负面思想阻挡在外。假设你最终的人生目标是在你所在的城市创造一个最大而且最成功的企业。随着岁月流逝，你的知识及经验都不断地成长，你也许会发现，你早期的人生目标在不知不觉中扩展了！重点是在把握你所进行的方向，当失去这个方向的时候问题将会接二连三地出现。

另外，值得注意的是：做事不能太老实，更不能将自己的目标局限在某一个可能随时会结束的方向上！应该选择一个方向，能够包容改变，并由改变中吸取经验，获得利益。

因为这个缘故，在人生道路前进时，要有调整方向的弹性。

近代史上，有一群人特别成功，那就是第二次世界大战中，曾被囚禁于纳粹集中营而幸存的人。赫姆瑞可博士在一本著作中，拿这群人和战前即迁居美国的同龄犹太人做比较。结果发现，平均而言，这批幸存者的教育程度较低，但日后的事业成就较大，收入较高，较热心从事社会服务工作。赫姆瑞可探究原因，发现这些历经苦难折磨，却颇有成就的人，具有若干共同特质，其中最重要的两点是：

随时准备主动展开新任务，且能针对环境变化，随时进行调整与调适。20世纪生物学一再对我们耳提面命：调适就是生命，生命就是调适。只要朝着积极的方向改变，便无须羞耻。很多人明明接收到新信息，却好像很难据此改变既有计划。他们拉不下脸承认错误，也不肯重新考虑原来的目标策略或方法，只好硬着头皮，继续实施错误的计划。财富稍纵即逝，愈快改正错误愈好。

重新检讨路径或谋略，非但不表示自己不行，反而可显示实力坚强。聪明的人都了解，最好的计划是在资讯不齐全的情况下制订的。机警的人一边将计划付诸行动，一边加强搜集资讯。

唯有借助持续不断的亲身经历，才有办法对计划进行妥善的修正。凡未能随时修正计划的人，多半因为自身欠缺安全感，以致绊脚。这种人必须改变观念，不要再误以为所谓卓越，就是无所不知；要敞开心胸，接受新观点，随同而来的新变化，放大自己有限的视野。若非如此，无法充分发挥潜能，获致最满意的成就。

在一连串实现梦想的过程中，如我们有心探求反馈信息，可以不断取得，据此修正目标或方法。

“预期发生预料之外的事”是绝佳的人生格言。

我们所生存的世界，既复杂又动态，不断会有变化；假如生活中没有经常遭遇些令人惊慌之事，那才奇怪。

我们必须随时准备面对出乎意料的情况——这些情况会引我们走向未曾计划之处。

这就需要我们有足够的信心，因为自信不足的人，会因为遭遇未预期之事，即裹足不前，实在很糟糕。有些事情虽出乎意料之外，但这不等于是挫折，即使真的是挫折，也不是坏事。事实上，计划遭受挫折或延搁，反而会带来意想不到的好处。

4. 用恰当的目标为自己成功铺路

“条条大路通罗马”，一个人目标的实现有许多路可走。在实现目标的过程中，你不能太老实，要想方设法一步步铺就自己的成功之路。

年仅36岁的史蒂芬·斯皮尔伯格就成为世界上最成功的制片人，电影史十大卖座的影片中，他个人囊括四部。他是如何获得此等成就？他的故事实在耐人寻味。

斯皮尔伯格在十二三岁时就知道，有一天他要成为电影导演。在他17

岁那年的某天下午，当他参观环球制片厂后，他的一生改变了。那可不是一次不了了之的参观活动，在他得窥全貌之后，当场他就决定要怎么做。他先偷偷摸摸地观看了一场实际电影的拍摄，再与剪辑部的经理长谈了一个小时，然后结束了参观。

对许多人而言，故事就到此为止，但斯皮尔伯格可不一样，他有个性，他知道自己需要什么。从那次参观中，他知道得改变做法。

于是第二天，他穿了套西装，提起他老爸的公文包，里头塞了一块三明治，再次来到摄影现场，装出他是那里的工作人员。当天他故意避开了大门守卫，找到一辆废弃的手拖车，用一块塑胶字母，在车门上拼成“史蒂芬·斯皮尔伯格”“导演”等字。然后他利用整个夏天去认识各位导演、编剧、剪辑，终日流连于他梦寐以求的世界里。从与别人的交谈中学习、观察并发展出越来越多关于电影制作的敏感来。

终于在20岁那年，他成为正式的电影工作者。他在环球制片厂放映了一部他拍得不错的片子，因而签订了一纸7年的合同，导演了一部电视连续剧。他的梦终于实现了。

你也要像斯皮尔伯格一样知道自己所追求的目标，也知道做法，善于学习，用恰当的目标，为自己铺就了成功的道路。

5. 要有一个明确的目标

圆规只有找准圆心，才能画出一个标准的圆形。人生只有确定目标，才能走出一行行坚定的脚印。

法国博物学家让·亨利·法布尔曾做过一项有趣的研究。他研究的是巡游毛虫。

这些毛虫在树上排成长长的队伍前进，有一条带头，其余跟着，法布尔把一组毛虫放在一个大花盆的边上，使它们首尾相接，排成一个圆形。这些毛虫开始动了，像一个长长的游行队伍，没有头，也没有尾。法布尔在毛虫队伍旁边摆了一些食物，但这些毛虫要想吃到食物就要解散队伍，不再一条接一条前进。

法布尔预料，毛虫很快会厌倦这种毫无用处的爬行，而转向食物，可是毛虫没有这样做。出于纯粹的本能，毛虫沿着花盆边一直以同样的速度走了7天7夜。它们一直会走到饿死为止。这些毛虫遵守着它们的本能、习惯、传统、先例、过去的经验、惯例，或者随便你叫它什么好了。它们干活很卖力，但毫无成果。许多不成功者就跟这些毛虫差不多，他们自以为忙碌就是成就，干活本身就是成功。

目标有助于我们避免这种情况发生。如果你制定了目标，又定期检查工作进度，你自然就把重点从工作本身转移到工作成果，单单用工作来填满每一天，这看来再也不能接受了。做出足够的成果来实现目标，这才是衡量成绩大小的正确方法。

不成功者常常混淆了工作本身与工作成果。他们以为大量的工作，尤其是艰苦的工作，就一定会带来成功。但任何活动本身并不能保证成功，并不一定是有利的。

一项活动要有用，就一定要朝向一个明确的目标，也就是说，成功的尺度不是做了多少工作，而是做出多少的成果。

6. 把大目标分成小阶段

钻头为了一个垂直的目标，也要灵活地旋转。作为人类，在实现目标的过程，更不能太呆板。对于人生中难以实现的大目标，最好分段去实现。

把一个人生目标分解成几个必须达到的中长期目标，再把每个中长期目标分解成几个小的中短期目标，然后把中短期目标分解成每天、每周、每月可以执行的任务。这些活动将为你描绘成功的蓝图。

请做到下面的事情：把你下一个想法（不论看来多么不重要），变成迈向最终目标的一个步骤，并且马上去进行。时时记住下面的问题，用它来评估你做的每一件事。“这件事对我的目标有没有帮助？”如果答案是否定的，就马上不做；如果是肯定的，就要加紧推进。

我们无法一下子成功，只能一步步走向成功，所谓优良的计划，就是自行确定的每个月的配额或清单。

请你想想看，怎样才能提高你的效率。请你利用下面的“30天的改善计划”来自我衡量一下。你可以在标题之下填入你一个月以内必须做到的事情，一个月以后再检查一下进度，并重新建立新的目标。并且你要自觉地把每一件小事都和远大的目标结合起来，使每一件小事都适应于远大的目标，以便充实你承担大事的能耐条件与实力。

1984年，在东京国际马拉松邀请赛中，名不见经传的日本选手山田本一出人意料地夺得了世界冠军。当记者问他凭什么取得如此惊人的成绩时，他说了这么一句话：凭智慧战胜对手。当时许多人都认为这个偶然跑到前面的矮个子选手是在故弄玄虚。马拉松赛是体力和耐力的运动，只要身体素质好又有耐性就有望夺冠，爆发力和速度都还在其次，说用智慧取胜确实有点勉强。

两年后，意大利国际马拉松邀请赛在意大利北部城市米兰举行，山田本一代表日本参加比赛。这一次，他又获得了世界冠军。记者又请他谈谈经验。

山田本一性情木讷，不善言谈，回答的仍是上次那句话：用智慧战胜对手。这回记者在报纸上没再挖苦他，但对他所谓的智慧还是迷惑不解。

10年后，这个谜终于被解开了，他在他的自传中是这么说的：每次比赛之前，我都要乘车把比赛的线路仔细地看一遍，并把沿途比较醒目的标志画下来，比如第一个标志是银行，第二个标志是一棵大树，第三个标志是一座红房子……这样一直画到赛程的终点。比赛开始后，我就以百米的速度奋力地向第一个目标冲去，等到达第一个目标后，我又以同样的速度向第二个目标冲去。40多公里的赛程，就被我分解成这么几个小目标轻松地跑完了。

失败的原因，往往不是因为难度较大，而是觉得成功离我们远，确切地说，我们不是因为失败而放弃，而是因为倦怠而失败。在人生的旅途中，我们稍微具有一点山田本一的智慧，一生中也许会少许多懊悔和惋惜。

设定一个正确的目标不容易，实现目标更难。把一个大目标科学地分解为若干个小目标，落实到每天中的每一件事上，不失为一种大智慧。

7. 去追求自己的人生目标吧！

人生的钻头，为了实现垂直的目标，必须挺直信仰和追求的腰杆。

一个人在他的日记中写道：今天，我牵着小狗在海滩上散步时，遇见一对来自西部已退休的夫妇。他们对俄勒冈海岸赞不绝口。

“这片海滩令人神往啊，”老妇人说，“可惜我们十年前没有下决心在这儿买一幢别墅。”“现在你觉得太晚了？”我问道。

“是啊，那时买会便宜很多呢！”

我不知他们是宁愿守着一块并不喜爱的地方生活，还是会尝试一下危险与挑战？如果我早就和他们认识的话，我肯定会劝他们勇敢地去试一下，免得像现在一样后悔不迭。

曾有人说过：多数人是在失望中度过终生的。可是在期盼中度过一生，岂不更有意义？你所需付出的仅仅是让你的生活态度有意识地改变。曾听过多少感慨“要是早点……生活就会大不同了！”并总是大谈如果他做了什么，那他的生活会怎么样，然而他们却什么也没做过，一切只是空谈。

从零开始，经营自己的人生，也许将会收获更多。上帝把1、2、3、4、5、6、7、8、9、0十个数字摆出来，让面前十个人去取，说道：

“一个人只能取一个。”

人们争先恐后地拥上去，把9、8、7、6、5、4、3都抢走了。

取到2和1的人，都说自己运气不好，得到很少很少。

可是，有一个人却心甘情愿地取走了0。

别人说他傻："拿0有什么用？"

别人笑他痴："0是什么也没有呀！要它干啥？"

这个人说："从0开始嘛！"说完便一言不发，埋头苦干起来。

他获得1，有0便成为10；他获得5，有0便成了50。他一心一意地干着，一步一步地向前。

他把0加在他获得的数字后面，便十倍十倍地增加。他终于成了最富有的、最成功的人。

类似成功的事例简直是不胜枚举。他们成功了，因为他们的勇气和意志。渴望生活美好的人们，请从零开始吧，需要的只是你的行动。

勇于去追求自己的梦想，对任何事都要充满热情和希望。

8. 远大的理想是成功的磁石

把目光盯在远大目标上，就会使你产生奋进的力量，若把目光盯在眼前的得失上，只有消磨你的宝贵时光。

一个建筑工地上有三个工人在砌一堵墙。

有人过来问："你们在干什么？"

第一个人没好气地说："没看见吗？砌墙。"

第二个人抬头笑了笑说："我们在盖幢高楼。"

第三个人边干边哼着歌曲，他的笑容很灿烂，开心地说："我们正在建设一个城市。"

十年后，第一个人在另一个工地上砌墙；第二个人坐在办公室里画图纸，他成了工程师；第三个人呢，是前两个人的老板。

三个原本是一样境况的人，对一个问题的三种不同回答，展现了他们不同的人生理想。十年后还在砌墙的那位胸无大志，当上工程师的那位理想比较现实，成为老板的那位志存高远。最终他们的理想决定了他们的命运：只想跑百米的人，不可能拿出跑千米、万米的毅力，无目标的人像脱靶之箭，最终只能失落自己。

理想是人类特有的精神现象，是同人生奋斗目标相联系的有实现可能的想象。它反映了人们对美好未来的向往和追求。理想是人生奋斗的目标，是人的力量的源泉，是人的精神上的支柱。一个国家、一个民族不能没有远大的、被大多数人信仰的共同理想，否则就会形同一盘散沙，没有凝聚力、向心力，哪里还谈得上国家的强盛，民族的振兴？一个人同样不能没有理想，否则就会失去精神动力，不可能成为高素质的优秀人才。

理想是与一个人的愿望相联系的，是对未来的一种设想，它往往和目前的行动有直接联系。但理想又不能脱离现实的生活，现实生活中的某些现象如果符合了个人的需要，与个人的世界观一致，这些现实的因素就会以个人的理想的形式表现出来，理想总是对现实生活的重新加工，舍弃其中某些成分，又对某些因素给予强调的过程，但它必须以对客观规律的认识为基础，符合客观规律。

能实现自己理想的人，对他个人而言，他是一个成功者，也是个幸福者。理想是成功的必要条件，但是仅仅拥有理想，你不一定能得到成功；不过如果没有理想，成功对你而言就无从谈起。

远大的美好的理想能吸引人努力为实现它而奋斗不止。每当你懈怠、懒惰的时候，理想会犹如清晨叫早的闹钟，将你从睡梦中惊醒；每当你感到疲惫、步履沉重的时候，理想就似沙漠之中生命的绿洲，让你看到希望；每当你遇到挫折、心情沮丧的时候，理想又犹如破晓的朝日，驱散满天的阴霾。在理想的驱策下，人们能不断地激励自己，获得精神上的力量，焕发出超强的斗志。能执着于自己理想的人是不可打败的。

远大的理想是你伟大的目标。仅仅拥有理想，你不一定能成功；但如果没有理想，成功对你而言就无从谈起。

9. 目标与心态

目标是积极心态的主要标志。心态积极，必定是因为有目标，而目标又使心态更加积极。一个人要成就一番事业，就要有忍辱负重的精神，要有拼搏的勇气和坚忍不拔的毅力，咬准目标，奋斗不息。

“二战”期间，从奥斯维辛集中营活下来的人不到5%。根据有过亲身经历的犹太人心理学家弗兰克的研究，大多数的幸存者，都是深知生命的积极意义的人。他们顽强地活下来的主要原因就是他们心里都有一个明确的目标——“要做的事还没有做完”，“活着与爱着的人重逢”。

弗兰克的一个牢友在那个与死神相伴的环境里，曾绝望地对他说：

“我对人生没有什么期待了。”

“不是你向人生期待什么。”弗兰克说，“而是生命期待着你！什么是生命？它对每个人来说，是一种追求，是对自己生命的贡献。”他通过不断地重复生命的目的、意义，使那位牢友抛开了悲观的思想，重新点燃了生存下来的希望。

没有脱离远大人生目标的积极心态，也没有消极心态产生的远大人生目标。

“天下攘攘，皆为利往”，趋利避祸是人的天性。目标受利益趋动。

此处所说的利益是广义的，并非仅仅指“功、名、利、禄”，还有健康、尊严等等。利益会引发欲望，欲望成为一种需要确定的目的。

人只要活在这个世界上，每天都会有各种各样的欲求、需要、事业、计划、志向、梦想、愿望、选择、打算、目的、企图、追求、任务、工作、责任、满足等想法。我们都可以把它们叫作“目标”。

从这种意义上说，每个人都有他的目标，只不过目标的层次规模、时间性质内容等等，有所不同罢了。

短的、小的目标，我们常叫作打算、想法；中的目标，我们常叫任务、计划；远的、大的目标，就是事业了。

大到“为真理做证”，救黎民于水火；小到仅为了一顿饭，为了再来一杯水，这些都是目标。除非死了，活着本身就是一个目标。正像人们常说的“有生命的地方就有希望，有希望的地方就有梦想”，有梦想的地方当然就有目标。

抽象一点说，目标就是事物在时空中的某种方向性或趋势性。

通俗一点说，目标就是你欲望的具体化，你的欲求。

说白了，目标就是你到底想要什么。

我们对从小受的教育有一个误解，认为目标就是崇高的理想，只有大人物、科学家才配有“目标”。其实，在现实生活中，每一个人都可以有目标，每一件事都可以设定目标，也应该有目标。

目标反映了心态，心态决定了目标。

10. 找准目标就成功一半

一个人若是没有明确的目标，以及达成这个明确目标的明确计划，不管他如何努力工作，都像是一艘失去方向舵的轮船。

辛勤的工作和一颗善良的心，尚不足以使一个人成为获得自救的人，因为，如果一个人并未在他心中确定他所希望的明确目标，那么，他又怎能知道他已经从失败中跃出了呢？没有目标，等于失去行动的方向。这个道理再简单不过了，但为什么有很多人总是找不到自己的目标呢？原因就在于他做事太老实，并且缺乏确定自己目标的能力。那些成功的人，做事一般都比较灵活，他们非常善于在行动之前，通过自己的思维和判断来找到一个适合自己能力发展的目标，因为在他们看来，找准目标就等于成功了一半。

在工作中，有的人喜欢干到哪儿算哪儿，他们从来没有一个长远的计划和明确的目标，这种弱点使他们被永远地拒绝在成功者的门外。一个人只有先有目标，才有成功的希望，才有前进的方向。

选择生命中一个明确的主要目标，有着心理上及经济上的两个理由。

一个人的行为总是与他意志中的最主要思想互相配合，这已是大家公认的一项心理学原则。那些深藏在脑海中的主要目标，在我们下定决心要将它予以实现之际，它都将渗透到整个潜意识中，并自动地影响到我们的外在行动。

人人都想成功，但是一个要想成功的人必须要有改变自己生活的欲望，要改变自己的生活须从培养期望做起，但光有强烈的期望还不够，还得把这种期望变成一个目标。这就是说，你应该用想象力在头脑里把目标绘成一幅直观的图画，直到它完完全全成为现实。

譬如说，你对自己在学校里的学习成绩不够满意，想改变自己的落后状况，取得更高分数。那么你就必须确立一个你所向往的明确目标，而不是含糊其词的想法。像“我想通过更多的课程”或者“我想取得更好的成绩”的想法是不行的。你的期望必须是一种具体的目标：“这学期我一定要通过所学的五门课程中的四门”，或者“这学期我一定要至少得两个优和两个良好”。

如果你的目标是想获得更好的工作，那你就必须把这一工作具体描述出来，并自我限定准备哪一天得到这份工作。你决不能对自己说：“我希望有一个更好的工作——也许是推销员吧！”你必须用肯定的语气说：“我希望有一个更好的工作，不错，我想当推销员。我要推销某种商品。我就去找奥克先生谈谈，向他请教请教，他已经干了几年的推销工作了。然后我向招聘推销员的七个公司写自荐信，过一个星期，我再给每家收信公司打个电话，请他们给我安排一次面谈。”

如果你的目标是使家庭更加美满幸福，那你就必须确切地描述一下如何使你的婚姻状况得到改善。你必须把你所希望出现的那种美满婚姻描述出来——希望与你妻子或丈夫进行某种推心置腹的谈心；你为了改变生活而准备采取的某种行动；你们夫妻俩都能参加的某种活动。你还必须明确什么时候进行这种谈心，采取这种行动。

美国电影演员理查德·伯顿通过切身体验发现，制定一个目标是多么重要！他是一个享有声誉的演员，事业上颇有成就。可有一次他表演失败了，一时想不开，便常常喝得酩酊大醉，想以此来解除烦恼，结果是借酒消愁愁更愁，不仅糟蹋了自己的身体，而且还糟蹋了自己的艺术生命。

伯顿的好几个朋友也有过类似的经历，其中一位是电影演员皮特·奥图尔。当时，奥图尔的私人医生向他严厉地指出在他面前摆着两条路：要么去戒酒，要么去殡仪馆。经过一番斗争，奥图尔最后戒了酒。

伯顿在其主演的影片《部族的人》中成功地扮演了一个由失败到成功的人以后，也决心戒酒。他逐渐感到，由于酒喝得太多，他甚至连台词都记不住了。他说：“我很想见见与我合作过的那些演员，我知道他们都是好样的，可我现在连一个单独的镜头都回忆不起来了。”

这一痛苦经历促使他产生了要改变自己生活的强烈愿望。他为自己制定了一个具体目标，即严格地节制——过一种与酒告别的无忧无虑的生活。他对自己期望的东西进行了明确的描述，甚至对与喝酒的朋友在一起相处会损失什么也着实考虑了一番。他明白，在漫长的人生旅途中，必须改掉自己一些不良习惯，他也相信，只要确定了某个具体目标，他就能实现它。伯顿为自己制订了一个理疗计划，每天游泳、散步，平常禁止喝酒。

经过两年时间的不懈努力，他终于达到了目的，他又重新组建了一个家庭，过着美满幸福的新生活。他兴奋地说：“我的工作能力完全恢复了。我发现自己比酗酒以前更加敏捷，精力更充沛，脑子转得也更快了。”

伯顿最终获得了成功。你也应该培养你自己的某些强烈的期望，并把它们转变成你生活中的具体目标。

心理学上有一种“自我暗示”法，即运用潜意识将你的明确目标深刻印在头脑中。拿破仑借助此法，使自己从出身低微的科西嘉穷人，最后成为法国的君主。林肯也是借助于同样的方法，跨越了一道宽广的鸿沟，从而走出肯塔基山区的一栋小木屋，最后成为美国总统。

潜意识也许可以比喻是一块磁铁，当它被赋予功用，在彻底与任何明确目标发生关系之后，它就会吸引住达成这个目标所必备的条件。在每一片草叶以及每一棵树木身上，你都可看到这项原则的证据。橡树的种子从泥土及空气中汲取必要的物质，使它得以长成一棵大橡树。它决不会长成一棵一半是橡树、一半是杨树的怪树。

我们再从经济的角度来考虑这个问题。如果一艘轮船失去了方向舵，而在海上打转，它很快就会把燃料用完，而仍然到不了岸边。事实上，它所用掉的燃料，已足够使它来往于海岸及大海好几次。

一个人若是没有明确的目标，以及达成这个明确目标的明确计划，不管他如何努力工作，都像是一艘失去方向舵的轮船。辛勤的工作和一颗善良的心，尚不足以使一个人成为成功者。因为，如果一个人并未在他心中确定他所希望的明确目标，那么，他又怎能知道他已经获得了成功呢?

在一个人选好工作上的一个明确的目标之前，他会把他的精力和思想浪费在很多项目上，这不但使他无法获得任何能力，反而使他变得优柔寡断而怯弱。当他把所有能力组合起来，向着生命中一项明确目标前进时，那么他就充分利用了合作或凝聚的方法，从而产生巨大的力量。

一个人过去或现在的情况并不重要，将来想要获得什么成就才最重要。除非你对未来有理想，否则做不出什么大事来。

目标是对于所期望成就事业的真正决心。目标比幻想好得多，因为它可以实现。

如果一个人没有目标，就只能在人生的旅途上徘徊，水远到不了终点。

正如空气对于生命一样，目标对于拯救自己的人也有绝对的必要。如果没有空气，人就不能生存；如果没有目标，人也不能成功。

11. 为自己的目标负责

每个人都是背负着不同的责任来到这个世界上的。作为一个人要对自己的行为负责，同样也要对自己的目标负责。

从前有一个路人在屋檐下避雨，看见一个和尚撑着伞从面前走过，这个路人便对和尚说道：“大师，请你普度一下众生好吗？请你带我一程。”

和尚说：“我正在雨里，你在屋檐下。屋檐下没雨水，你不需要我渡的。”

在檐下躲雨的路人听了这话后，只好走出了屋檐，在雨中对和尚说：“现在你在雨中，我也在雨中了。你可不可以渡我？”

和尚说：“我在雨中，你也在雨中，我不会被雨淋湿，因为我有伞遮雨；你会被雨淋湿，因为你没有伞。所以是雨伞在渡我，我是不能渡你的。如果你要被渡，就请自己找雨伞吧！”说完和尚便撑着雨伞就走了。路人听了和尚似乎有些不讲理的话，不太高兴，悻悻地又回到屋檐下。突然间，他的脑海中闪过一个念头，他顿悟了和尚这番话的含意，原来和尚的意思是“你是你自己生命的主人，你要对自己的事负责”，想通了这层道理，这路人觉得被这雨淋得还是有价值的。

目标是一种选择。既然你选择了这样去做，就得为自己负责。

12. 养成事事计划的好习惯

不要使自己成为一个静止不动的平面，而要使自己成为一个向前流动着奔赴目标的圆轮，无论时代的风是干燥的，还是潮湿的；是寒冷的，还是温暖的；是疾迷的，还是轻柔的，我们都应该扬起生活的风帆朝着既定的目标前进。

但是，在追求目标的过程中，你还要养成事事计划的好习惯，因为这种习惯的形成有利于你目标的实现。

（1）伟大的人生取决于伟大的目标

不同的目标就会有不同的人生。有个叫约翰·戈达德的外国人，当他15岁的时候，就把自己一生要做的事情列了一份清单，被称作“生命清单”。在这份排列有序的清单中，他给自己明确了所要攻克的127个具体目标。比如，探索尼罗河、攀登喜马拉雅山、读完莎士比亚的著作、写一本书等。在44年后，他以超人的毅力和非凡的勇气，在与命运的艰苦抗争中，终于实现了106个目标，成为一名卓有成就的电影制片人、作家和演说家，得到了让人羡慕的荣誉。

戈达德让人感动之处，不仅仅是因为他创造了许多人间奇迹，做了许多有益于人类的事情，更重要的是他那种矢志不渝、坚韧不拔的奋斗精神，那种热爱生活、珍惜生命的人生态度，以及由“生命清单”而延伸出来的高质量的人生。

《极限人生》的作者朱颜夫14岁参加革命，历经淮海、渡江等上百次大小战斗，为了解放事业，失去了左眼和四肢。他在常人无法想象更难以忍受的极度艰难中，苦熬了整整7个春夏秋冬，用生命之血泪，把先烈的壮举、共产党人的凛然正气、残疾军人的自强不息刻在了一部33万字的长篇自传体小说《极限人生》中。二位文学评论家如是说：我们应该把它当作一部关于生命、关于精神、关于信念的经典来读。一位普通读者发出了肺腑之言：这是一部让健全人羞愧的书。在朱颜夫的脑海中同样也有一份极清晰的“生命清单”：在有限的生命中，把书写出来，让子孙后代知道，在共和国的历史上，曾经有一批特殊材料做成的人，在人世间有这样一种崇高伟大、生生不息的精神！

奋斗的动力来源于定下的伟大目标，喜人的成功归功于对目标孜孜不倦的投入。对一个健康人来说，列出一份“清单”不是一件难事，难就难在做出个一二三来，这必须要付出代价。戈达德为了实现目标，曾经18次死里逃生；朱颜夫为了这个信念，毅然向生命极限挑战。因此，每一个有志者，当务之争不仅仅是模仿一份“生命清单”，更紧要的是要照着既定目标，永不退缩，最终实现有价值的人生。

首先，伟大的目标应该是个长期的目标。没有长期的目标，你可能会被短期的种种挫折击倒。理由很简单，没人能像你一样关心你的成功。你可能偶尔觉得有人阻碍你的道路，而且故意阻止你的进步，但是实际上阻碍你进步最大的人就是你自己。其他人可以使你暂时停止，而你是唯一能使你永远做下去的人。

如果你没有长期目标的话，暂时的阻碍可能构成无法避免的挫折。家庭问题、疾病、车祸及其他你无法控制的种种情况，都可能是重大的阻碍。

一般说来，伟大与接近伟大的差异就是领悟到如果你期望伟大，你就必须每天朝着目标工作。举重选手都知道，如果你想成就伟大，就必须每天去锻炼肌肉。人格与信仰是每天不断培养的结果。

每天的目标是人格最好的显示器——包括奉献：训练与决心。我们采取的伟大长期目标来帮助我们实现梦想里的目标。

其次，伟大的目标还必须是坚定的。目标很重要，几乎每一个人都知道。然而，街上的一般人在人生的道路上，只是朝着阻力最小的方向行事，他们只能成为大多数的普通人，而不是“伟大的特殊人物”。

在阳光下，将放大镜的焦点对准报纸，用不了多久，报纸就会燃烧起来。如果不停地晃动放大镜，那么报纸永远不会燃烧。这就是说，不管你具有多少能力、才华或能耐，如果你无法管理它，将它聚集在特定的目标上，并一直保持在那里，那将无法发掘你的内在潜能，你将无法取得成就。

（2）卧薪尝胆、默想目标

春秋战国时期，吴越相战，结果是吴王夫差打败了越王勾践。勾践称臣，为夫差驾车。此丧国之痛，刻骨铭心。为此，勾践暗下决心：假以时日，定灭吴国。于是，他每天强迫自己睡在柴草上，他每次睡前总要舔一下悬在“床”前的苦胆，心中默想越国打败吴国、羞辱吴王夫差时的情景。终于，勾践通过十年奋斗、十年练兵，一举打败吴国，报了20年的深仇。

越王勾践卧薪尝胆的故事告诉我们：你如果制定了目标，那么你就应当在付诸行动的同时，每天默想目标实现时的情形。如果目标一天不得实现，你就一天不得安宁。相反，如果你给自己设定障碍，总觉得目标是不可实现的，那么，事实上你将正是如此。

曾经有人做过训练跳蚤的实验。

当你训练跳蚤时，把它们放在广口瓶中，用透明的盖子盖上，这时跳蚤会跳起来，撞到盖子，而且是一再地撞到盖子，当你注意观察它们的时候，你会发现一些有趣的事情。跳蚤会继续跳，但是不再跳到足以撞到盖子的高度。然后你拿掉盖子，虽然跳蚤在继续跳，但不会跳出广口瓶以外。理由很简单，它们已经调节自己跳到那么高，一旦如此，便不再改变。

人也一样，不少人准备写一本书，爬一座山，打破一项纪录或做出一项贡献。开始时，他的梦想与野心毫无限制，但是在生活的道路上，并非一切都那么随心所欲，他会好几次碰壁。这时候，他的朋友与同事会消极地批评他，结果他就容易受到消极的影响。这也就是为什么建议你要小心选择那些跟你分享目标的人。有趣的是，你也可能受世界上最积极的人的“消极影响”。例如，当路易斯是世界重量级选手时，他一再用“消极影响”去吓唬他的竞争对手，他们往往还未上场，就惊骇得全身麻木，以致很容易成为技巧下的牺牲品。当约翰·乌登先生派加州大学的巨熊队员进入篮球场时，他们的对手常常受“消极影响”，以致在正式开赛以前新闻界就传出了一面倒的消息，许多报纸的消息早已拟好，就等着把比赛分数往上填，这可能就是加州大学篮球队在12年中赢得10次全国锦标赛的原因之一。

从未设定目标的人，在生活各方面都难以令人满意。让我们看看巴比伦成功学院给推销员的忠告：如果你以前从未设定目标的话，我建议你由一种短期的目标开始。选择你最好一个月，加上百分之几的业绩作为一个月的目标。在这个月里选择最好的一天，把它记下来，并保存资料。在最好的一天里，写下你要打破的一个月目标，每天需要达成的平均目标。

注意一点，要把目标适当地写在一张或多张卡片上。你要把它写得清清楚楚，以便于你阅读每一行中的每一个字。将这些卡片保护好，并随时把这此目标带在身边，每天都要复习这些目标。请记住：行动才是我们的目标。请现在就开始拿出行动勇气，冲破介于你跟目标之间的种种阻碍与难关吧！

第三章

做事要灵活

很多人在生活中过着墨守成规的日子，几十年都不变，这种人一辈子都不会成功。善于变化思维，就能够给自己的生活带来转机。

1. 有变化就会有机会

很多人在生活中过着墨守成规的日子，几十年都不变，这种人一辈子都不会成功。善于变化思维，就能够给自己的生活带来转机。我们常常说商场如战场，多少人功成名就，又有多少人“败走麦城”，如何能在商场立于不败之地？如果真像神话传说那样，能有点石成金的法术就好了。其实，要练点金术并不难，只要你改变老实做事的习惯，善于动脑，从商品或经营策略的某一个点上稍加变化，把平常变为不平常；只要你善于思维，发现别人所不注意的东西，在有些事情上加上那么一点点东西，变化那么一点点，你一定能所向披靡，马到成功。

王先生开了一家电脑公司，除了卖各种电脑软硬件、配件外，也帮人家组装电脑。一开始他的生意并不好，而且还因为不慎轻信朋友，有两万多元货款无法追回，经过交涉，也只是抵了一批鼠标垫，共有两万多只。

一个破鼠标垫，随便到什么展览会上就可以拿几个，能有多少人买？两万只鼠标垫，怎么才能卖得出去呢？王先生就像手持鸡肋，食之无味，弃之可惜。生意越来越不好做，王先生只好闲坐着，看看报纸，或者玩玩电脑游戏。

有一天，王先生的一个朋友来玩，闲聊之余便坐在王先生的电脑前练习打字。这个朋友刚学会五笔输入法，一些字根还记不熟，翻书又麻烦，不由得说了句“要是字根就在鼠标垫旁边就好找了”。说者无心，听者有意，王先生突发奇想：要是在这批鼠标垫上印上五笔字型的字根表，也许会方便那些记不准字根的人。但如果卖不出去的话，他又要多贴印刷的成本。想了想，他还是决定试一试。印上了字根表后，他到网吧、打字店、电脑培训班等处推销，果然卖了很多。一天，一个中年男子来到王先生的公司，看到了这种鼠标垫，询问了价格，说如果一个1.2元钱的话，他会买两万个鼠标垫。原来他也是一家电脑公司的老板，最近他的公司接了一个大单子，给一家全国联网的寻呼台做系统集成方案，这个单子很大，PC机就要配两万台。寻呼台那方面要求，所用的PC机除了配齐常规的设置外，还特别强调每台PC机需要一个鼠标垫和一张五笔型字根表。为此，这个中年老板走了好几个地方，就是没有合适的产品和合适的价位。今天看到王先生这里的鼠标垫上印着五笔字型字根表，真是喜不自胜。这下他可以两件事情当作一件事办，两样东西用一样东西的价钱买回去，省钱又省事，真是打着灯笼也难找。王先生正好还剩差不多两万个鼠标垫，这笔生意就成交了。

因为一个小小的添加，死货就变成了活钱。如果王先生一直不改变自己的思路，那么，就不会有机会推销自己的鼠标垫，有了变化就有了机会。

美国的艾吉隆公司董事长布希耐一次散步到了郊外，偶然地，他看到几个小女孩正在玩一只非常肮脏且异常丑陋的昆虫，玩得爱不释手。看着她们开心的样子，布希耐顿时灵机一动，他想，市面上销售的玩具都是优美漂亮的，如果生产一些丑陋的玩具，市场反应会如何呢？想到做到，他马上叫手下的人研制出一批“丑陋玩具”，迅速投向了市场。

这一仗布希耐大获全胜，他的“丑陋玩具”给公司带来了巨大的经济效益，让同行们眼红不已。丑陋玩具也就此风靡于世。就像“疯球”，这种玩具是在一串小球上印满了许多丑陋可怕的面孔，还有一双鼓得像青蛙的带着血色的眼球，眨起眼来就发出很难听的声音。这样的一些丑八怪玩具的售价甚至比漂亮的玩具还要高，但却一直很畅销。

这个故事说明：当一件东西已没有什么卖点的时候，用反向思维来做，促使事物发生那么一点点变化，就会是一个新的突破。

罗丹说：“不是缺少美，而是缺少发现。”而我们也可以说，在商场中，不是缺少机会，而是缺少发现。做一个有心人，有时一个别人不经意的发现，却是你创造的契机。

2. 创新才有出路

生活永远不会是平静的湖水。风浪、波涛、暗礁、险途与生活同在，怀疑、彷徨、埋怨、颓废促使年华虚度，唯有创造，生活才有真正的价值。

许多时候，成功的要素也就是一点“不按牌理出牌”的惊奇罢了。达拉斯小牛队的教练汤姆蓝德素以出奇制胜闻名，比赛时他晓得对手会针对标准的守备方式布局，所以他就常常更换阵容，攻他们一个措手不及。

你觉得呢？你细想清楚，如果情况许可的话，不妨改变一下自己的思维方式，加上一些特殊的成分，像是乐观、热心、礼貌和积极的想法。于是你的创新很可能出乎竞争对手的意料之外，让你拥有更多的胜算。

人们为了取得对尚未认识的事物的认识，总要探索前人没有运用过的思维方法，寻求没有先例的办法和措施去分析认识事物，获得新的认识和方法，从而锻炼和提高人的认识能力。

在实践过程中，运用创新性思维，提出的一个又一个新的观念，形成的一种又一种新的理论，做出的一次又一次新的发明和创造，都将不断地增加人类的知识总量，丰富人类的知识宝库，使人类去认识越来越多的事物，为人类实现由“必然王国”向“自由王国”和“幸福乐园”的飞跃创造条件。

人的可贵之处在于创造性的思维。一个有所作为的人只有通过有所创造，为人类做出了自己的贡献，才体会到人生的真正价值和真正幸福。创新思维在实践中的成功，更可以使人享受到人生的最大幸福，并激励人们以更大的热情去继续从事创造性实践，为我们的事业做出更大的贡献，实现人生的更大价值。

世界上因创新而获得成功的人简直就是不胜枚举。

法国美容品制造师伊夫·洛列是靠经营花卉发家的，他在一次新闻发布会上感触颇深地说道："能有今天，我当然不会忘记卡耐基先生，他的课程教给了我一个司空见惯的秘诀，而这个秘诀我尽管经常与它擦肩而过，但过去却未能予以足够的重视，也没有把它当作一回事来对待。而现在我却要说，创新的确是一种美丽的奇迹。"

伊夫·洛列1960年开始生产美容品，到1985年，他已拥有960家分号，各个企业在全世界星罗棋布。

伊夫·洛列生意兴旺，财源茂盛，摘取了美容品和护肤品的桂冠。他的企业是唯一使法国最大的化妆品公司"劳雷阿尔"惶惶不可终日的竞争对手。

这一切成就，伊夫·洛列是悄无声息地取得的，在发展阶段几乎未曾引起竞争者的警觉。

他的成功有赖于他的创新精神。

1958年，伊夫·洛列从一位年迈女医师那里得到了一种专治痔疮的特效药膏秘方。这个秘方令他产生了浓厚的兴趣，于是，他根据这个药方，研制出一种植物香脂，并开始挨门挨户地去推销这种产品。

有一天，洛列灵机一动，何不在《这儿是巴黎》杂志上刊登一则商品广告呢？如果在广告上附上邮购优惠单，说不定会有效地促销产品。

这一大胆尝试让洛列获得了意想不到的成功，当他的朋友还在为巨额广告投资惴惴不安时，他的产品却开始在巴黎畅销起来，原以为会泥牛入海的广告费用与其获得利润相比，显得轻如鸿毛。

当时，人们认为用植物和花卉制造的美容品毫无前途，几乎没有人愿意在这方面投入资金，而洛列却反其道而行之，对此产生了一种奇特的迷恋之情。

1960年，洛列开始小批量地生产美容霜，他独创的邮购销售方式又让他获得巨大成功。在极短的时间内，洛列通过这种销售方式，顺利地推销了70多万瓶美容品。

如果说用植物制造美容品是洛列的一种尝试，那么，采用邮购的销售方式，则是他的一种创举。

时至今日，邮购商品已不足为奇了，但在当时，这却是行之所未行。

1969年，洛列创办了他的第一家工厂，并在巴黎的奥斯曼大街开设了他的第一家商店，开始大量生产和销售美容品。

伊夫·洛列对他的职员说：

“我们的每一位女顾客都是王后，她们应该获得像王后那样的服务。”

为了达到这个宗旨，他打破销售学的一切常规，采用了邮售化妆品的方式。

公司收到邮购单后，几天之内即把商品邮给买主，同时赠送一件礼品和一封建议信，并附带制造商和蔼可亲的笑容。

邮购几乎占了洛列全部营业额的50%。

洛列式邮购手续简单，顾客只需寄上地址便可加入“洛列美容俱乐部”，并很快收到样品、价格表和使用说明书。

这种经营方式对那些工作繁忙或离商业区较远的妇女来说无疑是非常理想的。如今，通过邮购方式从洛列俱乐部获取口红、描眉膏、唇膏、洗澡香波和美容护肤霜的妇女已达6亿人次。

这种优质服务给公司带来了丰硕成果。公司每年寄出邮包达900万件，相当于每天3万—5万件。1985年，公司的销售额和利润增长了30%，营业额超过了25亿，国外的销售额超过了法国境内的销售额。

如今，伊夫·洛列已经拥有400余种美容系列产品和800万名忠实的女顾客。

伊夫·洛列经过辛勤的劳动和艰苦的思考，找到了走向成功的突破口和契机。化妆品市场竞争的激烈程度令人触目惊心，如果亦步亦趋，墨守成规，那肯定只能成为落伍者。

伊夫·洛列设计出与强大的竞争对手完全不同的产品——植物花卉美容品，使化妆用品低档化、大众化，满足众多新、老顾客的需要，所以他把竞争对手远远地抛在了后面。

洛列力求同中求异，别出机杼，另寻蹊径，打破传统的销售方式，采用全新的销售方式——邮售，赢得了众多的固定顾客，从而为不断扩大生产打下了坚实基础。

洛列的经历正好证实了金克拉的话："如果你想迅速致富，那么你最好去找一条终南捷径，不要在摩肩接踵的人流中去拥挤。"

"我的成功秘诀很简单，那就是永远做一个不向现实妥协的叛逆者。"

创意，是经营者通向富有的捷径，企业家的高低优劣之分也往往因此而产生。

3. 求新求活求变

在人类的百科辞典里，最醒目的字眼便是"创造"，内涵最丰富的词语也是"创造"。人类社会的历史就是一部激动人心的创造史。

创造通俗一点来讲就是做事要灵活，不能太呆板，太老实。

假如你是一个公司经营者，要想把自己的公司做大，当然不能离开创新思维，因为现代，各个公司的发展都把创新放到了第一位，如果缺少创新思维，公司将会很快衰败。面对竞争激烈的社会，一个人如果缺少创新思维，那他注定平庸，永远成不了大事。所以，现今各个企业的成大事者，都十分注重自己与公司的创新突破能力。

创新思维是一个十分重要的能力，对个人与公司都一样，下面仅以克雷研究公司为例，看看创新思维是如何促进它发展的。

克雷研究公司，创建于1972年，从事超级电脑的设计制造和服务工作，是美国当今最年轻、最成功的高科技企业。从1979年到1984年，克雷公司发展速度相当惊人；营业额由1000万美元上升到22900万美元；利润由100万美元上升到4500万美元。它的最大型电脑，每钞钟可运算10亿次，对推动核子物理、石油探测、气象预报、飞机设计、武器研究等现代科学技术的发展都起到了极大的作用。

克雷研究公司可以说是企业界研究与创新的楷模。它的基本策略——不断地研究新项目，新技术，开发新产品，更新速度快得连自己公司前不久推出的新产品也受到挑战与压力。克雷的客户大都是科技权威、深清行情的政府官员或研究机构、大学的专家。公司只有不断创新，研制出前所未有的电脑设备才能吸引住客户，赢得市场。当然，克雷的创新并不仅限于技术。公司创始人席莫尔·克雷创造了一套适应于高科技企业的组织观念，尽力避免一般大公司容易产生的官僚体制。实行技术、业绩为主导的晋升制度、强调公司的整体利益，激发员工的创造力。所以克雷公司是个充满了机会的地方，任何有能力有才华的人只要努力，都有令人羡慕的光明前途。在此，让我们看一看克雷公司是如何闯出一番事业的。大多数美国人都十分赞赏超级电脑的高技术含量及复杂的功能，这使他们很受刺激。就连美国国家安全总署也经常以克雷超级电脑的照片，来吸引刚毕业的计算机专业学生加入。有好几部科幻电影甚至将超级电脑描述成开启未来世界的钥匙和核灾难的罪魁祸首。尽管超级电脑如此风行，但是在市场上独领风骚的却不是IBM公司。虽然这一电脑有两次进军计划：一次是50年代的“超级扩张计划”，一次是60年代的“90计划”，但都因故半途而废。控制咨询公司曾经是超级电脑的佼佼者，但是超级电脑市场前景有限，也将重心转移到商用电脑上去了。而据市场调查表明，除一些科研机构及专家外，很少有普通用户需要这种过于精密的电脑。然而，克雷研究公司却及时瞄准了这一无人问津的领域。在短短的几年里，克雷公司异军突起，几乎鲸吞了这个被人们所忽略的市场。

克雷公司的成大事者认为：要立足于高科技市场，首先必须有技术上的创新。早在创办克雷公司以前，席莫尔·克雷就以技术创新闻名。史伯兰公司的龙尼瓦克1103型电脑，就是他一手完成的。后来在控制公司时，他是CDC1604主机的主要设计人，首次以晶体管代替真空管。继而，他又研制了CDC60型，第一部使用锗晶体管的电脑。再后，则是CEX28600型，世界第一部超级电脑。席莫尔·克雷是科技天才，他至少研制了3代电脑。然而，他非常自谦地说，他并不是个发明家，只不过是在现有的东西里加了点包装罢了。克雷的技术创新之源是些十分简单普通的基本原理，他的灵感甚至源于普通的常识。每秒钟运算数亿次的精密超级电脑技术所面临的最大难题，是如何控制高速运行时产生的高热，以避免影响精细零部件的灵敏度。许多优秀科学家耗尽终身精力研制相应的冷却系统。而克雷2号超级电脑设计却运用了最普通的常识：把电脑放入装满冷却剂的冰箱里。电脑的线路短表示电路短，运算时间可以缩短。因此，克雷最新型号的最长线路不超过16时，而克雷1号有的线路长达4米，克雷仅以改动电路设计长度，就提高了电脑运算速度。因而，当人们一旦得知克雷的有些“尖端设计技术”时，往往都会十分惊讶，因为他的灵感竟来自那些人所共知的常识。

那么，克雷公司为什么始终都能充满活力与创新精神呢？这都得益于它的组织观念，其使公司发展得很快，在10多年的时间里，就研制出了超级电脑，建立了3个工厂，拥有2000多名员工。但是，克雷认为，在高科技这一领域里，不适宜采用一般的公司的那种庞大的严密的组织体系。因为体系一旦过于庞大，就不可避免地带来官僚作风等一系列管理上的问题，就有可能扼杀公司的活力。只有灵活的小组协同工作的形式，才最能够激发员工的创造力。所以，在发展过程中，克雷注意经常调整下属单薄的规模，维持小公司的编制，以5～6人组成的研究小组来作为承担研究工作的单位。更为重要的是，公司对各研究小组既不发布什么准则，也不规定繁杂的制度，由研究人员尽情地发挥。这一点表明了公司对员工的信任，也显示对员工能力与才华的尊重。公司是对通过强调组织目标和价值观念来实现控制的。这些价值观念包括：以追求卓越的高科技成果为己任，反对大型组织中的官僚作风，尊敬每个人对公司的贡献，不断了解客户需要等。另外，克雷极其重视内部竞争机制，不同小组的专家，经常以全然不同的方法，尝试解决相同的问题。克雷经常把资金同时投在两个设计师身上，让他们彼此竞争，以制造出最好的电脑。克雷的第二代超级电脑，克雷X-MP和克雷2号，就是由两个完全不相干的小组研制的。这两个型号的产品虽然各有特点，但都凭借卓越的性能受到客户欢迎。

像克雷研究公司这样的高科技公司，照理应处处以科技唯上，但其实不然，克雷把它的员工看得更重。它礼待专业人才，鼓励个人成就，重视创造力的自由发挥，这和那些以重金聘请专家却又不能给其充分发展自由空间的公司相比，实质是有着天壤之别。克雷强调：公司要挽留的人才，不是那些成天想争高薪的人，而是真正愿意留下来一起奋斗的优秀人才。并认为：只有不断挑战，对自己的认同和工作乐趣，才是留住人才的主要因素。至于金钱奖励或合约限期，都无法左右真正人才。

总之，一个人如果想要成功，光学别人的成功经验是远远不够的，还要学会创造，只有这样才能成为事业的开拓者。

4. 怎样做个有创造性的人

生命的意义在于造福他人，造福他人的最好的手段是进行创造。但是欲有成功的创造，必须先有创造的强烈欲望。如果说创造是火车，那强烈的欲望就是火车头；如果说创造是火车头，那强烈的欲望就是发动机。

在我们每个人的生活工作中，我们都可能会遇到这样的情况，在发现问题或在解决问题时，可能出现突如其来的新想法、新观念。善于及时捕捉这种创造性想象与创造性思维的产物，并迅速而准确地记录下来，进行思维加工与实践检验，就可能获得创造性活动的很有价值的成果。

事实上人人都可以成为有创造性的人，就看你如何发掘自己的创造性。我们如果发现自己缺乏创造性，可以参照一下下列的标准，检查自己的不足之处。

缺少确定的奋斗目标，惧怕失败，担心成功可能带来不利的影响，贪图眼前既得利益，害怕生活的改变对自己不利，缺乏体力或精力。

只要你充分发挥自己的能力，认识并注意克服自己的缺点，你就一定能成为一个有创造性的人，并且在所进行的创造中获得无穷的乐趣！

要成大事，首先要做一个具有创造性的人，充分利用独立思考的习惯，这样你就会在拼搏中找到自己的位置和方向。

创新能“救活”自己的异常思维和才智，从而激活自己全身的能量。在日常生活中，每个人都是投石问路者，或难成易、成明或暗，成悲或喜，仿佛不停地挣扎在一个个“陷阱”之中，因此用有效的创新点击人生火花，成为突击生存的梦想和手段。谁要抓住创新的思想，谁就会成为赢家；谁要拒绝创新的习惯，谁就会平庸！这就是说，一个有着思考创新习惯的人，绝对拥有闪亮的人生！

生活中，思考创新更是不可缺少的。以求职为例，职业的多样性，给每个求职创意的人提供了可能；假如只有一种职业适合自己的观点，肯定是错误的，因为它本来就缺少创意，仅仅是一种不愿努力改变自身被动状态的懒惰心理而已。

“工作唯有改变才能创新人生。这就是说，现代人试图改变人生的方法就是把智慧用在工作的创新中，力戒一种工作适合于自己的观点。用不同的工作挑战自我，就是最大的创新！”而这些，只有通过思考才能实现。我们应该开动大脑，思考自己的未来，才会有所突破。你的职业人生才会多姿多彩，避免烦恼。

人应该知道思考创新的重要性，它是撞击成功迸发出来的火花，养成思考创新的习惯，对于我们来说，是成大事的导火线。

历史是源远流长而伟大的，这需要大家用心来学习。但我们在学习前人优秀东西的同时，也为自己编织了一张无形的网——前人固有的思想的一张网。这张网给了我们许多知识，但有时候也网住了我们自己的思想。此时，只有勇敢地否定前人，冲破这张网，才能够创造新的东西，得到新的发展。

18世纪化学界流行“燃素学”。这种认为物体能燃烧是由于物体内含有燃素的错误学说，严重束缚了人们的思想，误使许多科学家都去积极寻找燃素，没有一个人对此表示怀疑。瑞典化学家舍勒也是热衷于寻找燃素的人，他从硝酸盐、碳酸盐的实验中，得到了一种气体，实际上就是氧气。但他却以为自己找到了燃素，命名为“火气”，并解释为火与热是火气与燃素结合的产物。舍勒如果不受燃素说的影响，当时就得到了氧气的发现权。英国人普利斯特在实验中也得到了氧气，可是也因为笃信燃素说，而把氧气说成“脱燃素的空气”，遭到了舍勒同样的命运。

后来，普利斯特把加热氧化汞取得“脱燃素的空气”的实验告诉了拉瓦锡。拉瓦锡却未从众，他不受燃素说的束缚，大胆地提出怀疑，经过分析，终于取得了氧气的发现权，使化学理论进入了一个新的时期。

要善于思考，要敢于否定前人，培养提出问题的能力。学习新知识，不能完全依靠老师，也不能盲目迷信书本，因为开卷有益，但也可能无益，甚至有害，就看它是激发还是压抑了自己的创造力。所以说，你要勇于质疑问题。勇于提出问题，这是一种可贵的探索求知精神，也是创造的萌芽。创造的机制是：由于知识的继承性，在每个人的头脑里都容易形成一个比较固定的概念世界，而当某一些经验与这一概念世界发生冲突时，惊奇就会开始产生，问题也开始出现。而人们摆脱“惊奇”和消除疑问的愿望，便构成了创新的最初冲动，因此“提出问题”是创新的重要前提。

1922年，俞平伯出版了他的第一部诗集《冬夜》。该诗集收录了俞平伯数年间创作的一百余首新诗，在我国的新诗发展史上，具有开创性的历史地位。

当时，由于我国的新诗尚处于刚刚起步阶段，对新诗创作的理论探讨与总结，就显得格外需要与迫切。俞平伯结合自己的创作实践，在此方面卓有建树。

在《冬夜》的自序中，俞平伯现身说法地总结道：

“我怀抱着两个作诗的信念：一个是自由，一个是真实。作诗原来是件具体的事情，很难用什么抽象概念说明它。

“我不愿顾念一切作诗的律令，我不愿受一切主义的拘牵，我不愿去模仿，或者有意去创造哪一诗派，我只愿随随便便的，活活泼泼的，借当代的语言，去表现出自我，在人类中间的我，为爱而活着的我……”

在此，俞平伯无所顾忌地道出了自己的两大创作理念，一是自由，二是真实。他的所有创作都是基于上述理念完成的，因而带有鲜明的个性与时代特色。这两大创作理念也可以被看作新诗创作中具有共性的基本原则。正是因为追求自由，他才思考自己的方式，探求走自己的路。正是思考使这些成为现实。

俞平伯就是一位敢想敢做，善于思考创新的人。

多少年来，不知有多少人为创新而向历史发出挑战了，或许人们已经把他们的容貌淡忘了，但他们的精神，他们对历史做出的贡献却一代又一代地影响着人们，影响着千千万万的我们。我们应把“创新”作为治学之精神，不仅仅是能够成为创新的代表，而且更应该用思考创新的习惯，为自己的事业做出更大的贡献，让中华民族泛出更耀人眼目的光彩，能使中国的进步在前进的世界中加快步伐。

5. 动脑的结果

人的潜能是发挥想象力和创造力的源泉。如果你想成功，就必须发掘自身的这种潜能。这就需要你善于思索。因为，思索是勘探的重锤，叩击知识宝库的大门；思索是导航的路标，指引人们驶向智慧的彼岸；思索是创新的门窗，没有它，成功的阳光就射不进来。善于思索，是求知者人生最大的乐趣。

佛瑞迪当时只有16岁，在暑假将临的时候，他对爸爸说：“我不要整个夏天都向你伸手要钱，我要找个工作。”

父亲从震惊中恢复过来之后对佛瑞迪说：“好啊，佛瑞迪，我会想办法给你找个工作，但是恐怕不容易。现在正是人浮于事的时候。”

“你没有弄清我的意思，我并不是要您给我找个工作。我要自己来找。还有，请不要那么消极。虽然现在人浮于事，我还是可以找个工作。有些人总是可以找到工作的。”

“哪些人？”父亲带着怀疑问。

“那些会动脑筋的人。”儿子回答说。

佛瑞迪在“事求人”广告栏上仔细寻找，找到了一个很适合他专长的工作，广告上说找工作的人要在第二天早上8点钟到达42街一个地方。佛瑞迪并没有等到8点钟，而在7点45分钟就到了那儿。可他看到已有20个男孩排在那里，他只是队伍中的第21名。

怎样才能引起特别注意而竞争成功呢？这是他的问题，他应该怎样处理这个问题？根据佛瑞迪所说，只有一件事可做——动脑筋思考。因此他进入了那最令人痛苦也是令人快乐的程序——思考。在真正思考的时候，总是会想出办法的，佛瑞迪就想出了一个办法。他拿出一张纸，在上面写了一些东西，然后折得整整齐齐，走向秘书小姐，恭敬地对她说：“小姐，请你马上把这张纸条转交给你的老板，这非常重要。”

她是一名老手，如果他是个普通的男孩，她就可能会说：“算了吧，小伙子。你回到队伍的第21个位子上等吧。”但是他不是普通的男孩，她直觉感到，他散发出一种自信的气质。她把纸条收下。

“好啊！”她说，“让我来看看这张纸条。”她看了不禁微笑了起来。她立刻站起来，走进老板的办公室，把纸条放在老板的桌上。老板看了也大声笑了起来，因为纸条上写着：

“先生，我排在队伍中第21位，在你没有看到我之前，请不要做决定。”

他是不是得到了工作？他当然得到了工作，因为他很早就学会了动脑筋。一个会动脑筋思考的人总能掌握住问题，也能够解决它。

处于第21的位置，是没有什么优势可言的，但动脑子的结果却使他战胜了占据有利地位的对手。

6. 打破常规思维

历史上的一切变革，都是对常规的突破，而对常规的现实突破，首先是从对思维常规的突破开始的。所谓常规，就是人们解决社会或思维矛盾的现成规则。一般说来，一种常规的确立，往往是在特定历史条件下解决社会矛盾或思维矛盾成功的结果。它的成功，在当时为人们提供了新的思维规则和现成的经验。于是这种规则就为人们大胆效仿。久而久之，人们便习惯于这种思维规则，并把这种规则在观念和实践中规范化，这样便形成常规。后来社会变革，便首先是对这种常规的突破。卡里和斯泰因曾经打赌，卡里说：“我如果送给你一个鸟笼，并且挂在你的房中最显眼的地方，那么，我保证你就会去买一只鸟回来。”

斯泰因笑了起来，说：“养只鸟是多麻烦的事情啊，我相信我不会去做这样的傻事的。”于是，卡里就去买了一个鸟笼，并且是一个非常漂亮的鸟笼，让斯泰因挂在自己房中最显眼的地方。果然没过几天，只要有人一走进斯泰因的房间，就会忍不住问他：“斯泰因，你的鸟什么时候死的，为什么死了啊？”

斯泰因回答道：“我从来都没有养过鸟。”

“那么，你要一个鸟笼干什么啊？况且是如此漂亮的鸟笼。”

人们奇怪地看着他，就好像斯泰因有什么问题似的，看得斯泰因自己都觉得自己好像有什么问题了。就这样，来一个人这么说，再来一个人还这么说，斯泰因终于改变了。

斯泰因最后还是去买了一只鸟，把它放在那个漂亮的鸟笼里，因为他知道，这样要比无休止地向大家解释简单得多。

你是否想到斯泰因是多么的懊丧？但是这种被别人用思维推理误解的事情，我们或许都会遇到。原因很简单，人们一直处在一个习惯思维里，在自己的大脑里根本就没有进行逻辑思维的动力，这也是在生活中有那么多一意孤行、顽固不化而导致失败的人的原因。由此可见，在生活中培养自己在遇到问题时进行逻辑思维的习惯，对我们的生活和事业是多么重要。

斯泰因的常规思维被改变了，他认为养只鸟是很麻烦的事情，但是，因为周围的环境和人们的影响，他的常规被打破了。每个人的常规思维都会随着社会生活的变化而变化，一辈子不改变自己的人就不能适应这个社会。

成功的实践往往是对传统思维常规的突破，同时，指导实践成功的思维规则就又成了后人思维的新规范。历史的进步就是在不断地对自身否定中实现的。在这个进程中，敢于率先向常规挑战的人，往往会较早地得到历史的垂青，同样，一味墨守成规、循规蹈矩的人往往会为历史所抛弃。抛弃的速度随历史变革的进度成正比。

近现代史上的两次世界大战中的一些将帅的兴衰便是明证。第一次世界大战中，出现了不少杰出的军事将领，面对他们的赫赫战绩，谁又能怀疑他们的前途呢？然而，仅过了20年，到第二次世界大战期间，这些将军在全新的作战方式面前，却束手无策，其中有的竟在敌军面前举手投降，拱手让出本国的权力和国土。典型的是以法国的贝当元帅为首的那批将领。第一次世界大战，贝当元帅曾指挥过著名的凡尔登大战，称得上这次战争中叱咤风云的人物。然而在第二次世界大战中，他却无法指挥这场全新的战争，于是，当希特勒军队的铁蹄一踏入法国领土，他便与他手下的一些将军一起背叛了法兰西民族。

拯救法国的是贝当的学生即后来的法兰西第五共和国总统戴高乐。戴高乐在军事学院读书时就预见到未来战争将采用全新的作战方式和作战武器，从而会出现与第一次世界大战完全不同的作战理论。他在《未来的军队》一书中预言，未来的战争将是装甲部队横行的机械化战争，并提出了以装甲集团军配合空军为主要作战形式的大纵深军事思想。由于戴高乐较早地冲出第一次世界大战时确立的军事思维常规，加上他过人的勇敢和坚毅，使他在第二次欧洲军事大较量中能够力挽狂澜，为法兰西民族赢得了荣誉。

美国著名的巴顿将军也有类似的经历。在1938年他当骑兵团长时，曾把骑兵组编成机枪预备队，演习时命令他们从头至尾步行。他设计着未来战争中某些特定战役的情形。在当时，美军还死抱着“神圣骑兵”的信条，不少人称巴顿的演习是“荒唐的演习”，甚至有人攻击巴顿是疯子，是“骑兵的叛逆”。对此巴顿不予理睬，他对他的参谋人员说：“不管那些老顽固对未来战争中乘马骑兵的前途如何高谈阔论，我还是要对你们说，当战争来临时，在美国军队中是不会有几匹马的。”不久爆发的战争证实了巴顿的预言，而那些墨守成规的老将则受到轰轰的坦克群和飞机群的无情嘲讽。具有变革型思维的人，总是首先为历史推举到新时代的前沿。

由此我们可以看出，创造力旺盛的人是生活的强者，创造力旺盛的民族是世界的强者。任何个人、单位、地区、民族、国家要变弱为强，都要振奋创造的精神。

随着时代的不断发展，我们国家的很多规则都需要改变，过去的常规都需要打破，这些都需要我们每个人的思维发生变革。思考问题不能够再按照过去的模式和规则进行了，社会生活的发展变化要求我们必须运用变革思维，在变化与创新中适应新生活。

7. 求新思维

每个人成功的道路都不一样，不论做什么事情都要表现出自己的个性，标新立异就能成功。传说有一位商人，带着两袋大蒜一路跋涉到了阿拉伯地区，那里的人从来没有见过大蒜，他们想不到世界上还有味道这么好的东西，因此他们用当地最热情的方式款待了这位精明的商人，临别时给他两袋金子作为酬谢。另一位商人听到这个消息后，不禁为之一动，他想：大葱的味道不是也很好吗？于是他带着一批大葱来到那个地方。那里的人们同样没有见过大葱，甚至觉得大葱的味道比大蒜的味道更好，他们更加盛情地款待了商人，并且一致认为，用金子远不能表达他们对远道而来的客人的感激之情，经过再三商讨，决定赠予这位朋友两袋大蒜。

做生意需要开动脑筋，商人的思维要有独特的眼光，这独特的眼光就是与众不同的思维个性，谁有个性，谁就能创造和发现机遇，并且得到金子的恩赐；思维没有个性，东施效颦，得到的可能就是“大蒜”。

一个人要有个性，其创新的思路就宽阔。同样，一个企业开发市场也要有特色，才能达到自己的经营目标。美国有一家生产食品的企业，为了摸清市场行情，做到准确决策，他们对特殊的市场对象进行了调查，其调查的对象既不是商场也不是消费者，而是垃圾。他们把不同地方的垃圾收集起来，分门别类地进行统计分析，从这些包装物、残渣余料、废弃物中窥探消费者的需求，预测消费走向，结果大获成功。

同样，海尔公司在产品开发上也有一个思维角度值得借鉴，即用户的难题就是新产品开发的方向，就是企业赚钱的机会。为此他们设立了“用户难题奖”，对那些提出难题和建议的用户给予奖励，依据用户反馈回的意见开拓市场。这个角度也自有其经营创新的高明之处。60年代的马来西亚也有异曲同工的做法，该国许多建设项目都被当地华人以极低的价格承包到手，那样低的价格不可能赚到钱。后来，人们才发现，华人承包的工程大都在荒山野岭，条件非常艰苦。他们“醉翁之意不在酒”，而是把目光盯在工人身上。在工地附近开饭店、开赌场、开酒店，从服务业上大赚钱财。角度一变市场宽，原来的一潭死水，却变成了无限商机，可见个性思维对经营创新的重要性。

一个企业经营者要能随时变换角度，发现市场也并非易事，因为，任何人都有思维定式，很难突破自我，因此个性思维的培养就显得非常重要，有远见的企业家都懂得“个性即创新”的道理，任何有利于企业发展的创新思维，都应大力支持和扶持才是。

格林伍德小时候常常爱动脑筋，思考问题的方法常常与其他小朋友不同，15岁过圣诞节时，他得到了一双心仪已久的溜冰鞋，他高兴得皮帽子也忘了戴，就去屋外结冰的小河溜冰。可是几分钟后，他的耳朵就被冻得受不了，而戴上帽子却又热得满头大汗。格林伍德就想，全身上下只有耳朵冷，为什么就不能给耳朵做个套子呢？他跑回家，请妈妈给他做了一副耳套。从此格林伍德就和他妈妈、祖母生产起耳套来，还申请了专利，办起了工厂，并因此成了百万富翁。这是一个个性和快乐结伴的例子，格林伍德因为有个性而发明了耳套，又因为快乐与人分享而获得了财富。

19世纪中期，海曼还是一位穷困潦倒的画家，他不但卖不出画，还常常因丢失橡皮、铅笔无钱购买而苦恼。能不能把橡皮和铅笔连在一起呢？海曼成功了。就是这个专利，他卖了55万美元。

20世纪初，哈猛威在路易斯安那州的世界博览会会场出售甜脆薄饼，他的旁边是一位卖冰激凌的小贩。因为天热，冰激凌卖得很快，甜脆薄饼却卖得很少，哈猛威就热心地去为卖冰激凌的小贩帮忙。不一会儿，盛大冰激凌的小碟就不够用了，哈猛威灵机一动，把薄饼卷成锥形来盛冰激凌。从此，蛋卷冰激凌风靡全世界，哈猛威也成为富翁。

善于思考的大脑，就像一个熔炉，融入粒粒辛苦，熔出颗颗黄金，所以说，你要做个善于思考的人，因为没有思索就没有想象，没有想象就无法创新。

8. 换个角度思考

黄河九曲十八弯，为了创造，直走不通，不妨绕个弯；前进不得，亦可暂退一步，胜利在于坚持之中。

在现实生活中，有很多影响人们生活的深度思维方式，深度思维是对事物的深层认识和理解，是成功者必备的条件。我们也不难发现，有很多成功人士都有一个善于思考的头脑，有时候，我们甚至会感觉他们的思维不可思议，但是，正是这些看似不可思议的思维，造就了一个又一个非凡的成就。

在现实生活中，当人们解决问题时常会遇到瓶颈，这是由于人们只在同一角度停留造成的。如果能改变一下自己的思维方式。情况就会改观，创意就会变得有弹性。记住，任何思想只要能转换视角，就会有新的创意产生。

假如一个人有100%的机会赢80块钱，而另一种可能性是有85%的机会赢100块钱，但是有15%的机会什么都不赢。在这种情况下，这个人会选择最保险安稳的方式选择80块钱而不愿冒一点险去赢那100块钱。可如果换一面来设定这个问题，一个人有100%的机会输掉80块钱，另外一个可能性是有85%的机会输掉100块钱，但是也有15%的机会什么都不输。这个时候，人们都会选择后者，赌一下，说不定什么都不输。

这个例子使我们明白，平时人们之所以不能创新，或不敢创新，常常是因为我们从惯性思维出发，以至顾虑重重，畏手畏脚。

而一旦把同一个问题换一个角度来考虑，就会发现很多新的机会，新的成功。

爱因斯坦说：“把一个旧问题从新的角度来看需要创意的想象力，这成就了科学上真正的进步。”许多最有创意的解决方法都是来自换一个角度想问题，甚至最尖端的科学发明也是如此。

著名的化学家罗勃·梭特曼发现了带离子的糖分子对离子进入人体是很重要的。他想了很多方法来证明，都没有成功，直到有一天，他突然想起不从无机化学的观点，而从有机化学的观点来看这个问题，才得以成功。

同样对于生活在现实社会中的普通人，如果能换一个角度想问题，有时所取得的成效也不亚于科学家们的新发明。

麦克是一家大公司的高级主管，他面临一个两难的境地。一方面，他非常喜欢自己的工作，也很喜欢跟随工作而来的丰厚薪水。他的位置使他的薪水只增不减。但是，另一方面，他非常讨厌他的老板，经过多年的忍受，他发觉已经到了忍无可忍的地步了。在经过慎重思考之后，他决定去猎头公司重新谋一个别的公司高级主管的职位。猎头公司告诉他，以他的条件，再找一个类似的职位并不费劲。

回到家中，麦克把这一切告诉了他的妻子。他的妻子是一个教师，那天刚刚教学生如何重新界定问题，也就是把你正在面对的问题换一个角度考虑，把正在面对的问题完全颠倒过来看——不仅要跟你以往看这个问题的角度不同，也要和其他人看这个问题的角度不同。她把上课的内容讲给了麦克听，麦克也是高智商的人，他听了妻子的话后，一个大胆的创意在他脑中浮现了。

第二天，他又来到猎头公司，这次他是请公司替他的老板找工作。不久，他的老板接到了猎头公司打来的电话，请他去别的公司高就，尽管他完全不知道这是他的下属和猎头公司共同努力的结果，但正好这位老板对于自己现在的工作也厌倦了，所以没有考虑多久，他就接受了这份新工作。

这件事最美妙的地方，就在于老板接受了新的工作，结果他目前的位置就空出来了。麦克申请了这个位置，于是他就坐上了以前他老板的位置。

这是一个真实的故事。在这个故事中，麦克本意是想替自己找份新工作，以躲开令自己讨厌的老板。但他的妻子让他懂得了如何从不同的角度考虑问题，结果，他不仅仍然干着自己喜欢的工作，而且摆脱了令自己烦恼的老板，还得到了意外的升迁。

所以说，在面对问题时，不能只从问题的直观角度去思考，要不断发挥自己智慧的潜力，从相反的方面寻找解决问题的办法，就会使问题出现新的转折。

人的头脑是非常灵活的，思路也特别地多。当人们觉得这样说不妥当时，就会换一种说法，而且一换，往往变得很巧妙，很精彩。《对面的女孩看过来》就是这样，直通通地说我在看对面的女孩，作为一个男孩，不免有点儿难为情，可不表达一下，心里又觉得有点痒痒的，怎么办？聪明的男孩想出了办法，说对面的女孩看过来，这样既委婉含蓄，又好听动人，歌也就此流行了。

换一种说法，实际上就是换一种思路。生活中的许多事情，当我们运用常规思维行不通时，不妨转换自己的思维方式，换一种思路，说不定这一换，就换出了一条全新的阳光大道。两个乡下人外出打工，一个去上海，一个去北京。可在等车时，各自都改变了主意，因为邻座的人议论说，上海人精明，连问路都要收费；北京人质朴，见吃不上饭的人，不但给馒头，而且还给衣服。原打算去上海的人想，还是去北京好，挣不到钱，也不会饿着，幸亏还没有上车；原打算去北京的人则想，还是去上海好，给人带路都能挣钱，还有什么不挣钱的？幸亏还在车站。于是他们在退票处相遇了，互相换了车票，原准备去上海的去了北京，原准备去北京的去了上海。

去北京的发现，北京果然好，他初到北京一个月，什么事也没干，竟没饿着，不仅银行大厅里的太空水可以白喝，而且大商场里欢迎品尝的点心也可以白吃。去上海的人发现，上海果然是可以发财的地方，干什么都可以赚钱，开厕所可以赚钱，弄盆凉水让人洗脸也可以赚钱。凭着乡下人对泥土的深厚感情和独特认识，他在建筑工地上弄了10包含有沙子和树叶的土，以“花盆土”的名义，向不见泥土却爱养花的上海人兜售，当天就赚了五六十元。一年后，他凭出售“花盆土”竟在上海有了一间小小的门面。后来，他又发现，一些商店楼面亮丽而招牌发黑，一打听才发现，清洗公司原来只负责清洗楼面而不负责清洗招牌。他立即抓住这一空档，买了人字梯、水桶和抹布，办起了小型清洗公司，专门负责清洗招牌。如今他的公司已经有一百五十多个员工，业务也由上海发展到杭州和南京等地。前不久，他去北京考察清洗市场，在火车站，他发现一个捡垃圾的向他要空啤酒瓶，就在递瓶子时，他俩都愣住了，因为五年前他们换过一次车票。

同样是听别人关于上海人精明的议论，一个从平常人的眼光去看问题，觉得不能去；一个却能从另一角度来看，他并没有因精明而害怕，反而认为这正是个赚钱的好地方。不同的视角，不同的思路，就有了截然不同的结果：一个仍然在北京捡垃圾，一个却成了清洗公司的小老板。

在经济活动中，往往碰到这种情况，即只从一个方向去考虑问题，常会走入死胡同，这时不妨换个角度来想，也许会有出乎意料的收获。有一个德国工人在生产一批纸时，因不小心弄错了配方，生产出了大量不能书写的废纸，他因此被老板解雇。失业后的他，情绪非常低落。这时，一位朋友劝解说：“把问题变换一种思路看看，说不定能从错误中找到某些有用的东西。”不久，他欣喜地发现这批废纸的吸水性能相当好，可以吸干家庭器具上的水分。于是，他把这些纸切成小块，并取名“吸水纸”，拿到市场上出售，竟然十分抢手。后来，他申请了专利，并组织了批量生产，因而发了大财。弄错了配方，被解雇，却也因祸得福。就靠这个错误，靠他朋友出的点子，他发了大财，成了大富翁。

因此只要善于掌握反向思维技巧，从错误中找正确，就能使人遇事时扭转局面。

换一种说法新颖别致；换一种思路海阔天空，看来做任何事，当我们感到困惑或尴尬时，当我们无能为力时，不能总是按规矩、老习惯、老脑筋去办，而是要多考虑考虑，能不能从另一方面入手，能不能换一种思路，能不能从另一个角度思维，能不能改变一下固有的做法。只要你这样去思考，你就可能找到出路，就可能取得成功。

9. 敢于突破“经验”

经验只是人们在现实生活中总结出来的，它并不是固定不变的定律。但是常人所犯的一个毛病就是喜欢依照经验办事。殊不知，许多时候经验是靠不住的。这就需要你敢于突破经验，灵活办事。

一次，一艘远洋海轮不幸触礁，沉没在汪洋大海里，幸存下来的九位船员拼死登上一座孤岛，才得以幸存下来。

但接下来的情形更加糟糕，岛上除了石头，还是石头，没有任何可以用来充饥的东西，更为要命的是，在烈日的曝晒下，每个人口渴得冒烟，水成为最珍贵的东西。

尽管四周是水——海水，可谁都知道，海水又苦又涩又咸，根本不能用来解渴。现在，九个人唯一的生存希望是老天爷下雨或别的过往船只发现他们。

等啊等，没有任何下雨的迹象，四周除了海水还是一望无边的海水，没有任何船只经过这个死一般寂静的岛。渐渐地，八个生存的船员支撑不下去了，他们纷纷渴死在孤岛。

当最后一位船员快要渴死的时候，他实在忍受不住地扑进海水里，“咕嘟咕嘟”地喝了一肚子。船员喝完海水，一点儿觉不出海水的苦涩味，相反觉得这海水又甘又甜，非常解渴。

他想：也许这是自己渴死前的幻觉吧。便静静地躺在岛上，等着死神的降临。

他睡了一觉，醒来后发现自己还活着，船员非常奇怪，于是他每天靠喝这岛边的海水度日，终于等来了救命的船只。

人们化验这水发现，这儿由于有地下泉水的不断翻涌，所以海水实际上全是可口的泉水。

谁都知道“海水是咸的”，“根本不能饮用”，这是基本的“常识”，因此，八名船员被渴死了。是“环境”害死了他们，还是“经验”？

敢于突破“经验”，才有生存和成功的希望！

10. 彼路不通此路通

天生我材必有用。每个人来到这个世界上都有他存在的价值，关键看你能否找到真正适合自己的道路。

英国大政治家丘吉尔，少年时在校成绩很差。

他的数学和外语很差劲，人又很顽皮，是个相当使人感到棘手的少年。丘吉尔的家庭是贵族，很有钱，所以他父亲想让他进入牛津大学或剑桥大学。可是他的成绩无法进入大学，因此不得不去报考英国陆军军官学校。这在英国属于第三流学校，可是他竟然也名落孙山。他在家过了两年补习生活，也请过家庭教师，还是考不上。到了第三年才好不容易考取，而且是最后一名。

很多人有这种观念，认为像丘吉尔这样的人，外文与数学成绩不好，又是不良少年的话，他是不可能成功的。可是，丘吉尔年轻时代虽然如此差劲，可后来，他竟然能成为20世纪大政治家之一。

丘吉尔数学虽然不好，可是他在语文方面却发挥了伟大才能，对绘画也有天分。虽然他是一个落伍的少年，但也是多才多艺的人，并且能活用多艺的才能成为大政治家，还在文学方面留下了伟大业绩，获得了诺贝尔奖。

从这件事来看，我们可以说学校成绩与成功与否并没有太大关系。为了证明这点，另外举出一个例子来给各位做参考，那就是美国棒球王贝比罗斯的故事。

贝比罗斯的故乡是在船上工作的底层劳动者聚居的地方，环境并不很好。在这里长大的贝比罗斯尤其是个让大家感到棘手的不良少年。例如：他看到邻居从市场买菜回来时，就突然从旁边跳出来，把人家的蔬菜打落，然后跑掉。由于非常喜欢恶作剧，后来就被送到感化院。感化院的老师为了教育他就让他打棒球。棒球是最需要团队精神的一种运动，需要共同作业，不许擅自活动，必须尊重别人立场。老师想利用这个运动来锻炼他的人格。那个感化院规模很大，所以很快就组成一个棒球队，常常跟许多学校举行比赛。在比赛中贝比罗斯被某个裁判认为非常有棒球天分，这就为他成为世界第一流全垒打王奠定了基础。

所以即便你是个落伍的人，可能也会有被埋没的才能，这种才能有时需要靠别人来发掘，可是最好能自己发掘。把它充分发挥出来，才是通往成功之路。

如果你失去了一份没干好的工作，这不是绝望的来临，而是希望的开始。你有希望开始一份适合自己的工作。

有个年轻人讲他在没有工作而走投无路时，如何把注意力放在好的一面。他说：“我当时在一家信息公司工作，待遇虽然不怎么好，但以我的资历，还是可以的。那时效益不好；公司不得不裁员。因此，对公司可有可无的员工就成为遣散的对象了。一天，我也忽然接到通知，接下来的几小时我真是万念俱灰。后来，我决定把它看成外表不幸、其实万幸的事。我一直不太喜欢这个工作，要是一直留在那里，我的前途就不可能有进展了。所以，失去工作正是找一个真正喜欢的工作的好机会。果然不久我便找到一个更称心的工作，而且待遇也比以前好。我因此发现被辞退这件事，不能说不是件好事。”

寻找到适合自己的人生之路，并不是一件很容易的事，有时需要经过好长一番摸爬滚打。正如作家贾平凹曾深有感触地说：“要发现自己并不容易，我是花了整整3年时间啊！”所以成功需要耐心和不间断的探索。

贾平凹的创作经历是这样的：最初，上大学时，在校刊上发表了一首顺口溜，于是努力写诗。两年之中写了上千首诗，质量平平；接着，他写起古诗来，也不怎么样；后来，学写评论、散文、随笔，同样没有突出的成绩；当他的第一篇短篇小说发表之后，这才意识到，这种文学形式最适合自己。于是一发而不可收，写了大批短篇小说，在中国文坛上崭露头角。每一个人不见得都能认识自己的才能，“知己”如同“知彼”一样，亦非易事。正因为这样，每个人根据自身的特点，选择合适的成才目标，是要经过一番摸索、实践的。人无全才，各有所长，亦有所短。所谓发现自己，就是充分认识自己所长，扬长避短。

如果你有自知之明，善于设计自己，从事你最擅长的工作，你就会获得成功。

11. 脑筋转个弯

只要肯开动大脑这部机器，办法总会比困难多。一个清晰简单的好主意，往往可以获得意想不到的精彩成果。有时将自己的思考模式或方向巧妙地转个弯，的确可以看到更开阔的壮丽美景。而你是否也愿意改变自己原有的某些想法，来接受一些清新简单的好主意，让你的心灵，让你的人生获得意想不到的精彩成功呢？

一个巫师见阿凡提走过来了，就叫他坐下，问道：

“我用手势向你问话，你能不能用手势回答我？”

“能呀。”阿凡提说。

于是，巫师伸出一个指头，阿凡提马上伸出两个指头；巫师又伸出5个指头，阿凡提立刻伸出拳头。巫师感到很满意，称赞道：“回答得妙！”

观看的人傻了眼，问巫师：

“你们用手势一问一答，是什么意思呀？”

巫师说：“我伸一个指头，是说胡大只有一个，对吗？阿凡提伸两个指头。回答说胡大不是一个，是两个——因穆罕默德也代表胡大。我伸5个指头，是问他每天5次礼拜做不做？他伸出紧攥的拳头，表示他对做礼拜从不放松。”

“不，巫师，不对！”阿凡提说，“你伸的一个指头，是说要剜我一只眼睛，我伸两个指头，表示要剜你两只眼睛；你伸5个指头，是说要扇我一巴掌，我伸出拳头，是说要砸烂你的脑袋。”

由于人们的思维方式不同，所以对待同一个事物，不同的人有不同的见解。在许多事情的处理上，只需要我们换一个角度，哪怕是很小的角度，就可能会得到截然不同的结果。就像有人所说，会思考的人思想急速转变，不会思考的人晕头转向。

全球知名企业“亚马逊”的创始人贝索斯30岁时已是某金融公司的副总裁。然而当贝索斯偶然看到“网络用户一年中猛增23倍”这样一条信息后，出人意料地就告别了华尔街，转而创办网上商务。

在网络上先卖什么东西好？贝索斯列出了20多种商品，然后逐项淘汰，精减为书籍和音乐制品，最后他选定了先卖书籍。为什么有如此唯一的选择？因为贝索斯在分析过程中发现传统出版业有一个根本矛盾：出版商和发行零售商的业务目标相互冲突。出版商需要预先确定某部图书的印数，但图书上市之前，谁也无法准确预知该书的市场需求量。为了鼓励零售商多订货，出版商一般允许零售商卖不完就退回，零售商既然囤积居奇毫无风险，也往往超量订购。贝索斯一针见血地说：“出版商承担了所有的风险，却由零售商来预测市场需求量！”贝索斯所看到的，其实就是经济活动中无法彻底根除的一种弊病：市场需求与生产之间的脱节。他自信，运用互联网，省略掉商品流通一系列中间环节，顾客直接向生产者下订单，就可以真正做到以销定产。

四年之后，贝索斯创办的“亚马逊”的市值已经超过400亿美元，拥有450万长期顾客，每月的营业额数亿美元，杰夫·贝索斯也成为全球年轻的超级大富豪。

贝索斯之所以成功，是因为他独具慧眼，敏感地认识到网络里有无限商机，跟着又发现和利用了别人没有解决的供销方面的矛盾——这是一座大有开发价值的宝山；经过精心筛选，他找到了一个切入点——网上卖书；利用美国的风险基金，经过锲而不舍的努力，他终于走向辉煌。思考是激发智慧之光的燧石。不时撞击这块燧石吧，智慧之光将引导你步入创造的殿堂。

第四章

做事讲效率

节约时间是基本的运筹原则。从时间中节约时间，用尽可能少的时间，办尽可能多的事情，学习到更多的知识，从而极大地提高效率。恩格斯指出，利用时间是一个极高级的规律。

1. 提高工作效率

随着社会的不断发展，人们生活节奏的不断加快，效率成了人们越来越关注的问题。要想提高工作效率就需要你掌握一定的做事技巧。只要掌握这些技巧，你才能达到提高效率的目的。

一个人工作是否有效率、是否具有满足感或如愿以偿，这完全视结果而定。如果你明确自己所追求的是什么，则得到的成果既多又好。

当你专注于自己的一生和职业目标时，需要思考如何从许多可能的事情中找出几件，并加以完成。而当你做出“基本决定”时，这就是一种执行：“我下一步该怎么做？”其目的在于激起你的统驭力——即使你只引导你自己一人。

（1）清理所有文件并加以处理

文书工作是个容易处理的问题。包括表格、信件、备忘录、报告或那些要填、读、分析、写和讨论的东西。可是有些人却对这一问题束手无策。

除非你的工作像誊写员工作一样，得分类、归档、修正或处理文件，否则你的文书工作应该是做得完的。因此，这些工作不该占据你太多的时间。

如果你现在或即将成为主管，希望你尽可能减少不必要的文书工作。你不妨试着提高那些必要的工作的效率，并将所有文件集中在一个适当的地方存放。

同时，让我们看看该如何处理这些工作。

大多数人常把文件堆在身旁，如桌上、衣橱上、柜子上、咖啡桌上、楼梯——只要是能放东西的地方。只要浏览一下一个人的办公室或住处，就可以猜出一个人办事情的能力。

如果你喜欢堆积文件——假使你心里觉得有必要保留的话——那劝你改掉这些习惯，你需要的是另一种方式的协助。

假如你是因疏忽或缺乏训练而养成这种习惯，或者你觉得这些文件若搁在手边，做起事来会更有效率的话，那么你还有药可救。

老实说，这些文件对你来说无疑是一项重担。试着加以处理吧，否则它们会降低你的工作效率。就像一辆汽车上，如果净是旧零件，你就无法迅速把车修好。

看看你面前所堆积的东西，然后查阅一下其内容。在这些文件中，哪些对你仍有用处？如果你跟周围的人一样，那么你可能会有75%的文件是没有用的。除非你在找资料，否则你是不会去看它的。如果没有这些文件放在你面前，你也不会有失落的感觉。而当你堆放的旧年度报告和上个月的文件不见时，你将因此而降低工作效率。

从现在起，每当你翻阅文件，寻找你所要的资料时，随手拿支笔或签字笔，在文件边上轻轻地做个记号。而在你下次找别的资料时，同样也在上面做个记号。

不妨用一种好玩的心理，写下你预估翻阅的次数。我们敢说，你算得一定不够。你所得到的记号必然会比你所想象的来得多。在某种情况下，有人曾经翻阅同一份文件达137次，然而文件依然对他构成妨碍。因此在你寻找资料时，开始计算一下你翻阅这些文件的次数吧。一旦你确定这些文件会妨碍你的工作效率，你就能找出补救措施。

（2）消除各种降低效率的因素

试着养成在一张十分干净、简洁的桌子上工作的习惯。而放在桌子上的文件，也一定要是最重要的，而且对你有益。把其他不相关的东西搁置一旁吧。

这里我们用“离久情疏”这句话可能比较合适。如果是重要文件，大多数人都会把文件放在醒目的地方，以免自己忘了。他们担心，假如他们把文件存档的话，他也会忘了文件上所提到的工作或职责。

他们这么做也许并没错，可是这不能构成积压文件的理由。你是否得和亲戚住在一块，才能记得他们呢？你是否也得时时看到这些文件，才能把它们记在心里呢？

这些文件的真正作用是让你无法专注于某一件相当重要的工作。每当你扫视面前堆着文件的桌子时，你会因惦记着去做某件事而分心。从复杂凌乱的记忆中选择自己应该记住的某一要事，这是相当重要的。其关键就在“有选择性”这四字上。假使你经常或普遍用它的话，这种方法会产生负面效果——就跟你积压的文件一样。

你也许跟一位在会议桌上疲惫不堪的推销员一样，一天到晚忙得动弹不得。你开始向一位想要买东西的人游说，但在紧要关头，却阻止了另一人抚弄货品。你急着想把东西推销出去，可是当客人在订货单上签字时，又有一个人抓住了你的袖口，问了一个你难以回答的问题，就在你要回答问题时，你突然想起你原本要告诉第二位客人一些事的。所以你搁下手边的事情，趁着在这件事情还没忘掉之前，打个电话告诉他。可是就在你等他接电话的当儿，不断有人走进摊位向你询问产品。从早到晚，你就这样一直忙碌不堪。你忙个不停地向数以百计的人推销，却没有达成一宗交易，收效为零。

这种做事方式使你无法控制自己的时间和精力。当你趴在桌上叫苦时，你根本毫无效率可言，而你正是这么做了。

最好的方式首先是保持桌面的整洁。将文件撇在一旁，让你能专注于某一件重要的事，而不受其他因素的干扰。不用担心你会忘了下一步该怎么做，你绝对不会忘的。

其次，有些相当有用的记忆术，能让你记得这些事，而不致耽误你的进度。

只要你试着按照正确的方面去做，用不了多久，你就会发现你做事的工作效率在不知不觉中得到了一定程度的提升或很大的进步。

2. 养成惜时如金的习惯

时间就是金钱，时间就是生命。在人的一生当中，最难节约的是时间，然而最需要节约的还是时间，因为人的生命的长短与贡献的大小都和时间有关。同样，效率的提高也与时间有着直接的关系。

节约时间是基本的运筹原则。从时间中节约时间，用尽可能少的时间，办尽可能多的事情，学习到更多的知识，从而极大地提高效率。恩格斯指出，利用时间是一个极高级的规律。古今中外的杰出人才都想方设法把一般人认为不屑利用或难以利用的时间利用起来，并创造了许多从时间中去找时间的切实可行的方法。

（1）防止拖拉

办事要防止拖拉、疲沓，以免误事。英国著名的《帕金森定律》一书中有一段生动的描述："一位闲来无事的老太太为了给远方的外甥女寄张明信片，可以足足花一整天的工夫。找明信片要一个钟头，寻眼镜又一个钟头，查地址半个钟头，做文章一个钟头零一刻，然后，送往邻街的邮筒，究竟要不要带雨伞出门，这一考虑又去掉了20分钟。照这样，一个忙人在3分钟里可以办完的事，在另一个人却要一整天的犹豫、焦虑和操劳，最后还不免累得七死八活。"

有的人在工作中稍不如意，就放下不干了或等待明天再干，这样一拖再拖，就有很多的事情给拖拉下来，而时间却悄无声息地流失了。如果你有这样的习惯，那你就是在浪费自己的生命。

对付拖拉，有三种有效的办法：

第一，养成良好的习惯。

许多人的拖拉，是因为形成了拖拉的习惯。对于这样的人，无论用什么理由，都不能使他自觉放弃拖拉习惯。因此，需要重新训练，培养他们良好的积极工作的习惯。

第二，确定工作的重要程度。

一个人再拖拉，到了非干不可的时候他就不得不干了，正如房子着火了，他就不得不迅速逃生一样。明白了工作的重要性，他就不会再拖拉下去，以免造成危害和其他人的不满。

第三，委托他人。

有的时候，你拖拉的原因也许是你不喜欢做，这或许与你的个性或专长有关。这时候，你可以把它委托给别人去做。这样，事情也做了，你也不拖拉，对双方都是件好事。

（2）消除“时间瓶颈”

所谓时间瓶颈，就是浪费时间多半源于单位的领导或家长、教师，正如瓶颈多半位于瓶的上端一样。要解决这个问题，必须根据不同的对象，采取相应的对策。

①“听而不闻”的人

应采取以下办法：慎选谈话的时机，不要在他繁忙或心绪不佳的时间与他联系；谈话时开门见山，单刀直入；先尽量指明与他谈论的事对他的利害关系；一旦发现他听不进你的话语，则尽快结束交谈，另找时间再谈。

② 对见异思迁的人

应多做询问，让他在解答时发现问题，通过研讨，迫使他改变主意，并决定工作次序和完成工作的时限，尽量避免中途变卦而浪费时间。

③ 对以你为听众的人

应尽量不发问，一边听，一边思考，在听话过程中，显示心事重重的态度，有礼貌地打断他的话，提出问题，共同研讨。

美国威斯汀豪斯电器公司前任董事长兼总经理唐纳德·C.伯纳姆提出了提高效率的三原则，这就是当你处理任何工作的时候，都要提出三个“能不能”的问题，以达到节约时间的目的。

第一，能不能取消它？

那些完全不必去做的事情，那些完全不必应酬的交往，应该决然“刹车”。“有所不为，而后有所为”，不怕舍弃一些什么，才能得到一些什么。

第二，能不能与别的工作合并？

这就叫合并节约时间法。把能够合并起来的事尽量合并起来办，一举两得，无形中提高了效率。星期日去探望友人、同学，不妨在途中顺便跑跑书店。

第三，能不能代替它？

为了达到某种目的，用费时少的办法去代替费时多的办法，殊途同归，可以节药很多时间。打电话同写信一样可以达到互相交流、传递信息的目的，但打电话可少费时间；骑自行车办事快就不要走路；看电影与看电视都可达到娱乐的目的，在家看电视就可节约路途往返的时间。由此可见，最简便的办法往往包含着较高的效率。

一项大的工作可以首先分解成若干小的部分，然后对每个小部分再问三个“能不能”，提高效率的途径就更会逐步显现出来。

（3）安排一个时间表

既然合理地利用时间可有效地提高工作效率，有助于事业的成功，我们就应该在自己的日常生活中制订一个可行的、适宜自己的待办计划表。在待办计划表中，要注意以下几点：

① 依赖记忆

在睡觉之前想想第二天的工作是个很好的方法。在确定所有的工作后，人就可以安稳入睡，不会满脑子胡思乱想。

利用记忆记住你的工作之后，你的脑子就会想尽一切办法去解决问题。有时候当我们的问题存在于脑海中时，睡梦中会突然跳出一个理想的解决之法，也就是人们所说的有所思就有所梦。当我们真正地利用了我们的潜意识来解决问题时，我们就会发现，它的作用是惊人的、不可思议的。

有了计划，潜意识就要完成它，而记忆会替你完成。人脑就像一个平行处理器，许多工作在脑中可以同时处理，一旦记下了一定的事物，大脑就会把它转移到潜意识中，不知不觉地开始研究解决它的办法。

② 适时检查计划表

有了计划表，是否严格地执行了，还需要适时地检查。晚上睡觉前，再翻一翻你前一天的计划表，看一看你执行的情况和进度，会有助于你来日工作的安排和完成。

学生都知道，英语中的英语单词是最难记忆的。其实，如果你制定一个计划表，每天完成十个单词的记忆任务，定时检查，督促保证完成，那么一年过去，你就可以掌握3650个单词，两年之后，你所记的单词已足够你日常生活中的对话、写作和运用了。一天记十个并不难，难的就在于一丝不苟地坚持下去。因此，光有计划表是不行的，还需要适时检查，督促计划表的按时完成。

③ 限制计划数目

每个人的精力是有限的，运用有限的精力去做无穷无尽的事是不可能的。人在极限劳动的情况下，也很容易导致意想不到的损害效果，因此，限制一天中的计划数目，可在自己身体力行的情况下进行科学的调整，使自己处于一个协调的工作环境之中，既可完成工作任务，又不影响身体健康。

最好的办法是在下班前几分钟，拟定第二天上午的工作表。成功的高级经理人员谈到，这个方法是他们做有效的时间管制计划时最常用到的一个。如果延到第二天上午再列工作计划表，就容易草率，因为那时已经有工作的压力，工作表上所列的，常常只会是紧急事务，而不是重要的事项。

（4）养成有计划工作的习惯

在棒球比赛里，胜利取决于跑回本垒的次数。只跑到三垒，并不能因为跑了3/4的路程而得分。

工作也是这样。能够开始当然很好，继续做下去也不错，但是不到完成，你就不算做了你开始做的事情。很多人有一种把一件工作“做了一会儿”，然后又放在一边的习惯，还欺骗自己相信工作已经完成。

这样是很浪费时间的，因为你常常不会再回头去做这件工作，因此你先前所用掉的时间就等于失去了。就算你回头去做这件工作，首先，你要花时间重新建立起冲劲，从头探查各步骤。检视上次你所做的事情，就算把它做好，也浪费了许多时间。因此不要堆积许多只做了一半的工作。

当然，如果工作范围太大而不能一次做完，那你该怎么办呢？那就是系统地利用时间。

例如，假定你有一份很长的报告要写，你就避免从“一次只做一个小时左右”的观点去想，而要指定你自己先写好大纲，或做好调查研究，或写下引言。做好了这一步，你把它放在一边就可以有完成某一件特定事情的感觉，并且清楚地知道你下一步该做什么。下一次再做的时候，你就不需要再重新去理出头绪，也就不会有心智阻碍。

然后再把工作分成许多小工作去做，你就会养成所谓的“强制去完成”的宝贵习惯。这会为你每天省下很多时间。

3. 善用一分一秒

记得鲁迅先生说过：“时间是海绵里的水，只要愿挤总会有的。”其实，在生活中有很多零散的时间是大可利用的，如果你能化零为整，那你的工作和生活将会更加轻松。

“点滴”的时间看起来很不显眼，但这些零零碎碎的时间积累起来却大有用场。每一个成大事者都离不开这样一个好习惯：善用时间！

时间虽然是人人都有的，但它也绝对是因人而异的。一个百无聊赖的家伙会觉得时间过得太慢，而一个有工作要做的人又觉得时间过得太快。就是我们自己，有时候一天天地算日子，觉得时间慢，一年年算日子又觉得时间消逝得太快了。时间的表现并不一致。

人类发明钟表，是用来掌握时间、观察时间的，更主要的是利用时间。青年人要想成大事，就要掌握运用时间的本领，养成良好的时间习惯。

有个青年人自己开了一家顾问公司，一年接下约130个案子，她每年旅行各地，有很多时间是在飞机上度过的。她相信和客户维持良好的关系是很重要的，所以她常利用飞机上的时间写短签给他们。一次，一位同机的旅客在等候提领行李时和她攀谈，他说：“我在飞机上注意到你，在2小时48分钟里，你一直在写短签，我敢说你的老板一定以你为荣。”这个青年人回答：“我就是老板。”不仅做事业上的老板，还要学会做时间的“老板”。

在实际生活和工作中不管你多么有效率，总是有人会让你等待：你可能错过公车、地铁、飞机，碰上出其不意的事；你也许已经尽可能地小心计划每一件事，但是你可能意外地被困在机场，平白多了3个小时可利用。而所有成功人士在这种情况下所做的事是：“我带本书，我写东西，我修改报告。我们可以在这样的时间里做任何的工作。”这样，你不但挖掘出了你隐藏的时间，而且你也向成功者的行列迈近了一步。

其实，生活中有很多零散的时间是大可利用的，如果你能化零为整，那你的工作和生活将会更加轻松。

所谓零碎时间，是指不构成连续的时间或一个事务与另一事务衔接时的空余时间。这样的时间往往被人们毫不在乎地忽略。零碎时间虽短，但倘若一日、一月、一年地不断积累起来，其总和将是相当可观的。凡事在事业上有所成就的人，几乎都是能有效地利用零碎时间的人。

伟大的生物学家达尔文也曾说：“我从来不认为半小时是微不足道的一段时间。”诺贝尔奖金获得者雷曼的体会更加具体，他说：“每天不浪费或不虚度或不空抛剩余的那一点时间。即使只有五六分钟，如果利用起来，也一样可以有很大的成就。”把时间积零为整，精心使用，这正是古今中外很多科学家取得辉煌成就的奥妙之一，也是我们应该从他们身上学到的优点之一。

我们经常会感到时间紧张，根本没有时间干许多重要的事。其实并非如此，时间总是有的，关键看你有没有发现它。三国时期的董遇是个很有学问的人，他要前去找他求学的人先“读书百遍，其义自见”。当求学者抱怨说“没有时间”时，他则回答说：“当以‘三余’即‘冬者岁之余，夜者日之余，阴雨者晴之余’也。”这“三余”的利用，正是零碎时间的聚积，以小积大，这是时间的独特之处。

汇涓涓细流遂成大海，积点滴时间而成大业。事物的发展变化，总是由量变到质变的。“点滴”的时间看起来很不显眼，但这些零零碎碎的时间积累起来却大有用场。

知识做梦做不来，伸手要不来，只有靠刻苦学习，日积月累。毛泽东在湖南第一师范求学时，在一个同学的笔记本上写道：“百丈之台，其始则一石，由是而二石焉，由是而三石焉，四石以至千万石焉，学习亦然。今日记一事，明日悟一理，积久而成学。”有的人觉得，读书、写作、科研，就得有大块时间，零散时间在他们看来是微不足道的，谁要这样想和这样企求，谁就永远做不成大事。

青年人要想成大事，一定要学习前人，养成利用时间的好习惯，在学习和工作中使自己更充分地自我发挥，从而为自己的将来做好铺垫。有这样一种比喻：时间像水珠，一颗颗水珠分散开来，可以晒化，变成烟雾飘走；集中起来，可以变成溪流，变成江河。而这集中的方法之一是用零碎的时间学习整块的东西，做到点滴积累，系统提高。获取高深的知识，没有“捷径”可走，只能靠平时一点一滴地积累，才能实现。我们应该以此为榜样，在学习中注意点滴积累，系统提高，不断攀登科学文化的高峰。学会运用时间的青年人，一定会是将来事业上的成功巨人。

4. 事半功倍

对于做同一件事，不同的人在相同的时间里所产生的效果也会有所不同。有的人能达到事半功倍的效果，而有的人却事倍功半。产生这种现象的原因有许多方面，除了与你做事的方法有关外，还与其他因素有关。

温杰特睁开了眼睛。才不过清晨5点钟，他便已精神饱满，充满干劲。另外，他的太太却把被盖拉高，将面孔埋在枕头底下。

温杰特说：“过去15年来，我们俩简直几乎没有同时起床过。”

像温杰特夫妇这样的情况并非少见。我们的身体像个时钟那样复杂地操作，而且每个人的运转速度也像时钟那样彼此略有不同。温杰特是个上午型的人，而他的太太则要到入夜后才精神最好。

很久以来，行为学家一直认为导致这种差别的原因是个人的怪癖或早年养成的习惯。直到20世纪50年代后期，医生兼生物学家霍尔堡提出了一项称为“时间生物学”的理论，此一见解才受到挑战。霍尔堡医生在哈佛大学实验室中发现某些血细胞的数目并非整天一样，似乎它们从体内抽出的时间不同而定，但这些变化是可以预测的。细胞的数目会在一天中的某个时间比较高，而在12小时之后则比较低。他还发现心脏、新陈代谢率和体温等也有同样的规律。

霍尔堡的解释是，我们体内的各个系统并非永远稳定而无变化地操作，而是有大约一个周期。有时我们会加速，有时会减慢，我们每天只有一段有限的时间是处于效率达到巅峰状态。霍尔堡把这些身体节奏称为“生理节奏”。

时间生物学的主要研究工作，现在全部由美国太空总署主持。温杰特就是该署的一位研究生理学家，亦是一位生理节奏学权威，据他说，在大多数太空穿梭飞行中，制定太空人的工作程序表时都应用了生理节奏的原理。

这项太空时代的研究工作有许多成果可以在地球上采用。例如，时间生物学家可以告诉你，什么时候进食可以使体重不增反减，一天中哪段时间你最有能力应对最艰苦的挑战，什么时候你抵受疼痛的能力最强而适宜去看牙医，什么时候做运动可以收到最大效果。

人体效率的一项生物学法则是：要想事半功倍，则必须将你的活动要求和你的生物能力配合。

5. 有效地安排每一分钟

一分钱掰成两半花，是勤俭者持家的决窍；把一天当成两天用，是勤奋者成功的决窍。

“今天这一天”并不仅指24小时，应该还指现在的一小时或一分钟。所以，要你“一整天去奋斗”，也就是要你把握住现在的每一小时、每一分钟去奋斗的意思。扎实活过每一分钟，是你迎向丰盛人生的开始。

成功的人重视每一天，也即意味着重视每一小时，重视每一分钟，重视每一瞬间。出身贫寒却因为不断努力而闻名世界的法国昆虫学家法布尔，是一个能在工作中发现生活意义的人。法布尔说：“忙得连一分钟休息时间都没有，对我来说才是最幸福的事。工作就是我最重要的生活意义。”

他是非常努力的人，从少年时代对昆虫产生兴趣后，为了更深入研究，遂倾尽心力，即使一分一秒也不浪费掉，因此他最后完成了一部名著《昆虫记》。

我们常常说：“今天一定要达到这个标准。”可是这并不表示说只要在今天结束以前能达到目标就好了。有句话说：“时间就是现在”，其意思就是要我们现在立刻行动。

常有人说，要写一本书实在是一件大事情。但目前的工薪阶层，一边上班一边写小说的人却愈来愈多。他们因对公司的工作不敢偷懒，所以写小说的时间实在很少。因此他们都利用上班前的5分钟来写小说，这样慢慢地写下去，不久就可以完成一本书，像这种5分钟的累积是很重要的。

只要能够养成珍惜每一刻而去努力的习惯，这样累积下去，就会产生出好的结果来。

扎实活过每一分钟，是你迎向丰富生命的开始。当你细细品味生活，就能怡然自乐。生活中其实没有太多的意外，因为每一件事的发生都深具意义。这条看似陌生的道路，时时有着新的挑战，带来不断的冲击，让你成长。只要不因渐行渐远而迷失方向，仍然坚持着自己的信念，继续努力，不论个人的目标是否清晰，都要认真活过每一分、每一秒。

从小到大，都有人告诉我们要活得“好”。你可能也知道，“好”来自对自己和对别人的一份同情心的体贴。

你热爱生命吗？那么别浪费时间，因为时间是组成生命的材料。

如果想成功，必须重视时间的价值。

利用好时间是非常重要的，一天的时间如果不好好规划一下，就会白白浪费掉，就会消失得无影无踪，我们就会一无所获。经验表明，成功与失败的界限在于怎样分配时间，怎样安排时间。人们往往认为，这儿几分钟，那儿几小时没什么用，但它们的作用很大。时间上的这种差别非常微妙，要过几十年才看得出来。但有时这种差别又很明显，贝尔就是个例子。贝尔在研制电话机时，另一个叫格雷的也在进行这项实验。两个人几乎同时获得了突破，但是贝尔到达专利局比格雷早了两小时，当然，这两人是不知道对方的，但贝尔就因为这120分钟而取得了成功。

你最宝贵的财产是你手中的时间，好好地安排时间，不要浪费时间，请记住浪费时间就等于浪费生命。

集中精力在能获得最大回报的事情上，别花费时间在对成功无益的事情上。

6. 掌握合理分配时间的秘诀

会合理支配时间，就等于节约时间。

当你面前摆着一堆问题时，应先问问自己，哪些是真正重要的，哪些是应优先处理的。如果你听任自己被紧急的事情所左右，那么，你的生活就会充满危机。

时间与金钱一样也要吝于使用，从某种程度上说，时间比金钱更加重要，金钱失去以后，还可以想办法赚回来，可是时间一旦失去就再也追不回来了。比如，你想重温一次青春岁月，这是无法做到的事，所以我们对时间一定要吝啬地加以使用。

怎样可以从投入的时间和精力中得到最大的报酬呢？你不妨试一试下面的办法。

（1）确定每天的目标，养成把每天要做的工作排列出来的习惯。奏效是指把一项工作做合适，效率是指把一项最关键的工作做好。

把明天要做的最重要的几件事，按其重要性大小编成号码。明天上午头一件事是考虑第一项，做起来，直到完毕。再做第二项，如此下去。如果没有全做完，不要于心不安，因为照此办法完不了，那么用其他办法也是做不了的。

（2）最充分地利用你最显效率的时间。如果你把最重要的任务安排在一天里你干事最有效率的时间去做，你就能花较少的力气，做完较多的工作。何时做事最有效率？各人不同，需要自己摸索。

（3）集中精力，全力以赴地完成最重要的任务。重要的不是做一件事花多少时间，而是有多少不受干扰的时间。全力猛攻，任何困难都可迎刃而解，零打碎敲，往往解决不了问题。一次只能考虑一件事，一次只能做一件事。

（4）不要做完人。不要求把什么事都做得完美无缺，如书信中有几个错字，改一下即可，不必重写。

（5）利用已派用处的时间。如将看病、理发的等候时间，用来定计划、写信，甚至考虑写作提纲。

（6）区别紧迫性和重要性。紧急的事不一定重要，重要的不一定紧急。不幸的是，我们许多人把我们的一生花费在较紧急的事上，而忽视了不那么紧急但比较重要的事情。

（7）要有条理。如笔记要分类，以便查找。乱放一气，找东西的时间就要占很多。

（8）学会说不。事半功倍之道取决于懂得有所不为。要砍掉一切不必要的义务和约会。

（9）尽量利用简便工具。如电话通信息，只需几分钟，而信却要好几天。

（10）分配家务。做父母的如果不把一些家务分配给孩子做，那既是害孩子又害自己。

（11）适当地休息。一种工作做久了可以改换另一种，变换一下身体姿势，从事一些休闲活动以消除疲劳，换得新的精力。

（12）摆脱消极情绪。

第五章

做事会求人

老练的求人办事者，对他们在不同层次上的特殊心理追求知之甚细。针对这些不同类型的被使用对象对自己抱有的各种心理追求，就能因人而异，投其所好，分别采取不同的攻心谋略。

1. 让他内心清爽悦愉
2. 搭桥铺路对心思
3. 攻人心，也须稳自己
4. 多考虑对方的感情，容易说服他
5. 向他靠拢，缩短心理距离

1. 学会应酬

在现实生活中，我们无论做什么事情，都需要与他人进行沟通，以建立良好的互动关系。而应酬就是人际沟通的桥梁。当然，应酬要恰到好处，才能达到沟通的目的。如果应酬不当，则会事与愿违，甚至造成严重的恶果。这就必须讲求应酬艺术了。

有一位大学文科毕业生张某，到一家银行去求职，很顺利地被录取。上班的第一天，这家银行主管带他到一张办公桌前，指着桌上一摊摊堆积的公文对他说：“给你一天时间，把这些公文一件件整理好，行吗？”

张某抬眼一看，顿时心里一沉，皱起眉头说：“这么多的文件，叫我一天时间怎么处理得完？”

银行主管一听，便感不悦，冷冷地道：“你不是来求职的吗？难道要我另换一个人！”

结果，弄得双方都很尴尬。

对双方来说，这都是一种十分失败的应酬。

假如那位求职者的回答改为：“可以，我努力去完成。”银行主管的态度就一定大不一样。虽然你说的是“努力”完成，不是“保证”完成，甚至尽了“努力”，到下班时还不能完全办好，人家也是可以谅解的，自然不会太责怪你。

假如那位银行主管听了不是冷嘲热讽，而是改为另一种口吻：“好，你努力去办吧！”张某心理上也一定能接受，因为这些公文还没有去办，能否按时办妥，尚不能做出肯定或否定的答复，只能“努力”了。

日本本田企业是一家大型汽车制造公司，属于潜能资源型的企业。它的老板与雇员之间的沟通十分融洽。有一名青年设计师初进本田，负责设计新型的FI汽车，以提升企业的崭新形象。本田要求这位青年设计师尽快地设计出来，以抢占国际市场。这位青年设计师明知任务艰巨，非一日之工可以设计出来，但他却在应对时总是说：“好，很好，我尽力去做。”一个月过去了，他对本田说，他仅画好了草图。又一个月过去了，他对本田说，FI基本可以定型了，但还要些时日才能投入试产，并告诉本田，如果要再提前，他只好牺牲休息时间加班完成了。本田虽然心里很急，但也无话可说。

可见，这位青年设计师的应对真是到家了。其一，他没有给本田的要求泼冷水，维护了本田的自尊心；其二，他没有被“尽快”的要求吓倒，而是“尽力去做”，试一试；其三，万一“尽快”不了，就只好牺牲休息，加班完成。结果，本田要求的F1新型汽车终于出产，不仅是男性，就连女性也十分喜欢，并获得了丰厚的利润。

上述正反两个应酬的例子，说明应酬不单是诚意对诚意的问题，要讲求应酬艺术，才能把你的诚意传达给对方，达到互相沟通的目的。

2. 建立多层的人缘关系

每一个人都是一个独特的世界，多与一个人交往，就是多闯入一个世界多一层人生的体验，所以说你要建立多层的人缘关系。

说到人缘，也许首先想到的是朋友吧！学生时代的同班同学、前辈、同乡朋友、朋友介绍的朋友，等等。当然，这些故交也是一种人缘。靠朋友的介绍建立起新客户是不够的。特别是，最好避开有直接生意利害关联的事。因为常有不太顺利时朋友关系遭到破坏的情形。把老朋友作为内心的朋友，与生意划开界限，长期交往为好。

立志经商做生意的人，不应该过分地依靠旧友，要不断地建立新的人缘。重要的是通过新的人缘扩大自己的世界，扩大视野。不同行业、不同职业的人，或者不同年龄段的人，层次越多越好。年轻的时候与长辈，年长以后与年轻人交往最好。

那么，怎样才能建立起新的人缘呢？为此，要有具体的行动。一言以蔽之，即积极地走出去，扩大与人交往的机会。

（1）多与他人进行沟通

同别人聊天也是件很不错的事，既可以增进人们之间的相互了解，又能增长知识，开阔眼界；有时还能得到意外收获。

（2）参加各种各样的聚会

不仅是公司，如果有不同行业的交流会之类，也要主动地参与。加入有关兴趣的圈子也是极好的机会，其实这正是鞭策自己的场合。试着搞社交活动，会发现人生实际上是很快乐的。想把内心封闭起来的躯壳，一经行动便会被打破，一经打破，其后的事自会容易得多。

参加各种聚会时，要注意几点：

① 互相舔舐伤口那样的聚会不要参加。一边声称学习、交流，一边喝酒互诉牢骚，以求互相安慰的聚会，有百害而无一利，知道后要赶快溜走。

② 做聚会的积极参与者。有发言的机会时要积极地发言提出各种方案。要使自己的存在得到好评，使自己获得实质上的主宰地位。

③ 给予胜过获取。只求获取，没有给予的人会使人讨厌。给予了自然就会有获取的机会。给予别人情报与建议，自然会得到别人的回馈。

但是，凡事有利也有弊，值得注意的是交往广，对人有好处也有坏处，关键在于你是和什么样的人交际。“近朱者赤，近墨者黑”说的也就是这个道理。

3. 送礼的学问

一般说来，在求人做事时，总该有一定的表示，因为这样容易达到自己的目的。但是在你有所表示时，也更掌握一定的技巧，否则不但不能达到自己的目的，反而会弄巧成拙。

一般来说，以下几个时机是选择送礼的绝好时候。

（1）利用生日

平常日子不妨把上司、同事和下属以及亲朋好友的生日记在一个小本子上，并在家里的挂历上用红笔画个圈并标个记号，待到他们的生日到来这天，你可以送上一份特别的礼物，甚至为他们筹办生日宴会，这会很令他们感动，是达成办事效果的有效手段。

（2）利用偶发事件

比如当你听说某家楼房煤气爆炸，某栋住宅区发生盗窃，某个住宅突发火灾或是某个地区遭遇洪灾，而这些出现灾情的地区正好有你的亲戚、朋友或是熟人，这时你不妨打个电话去探问探问，或送上一些应急物品。这样，得到你关心的人会有遇到真朋友的感觉，从而会对你铭记于心。日后有事去求他，他一定会尽心尽力帮助你。

（3）利用卧病在床的机会

人一旦生病卧床不起，都会变得脆弱与烦躁，名声、虚荣也都顾不上了，这时他最需要的是别人来探询他，你要很好地利用这个机会。

如果亲朋好友因病休假在家，你就应该抽空带着礼物去他家里探病慰问。闲聊时不要谈及工作，多讲些轻松、有趣的故事和消息。告辞时说些祝福的话，要表现出衷心、关心和同情、诚恳的样子。

如果你因故没有机会去探视，在其病好后与之相遇，最好只问一下他病好了没有或装作不知道，千万不要愧疚地说没有去探病请原谅之类的话，那样听起来会让人感到很虚伪。

探视看病时效性强，越快越好，不要犹豫不决。

（4）利用婚丧嫁娶

结婚、生小孩以及丧礼等婚丧嫁娶是送礼的好时机。

亲朋好友、上司或下属的孩子有婚嫁之喜、生小孩之喜时，要及时地送去礼金礼物，或在婚礼、宴客的场合尽心帮忙，或在难忘的时刻替他们照相，日后可作为一份礼物送给他，这样会很讨他们的欢迎。

当你听说有人去世了，应主动慰问死者的家属，举行葬礼时去送行。如果实在抽不出时间，可以用电话致意。

抓住送礼的机会，有利于你所办的事获得成功。

4. 送礼的原则

送礼要灵活，不要太呆板，太老实，这就需要讲究一定的原则，要考虑到收礼人的文化、喜好、身份等因素。

（1）轻重得当原则

一般而言，礼物的轻重选择以对方能够愉快地接受为原则，力争做到少花钱多办事，或多花钱办好事。

在对方有困难时，你送礼无论多重都是雪中送炭。礼物太轻了意义不大，亲朋好友有可能误认为你小气或瞧不起他。求人办事时给对方送礼，礼物太轻，对方可能不会把你的事放在心上，从而影响办事效果。

但是，礼物也忌太贵重，除非对方是爱占便宜的人，一般人可能会婉言谢绝，因为这样重的人情收礼人日后不好还礼，还轻了，怕你不高兴，照着你送的价值还，有可能会加大他的支出负担。本来你的礼物是为了促进双方的感情交流，反而给对方增添了不少烦恼。如果你是求人办事，太贵重的礼物会给对方以“受贿”的压力，他要是拒收，你心里会七上八下，一方面担心这事办不成了，另一方面，你钱已花出，留着用处也不大，何苦呢？因此，礼物轻重得当也是一种艺术。

（2）间隔适宜原则

送礼的时间间隔也很有讲究，过于频繁或间隔过长都不合适，长时间不给对方送礼，即使是亲朋好友，也难免会觉得你人情淡漠。另外，如果你频频登门送礼，或许是因为你重情义，或许是因为你办事心切，殊不知，这样会适得其反，对方可能会怀疑你怀有某种目的而对你心存疑虑，使你欲速则不达。另外，礼尚往来，人家要还礼的话，过于频繁会加重他的经济负担。

因此，掌握好合适的时间间隔送上你的礼品，既可培养感情，又能达到办事的目的。

（3）风俗禁忌原则

送礼前要对受礼人的身份、爱好、禁忌等有所了解，以免礼不得当，使双方感到尴尬。例如，对方结婚，忌讳送“钟”，因为“钟”与“终”谐音，“送终”总归是不吉利的。此外，要尊重对方的民族习惯，如牛是印度教的圣物，你要送对方牛肉定会让他愤怒不已。

因此，送礼时，请考虑周全，以免节外生枝。

（4）注重意义原则

就礼物本身而言，其价值不是以金钱的多少来衡量的，而在于它所体现的意义，任何礼物都体现着送礼者的特有心意，或酬谢，或敬贺，或尊重，或爱恋等等。所以，根据你想表达的心意选择你的礼品，会让对方充分体会到你的情义，倍感珍惜。

比如，给上级送一幅他喜爱的字画，会让他对你另眼相看；给母亲买一件暖和的羊毛衫，她会夸你孝顺；给心上人送一串别致的手链，他（她）会认为你有品味……这样符合对方兴趣爱好、富有意义的礼品，更能打动对方的心。

因此，选择礼物时要考虑它的意义，力求别出心裁，不落俗套。

5. 送礼的方法

无论做什么事情，最好的做事方法就是要恰到好处。同样，送礼送得好，方法得当，会皆大欢喜；送得不好，让人挡回，触了霉头，定会堵心数日。所以，只有巧妙掌握送礼的方法，才能把整个送礼过程上画一个漂亮的句号。

下面是几种送礼的妙法：

（1）借花献佛

如果你送土特产品，你可以说是老家来人捎来的，分一些给对方尝尝鲜，东西不多，又没花钱，不是特意买的，请他收下。一般来说受礼者那种因盛情无法回报的拒礼心态可以缓和，会收下你的礼物。

（2）暗度陈仓

如果你送的是酒一类的东西，不妨假借说是别人送你两瓶酒，来和对方对饮共酌，请他准备点菜。这样喝一瓶送一瓶，礼送了，关系也近了，还不露痕迹，岂不妙哉。

（3）借马引路

有时你想送礼给人，而对方却又与你八竿子拉不上关系，你不妨选受礼者的生诞婚日，邀上几位熟人一同去送礼祝贺，那样一般受礼者便不好拒绝了。当事后知道这个主意是你出的时，必然改变对你的看法，借助大家的力量达到送礼联谊的目的，实为上策。

（4）移花接木

老张有事要托小刘去办，想送点礼物疏通一下，又怕小刘拒绝驳了自己的面子。老张的爱人与小刘对象很熟，老张便用起了夫人外交，让爱人带着礼物去拜访，一举成功，礼也收了，事也办了，两全其美，看来，有时直接出击不如迂回运动更能收奇效。

（5）借鸡生蛋

一位学生受老师恩惠颇多，一直想回报，但苦无机会。一天，他偶然发现老师红木镜框中镶着的字画竟是一幅拓片，跟屋里雅致的陈设不太协调。正好，他的叔父是全国小有名气的书法家，手头正有他赠的字画，他马上把字画拿来，主动放到镜框里。老师不但没反对，而且非常喜爱。学生送礼回报的目的终于达到了。

（6）借路搭桥

有时送礼不一定自己掏钱去买，然后大包小包地送去．在某种情况下人情也是一种礼物。比如，你能通过一些关系买到出厂价、批发价、优惠价的东西，当你为朋友同事买了这些东西后，他们在拿到东西的同时，已将你的那份“人情”当作礼物收下了。你未花分文，只不过搭上点人情和功夫，而收到的效果与送礼一般无二。受礼者因交了钱，收东西时心安理得，毫无顾虑；送情者无本万利，自得其乐。

6. 求人先求心

借力办事，攻心为上。这是一条最重要、最关键的求人谋略。

在一个组织中任何求人行为，要想顺利进行下去，都必须同时具备两个先决条件：第一，你自己愿意求诸他人；第二，他人愿意接受你的请求。在某种意义上说，后者比前者显得更重要，难度也更大。因为居于被请求地位的人，心态一般都比较复杂。所谓攻心为上谋略，其含义是指：你不仅需要准确了解对方的内心世界，而且还要在此基础上，打动对方并进一步征服对方的心，使对方打心里信你、敬你、服你、爱你，甘心情愿为你效力。求人时若能做到这一步，绝非易事。

在通常情况下，一个心态正常的人，希望遇到一个怎样的请求者呢？换句话说，他对请求者抱有哪些企望和要求呢？

根据心理调查资料分析，被请求者对请求者的企望和要求，按照由低到高的排列顺序，主要有以下四个层次的心理追求：

（1）追求安全——企望请求者公道正派，光明磊落，不整人，不害人，不栽赃陷害。

（2）追求温暖——企望请求者能关心自己的疾苦，体谅自己在生活上和工作上遇到的各种困难，尊重自己起码的工作条件和生活条件。

（3）追求信赖——希望请求者能够充分理解自己，信赖自己，十分放心地让自己去处理所委托的事情，甚至是一些极为重要的事，也能经常听取自己提出的合理化建议，并能够对自己说一些“知心话”。

（4）追求事业——希望请求者和自己情趣相投，思想一致，能够为自己获取事业上的成功，提供一些方便条件。

老练的求人办事者，不仅对他人在四个层次上的共同心理追求了如指掌，而且还对他们在不同层次上的特殊心理追求知之甚细。针对这些不同类型的被使用对象对自己抱有的各种心理追求，就能因人而异，投其所好，分别采取不同的攻心谋略。

1、让他内心清爽悦愉

求人办事贵在让人觉得高兴，如果他觉得难以忍受，不仅事没办成，而且人与人的关系更糟，因此，了解内心，让他内心清爽悦愉是求人办事的关键。

俗话说：“树要皮，人要脸。”所谓“脸”，就是人的自尊。人如果没有了自尊，那便无药可救了。没有自尊的人有两种情况：一种是自己失去的，一种是叫人给毁伤的。

并且，自尊心受到毁伤的程度是不同的，有的属于局部的，就是说，被害者的自尊心并未完全失去，他还能感觉到自己受了伤害，这样他就必然记住伤害他的人，对之产生反感、厌憎乃至仇恨。

如果这个人是他的领导的话，他要么积极地谋划调离本单位，要么便采取“不合作主义”。只要是你说的话，你下的指示，他都不会尽心尽力、甘心情愿地去办。这样，怎么可能把工作搞好呢？

另一类是全部的，就是说，被害者已经全然失去了自尊。他甚至感觉不到什么叫自尊心受伤害。他自暴自弃，自甘下流，什么污七八糟的事都干。到头来，他本人是毁了，工作必然也大受影响。

伤人自尊心是办事大忌，在你心情不好的时候，尤其要注意维护别人的自尊。只有让被求者心里痛快，人家才能真心实意为你办事。

2、搭桥铺路对心思

在社会活动中，人们会不同程度地有“求于人”的情况。怎样才能使你的需求得到满足，不致于被对方拒绝呢？这就需要你能够巧妙地运用赞美，将对方引入你设定的情景，在求与被求的双方心里架上沟通的桥梁，然后提出你的要求，这样，就会使你的要求成功地得到满足。

（1）赞美对方与你的需求相对应的能力或成绩

当一个人很有兴致地谈到他的专长，或他所取得的成绩，或他所开展某项业务的辉煌时，你适时地提出与之相关的需求，在这样的时刻，他拒绝你的可能性最小，你的要求得到满足的成功率最大，这是经过心理学家及社会学家的实验所证明的。那么，当你有求于人时，就需要运用赞美，营造一个合适的氛围，使你的需求最大可能和最大限度地得到满足。

有个人，他认识许多学术界的泰斗，并常常得到他们的指点。问及他们之间的相识，也是缘于赞美运用得得法。因为有很多人也曾拜访过这些大师，但往往谈不了几句便无话可说，很快被“赶”了出来，而他竟成为大师们的座上客，其中有奥秘自不待言。作为准备在学术领域有所建树的他，自然也很仰慕这些大师，他得知拜访这些人不易，在每次拜访一位第一次见面的专家时，他先将这个人的专著或特长仔细研究一番，并写下自己的心得。见面之后，先赞扬其专著和其学术成果，并提出自己的想法。由于他谈的正是大师毕生致力于其中的领域，自然也就激起大师的兴趣，并有共同话题，于谈话中，他又提出自己不理解的地方，请求大师指点，在兴奋之际，大师自然不吝赐教，于是他既达到了结交的目的，又增长了许多见识，并解决了心中存在的疑惑，可谓一举多得。

此例成功之处就在有求于人时，巧妙地运用了赞语。自己所称赞的，正是对方引以为自豪，并最感兴趣的，自然使对方高兴，使其心理得到满足，此时，产生的问题也就不成为问题。当然，在这两个例子中，这只是生活中的一个方面，如果运用恰当，在生活的方方面面，都能行得通。

（2）运用赞美，使其心情愉悦，然后再提出要求

一个人的心情在其交往过程中，影响巨大，好的心情，会使一些本来难以处理的事情变得顺利。那么，在有求于陌生人时，就要运用赞美，使他或她的心情好起来，并对你谈的问题感兴趣。

赵强是某油漆股份有限公司的推销员，这个公司刚刚开发出一种新型油漆，虽然广告费用了不少，但收效甚微。这种新油漆色泽柔和，不易剥落，防水性能好，不褪色等等，具有很多优点。赵强决定以市内最大的家具公司为突破口，来打开销路。

这天，他直接来到这家家具公司，找到他们的总经理：“听说贵公司的家具质量相当好，特地来拜访一下。久仰您的大名，您又是本市十大杰出企业家之一，您经过这么短的时间，就取得了这么辉煌的成就，您的才干肯定了不起。”总经理就向他介绍本公司的产品、特点，并在交谈中谈到他从一个贩卖家具的小贩，走向生产家具的大公司的历程，还领赵强参观了他的工厂，在上漆车间里，总经理拉出几件家具，向赵强炫耀那是他亲自上的漆，赵强顺手将喝的饮料倒了一点在家具上，又用一件螺丝刀轻轻敲打，总经理很快制止了他的行为，还没等总经理开口，赵强抢先说道：“这些家具造型、样式是一流的，但这漆的防水性不好，色泽不柔和，并且易剥落，影响了家具的质量，不知对不对？”总经理连连点头称是，并提出，听说赵强所在的公司推出新型油漆，但并不了解，没有订购。赵强从包里掏出了一块六面都刷了漆的木板，只见它泡在一个方形的瓶子里，还有另外几块上着各种颜色的漆的木板。赵强声称，泡在水中的木板，已浸了一个小时，木板没有膨胀，说明漆的防水性好，用工具敲打，漆不脱落，放到火上烤，漆不褪色。于是这家公司很快就成了赵强公司的大客户，双方都从中受益。

在这则事例中，赵强一开始并没有直接称赞自己的油漆多好，而是从赞美这家公司的产品入手，又赞美了总经理的奋斗历程。受到赞美的总经理非常高兴，带领客人去参观其产品，赵强在其心情愉快之后，在车间内，点出了该家具公司的产品的油漆性能差，直接影响到了家具的质量，并在此刻，展示了本公司最上乘的产品。相比之下，凸显了本公司的新型油漆。于是，总经理很自然地接受了其建议，赵强争取到了这家客户，达到了推销产品的目的。

（3）攻人心，也须稳自己

求人办事大多数情况下都是去到一个陌生的环境，与陌生的人打交道，此时有一个稳定的心理状态是非常重要的，而有时穿着会对人的心理有影响，如果因穿着造成内心紧张，这样对于事情的成功就会产生不良影响。

和初次见面的人约会，特别是在求人的场合中穿着新衣，许多人都认为这是尊敬对方的表现之一；但事实不然，有时反而会给人一种认为你矮人一截的印象。

服装，可以反映一个人的性格，但穿着新衣或新鞋时，经常都会有好像不是自己的感觉，故有时连动作都会感到不自然，变得缩手缩脚。

因此，如果能事先料想到和初次见面的人约会时会紧张的话，那么穿着方面最好是选择过去穿过，又自我感觉良好的衣服。如此情绪上便能比较轻松，见面时充满自信，不会担心自己穿得不合体。

坐是一个非常重要的姿势，它对求人成功与否也有重大影响。拱背而坐的人，不论如何都无法给人能干的印象。就心理学的角度来看，拱背而坐的人，大都是性格内向，而且防御性的倾向较强，亦即一般所谓之“孤僻”的人。所以在求人办事的时候，注意自己的坐姿，挺胸抬头，不卑不亢，也是稳住自己阵脚，获得良好心理状态的重要步骤。

只有首先稳住自己，才能在求人办事过程中窥视别人，了解对方，采用最佳的攻心方法。另外，要“请”字当头，最动人心。人处世间，难免有求人帮忙的时候，但对方能不能答应请求，那是另外一回事，一要看你与对方关系如何，二还得看看你攻心的技巧。运用请求的方法就有意想不到的效果。

（4）多考虑对方的感情，容易说服他

让别人办事时，应该考虑对方的感情，看他是否乐意，心中有何想法，是否接受请求。

因为人是有血有肉有感情的动物。我们主观上讲逻辑讲道理，但不应该忽视感情这一点。如果你想跟别人建立成功的关系，就要考虑到别人的感情。正如保罗·帕卡所说："在与人交流中讲感情比讲理性更能成功。"

一位女士进一家鞋店买鞋。鞋店的一位男店员态度极好，不厌其烦地替她找合适的尺码，但都找不到。最后他说："看来我找不到适合你的，你一只脚比另一只脚大。"

那位女士很生气，站起来要走。鞋店经理听到两人的对话，于是叫女士留步。男店员看着经理劝那女士坐下来，没过多久一双鞋就卖出去了。

女士走后，那店员问经理："你究竟用什么办法做成这生意的？刚才我说的话跟你的意思一样，可她很生气。"

经理解释说："不一样啊，我对她说她一只脚比另一只脚小。"

经理也把真相告诉那位女士，但他考虑到她的感情，而且跟她说话时讲究技巧，又带着尊重。他从那位女士的角度看问题，所以成功了。看出别人的感情，然后以尊重的态度为别人考虑，这种本领真是十分有用的。正如小说家约瑟夫·康拉德说的："给我合适的字眼，合适的口气，我可以把地球推动。"

只有站在别人的立场考虑问题，在请人办事时才有可能被人接受，不致于一口回绝。

你需要知道别人的感受，并且在处理自己的事时把这点也考虑进去。不这样做就是贸然行动，徒然让别人看轻你。通常在你认为你有考虑别人的感受时，你真的在做的，只不过是想如果你站在他们的立场时，你会怎么做。如果不再揣测别人的感受，又没有从对方处得到足够的讯息，你可能只会暴露对别人了解得不足。一旦你把这些莫须有的看法套在别人身上，别人就会对你失去信心，他们会因为你不了解他们而觉得受到伤害，有时候在极端的情况下，他们会觉得受到玩弄而变得反抗性十足。

你得注意每个人都有相当多不同的个人经验，而在你能够接近他们或者改变他们的看法之前，这些经验构成了他们对事情的看法。要改变别人的态度，通常即意味着要开启他们潜藏在背后的情感，然后提供更好、更有用的其他选择给他们。

记住：对别人而言，你是站在围墙的另一边。所以他只能从他的利益观点来看事情。考虑一下他的看法、感觉是什么，还有为什么。他知道他的问题在哪里，大概相信比较起来你的问题还比较次要，这又有部分是源自每个人固有的孩子气且以自我为中心的观点。

如果你想要开始了解别人，你必须这样做：让他们说话，并试着让自己站在他们的立场上。有求于人时更应如此。

（5）向他靠拢，缩短心理距离

在运用攻心方法时，只有缩短两人之间的心理距离，才能提及自己的要求，并尽快达到自己的目的。

每个人都有这样的同感，就是和初次见面的人对面谈话，真是一件不好受的事。这是因为两人的视线极易相遇，而导致两人之间的紧张感增加。

一位富豪说过，如果有他不愿意借钱的人向他借钱，他就会和他面对面交谈。因为这样谈话会使对方紧张而不敢乱开口，即使借给了他也不敢不还。而相反借钱不还的人，都是坐在旁边位置谈话的人。

与人交谈时坐在旁边的位置，自然就会轻松下来，这是因为不必一直意识到对方的视线，而只在必要时看他的视线即可。通常，比较重要的见面，都会为了使对方不紧张，并且令对方说出真心话而使用各种办法，其中之一就是在室内放一盆花，以便有一个让他转移视线的对象。另外，就是坐在对方旁边的位置与之交谈，对亲近感的增加很有帮助。"远交近攻"，只有缩短双方的心理距离，才能有效地实施攻心之术。

如何让人同喜同悲。每个人都有这样的经验，在出门上班前，如果家中发生了矛盾，那么整天的工作情绪，一定会被破坏无遗。你会由于不愉快的心情，而对同事不满。即使是未曾会见的客人，也会把他想成"讨厌的人物"，找出许多理由，避免与之接洽。

这一切的不顺遂，都起因于出门前家中所发生的矛盾。而这种不愉快的心情，不仅传染给同事和初见面的客人，甚至影响这一天所看所听到的事情。有的心理学家称之为“感情的同一性”。上述情形，便是消极的同一性。

相反地，就是积极的同一性。例如，子女高考榜上有名，那么，平常对同事的不礼貌举动非常在意，今天会变得无可厚非。

当你与自己所要求助的对象见面时，也要利用积极的同一性，保持愉快的心情，这样自然能缓和紧张胆怯的情绪。

如何使自己快乐起来呢？你如果喜欢欣赏绘画，那么就到附近的美术馆走一走，如果喜欢玩游戏机，那么就去玩一会儿，以培养愉快的情绪。著有《伦理哲学考》一书的哲学家斯坦因，在思路阻塞时，常常去看场电影，以此打通思路。如果一直关在书房里，那么闭塞的思路仍然阻碍不通，无法产生灵感，当然就不能有新的思路。那些事业成功，善与人相处的人，都非常懂得如何将消极的同一性，转换成积极的同一性。

尤其与人初次会面时，更需运用这种技巧。事前有不愉快的心情，只会留给对方不愉快的印象而已。若遇到不愉快的事，应设法做一些快乐的事，使气氛快活起来。

7. 注重感情投资

在求人办事过程中，情感是一种无形的资产，巧妙地运用这种资产，会收到意想不到的回报。

很多朋友觉得，求人是一种短平快的交易，何必花那么多的冤枉心思去搞马拉松式的感情投资？

这是十足的目光短浅，俗话说得好，“平时多烧香，急时有人帮”，“晴天留人情，雨天好借伞”。真正善于求人的人都有长远的战略眼光，早做准备，未雨绸缪，这样在急时就会得到意想不到的帮助。

好的人际关系是求人成功的基础，但好关系的建立不是一朝一夕就能做到的，必须从一点一滴入手，依靠平日情感的积累。

古人说：“积土成山，风雨兴焉；积水成渊，蛟龙生焉。”只有通过不断的构建和巩固，人际关系才能牢固。情感投资，聚少成塔。有了“铁”关系垫底，何愁求助无门？

有位刚去美国的朋友来信说：“我们在那儿，没有什么社交生活，我们难得去看看朋友，这当然是因为我们初到异境，认识的朋友不多，但后来我听说，其他的人也一样……

“我们每星期工作五天，星期六和礼拜天都去了郊外，这是一种家庭式的生活。就是说，要去郊外，就跟自己的家人去。

“我们不能利用假期去探望朋友，因为一到假期，谁都不在家，除非朋友患病在床……

“这样，平时我们也不可能利用下班后的时间去看朋友，因为交通太挤。

“但我们常常和朋友通电话，这是我们唯一可以列入应酬朋友的方法，我们无事也打电话，哪怕是寒暄几句，或者讲些无关紧要的事。

“但若有事情，我们会立刻聚在一起的，比方上星期鲍比（他的儿子）患肚子痛，我急忙起来打电话给友人江医生想办法，他马上驾汽车从70里外赶到，初步诊断，认定他患了盲肠炎，就用他的车子送鲍比进医院……”

看了这封信，给人的最大的感想是，他懂得无事之时打电话找朋友，所以一有事时，朋友马上就来帮忙。

有事之时找朋友，人皆有之，无事之时找朋友，你可有过？

你有没有这样的经验：当你发生了一种困难，你认为某人可以帮你解决，你本想马上找他，但你后来想一想，过去有许多时候，本来应该去看他的，结果你都没有去，现在有求于人就去找他，会不会太唐突了？甚至因为太唐突而遭到他的拒绝？

在这种情形之下，你不免有些后悔“平时不注重感情投资”了。

法国有一本名叫《小政治家必备》的书。书中教导那些有心在仕途上有所作为的人，必须起码搜集20个将来最有可能做总理的人的资料，并把它背得烂熟，然后有规律地按时去拜访这些人，和他们保持较好的关系，这样，当这些人之中的任何一个当上总理，自然就容易记起你来，大有可能请你担任一个部长的职位。

这种手法看起来不大高明，但是非常合乎现实的，一本政治家的回忆录中提到：一位被委任组阁的人受命伊始，心情很是焦虑。因为一个政府的内阁起码有七八名阁员（部长级），如何去物色这么多的人去适合自己？这的确是一件难事，因为被选的人除了有适当的才能、经验之外，最要紧的一点，就是“和自己有些交情”。

要和别人有交情才容易得人赏识，不然的话，任你有登天本事，别人也不知道啊？

随着人们生活步伐的不断加快，大多数人没有时间进行过多的应酬，日子一长，许多原本牢靠的关系就会变得松懈，朋友之间逐渐互相淡漠。这是很可惜的。所以你要珍惜人与人之间宝贵的缘分，即使再忙，也别忘了沟通感情。否则，“急时抱佛脚”，关键时刻用人帮忙不免会后悔。

第六章

做事胆要大

冒险，是对成功的一次尝试，也是对机遇的一次探索。如果你不敢在任何事上冒险，其实你就是在每件事上冒险了。

在我们身边，随时随地都要冒险。如果你想骑马赶路，就得抛开可能发生任何意外的想法。但为了赶路，你只有冒险，除非用两脚徒步，否则别无他法。然而走路也有跌伤的时候，或因倦极而倒的情形。

1. 不怕发生意外事件

人生的航船不会总在风平浪静中前行，当遇到风暴和暗礁的时候，最重要的是要有一位合格的舵手，那就是有着坚定信念的自己。

对充满信心的人来说，乐观确是一种有利无害的状况。乐观者相信，大多数的疾病、挫折、痛苦与悲伤都可治愈。当然，乐观者同时也注重预防。他们的思想与行为集中在幸福、健康与成就上。

有一次，丹尼斯在安迪威廉斯圣地亚哥高尔夫球公开赛中和4人一起打球。特瑞维诺对自己的球技十分自信，他经常和球童打赌，看他能够把球击得如何靠近球洞，他会这样对球童说：“如果我不能够把球打到球洞的方圆3尺范围内，我给你1000美元；如果我打到了，你就免费替我背一次高尔夫球袋。”他的球童立即回答：“你以为我疯了吗？这算什么打赌呢？”他被人问到在加拿大公开赛将有什么表现时，他回答得很妙：“你在说笑话吗？那本来就是为我而办的比赛呀！”那一年，有一位喝得酩酊大醉的球迷，为了急于得到特瑞维诺的亲笔签名，竟然跳入靠近最后一洞的水塘里，向着特瑞维诺正在打球的那个果岭游了过去。所有的旁观者都认为他一定游不到果岭。特瑞维诺本来正在打量果岭的形势，准备击球。这时，他放下球杆，镇静地跃入水中，把那名醉汉拖上岸，给了他一份湿淋淋的亲笔签名，然后跑回果岭上，击出最后一球，为自己赢得了4年来第3次加拿大高尔夫球公开赛冠军。

有些人认为特瑞维诺很幸运，但我们都知道得更清楚，幸运就存在于

“准备”与“机会”的交叉路口上。由于机会总是存在的，所以那些做过特别准备的人总是能够获胜，或是更为接近目标。至于那些事先未做充分准备的人，往往把他们的失败归咎于“运气不佳”，同时认为那些胜利者“运气太好了”。李·特瑞维诺就是这样的一名“幸运者”，他也是所有参加比赛者当中，进行了最充分准备的一名球员，因为他对自己有强烈的信心。他是丹尼斯所认识的人中，最具信心的乐观者。

你可以通过以下方式培养乐观的信心：

（1）和老鹰一起高飞。不要光是在地上乱跑一通，且像那些傻人一样地抬头望着天空，大叫：“天空掉下来了！”乐观和现实是在一起的，它们是解决问题的双胞胎。乐观与怀疑，则是最糟糕的伙伴。你最好的朋友，应该是属于那种“没问题，这只是一次暂时小小的不方便”的类型。你在每天帮助急需帮助的人，同时更要发展出一种亲密的友谊，而且其目的不是分担问题或需求，而应该是基于共同的价值与目标，来互相吸引。

（2）如果你情绪低落，千万不要去看比你更不幸的人，因为这会使你更沮丧，那么，不妨改用积极的手段。到游乐园或公园散步，看看孩子们在那儿玩耍欢笑，接受他们的欢乐与冒险精神。把你的思想用来帮助其他人，重新恢复你的信心。到商场或超级市场走一走。有时候，即使只是简单地改变一下地点，就能把你的思想与感觉全部改变过来。

（3）听听愉快、鼓舞性的音乐。当你准备出门上学或上班之前，打开收音机，转到一个不错的调频电台。不要去看早上的电视新闻，你只要瞄上一眼当地日报第一版的新闻就够了，它已足以让你知道将会影响你生活的国际或国内新闻。看看与你的职业及家庭生活有关的当地新闻。不要向诱惑屈服，而浪费时间去阅读别人悲惨的详细新闻。在开车上学或上班途中，听听电台的音乐或自己的音乐带。如果可能的话，和一位乐观者共进早餐或午餐。晚上不要坐在电视机前，把时间用来和你所爱的人谈天，或共厮守。

（4）改变你的习惯用语。不要说：“我真累坏了。”而要说：“忙了一天，现在心情真是轻松。”不要说：“你们怎么不想想办法？”而要说：“我知道我将怎么办。”不要在团体中抱怨不休，要试着去赞扬团体中的某个人。不要说：“这个世界乱七八糟。”而要说：“我要先把自己家里弄好。”

（5）向龙虾学习。龙虾在某个成长的阶段里，会自行脱掉外面那层具有保护作用的硬壳，因而很容易受到敌人的伤害。这种情形将一直持续到它长出供自己居住的新“房子”为止。生活中的变化是很正常的，每一次发生变化，总会遭遇到陌生及预料不到的意外事件。不要躲起来，使自己变得更懦弱。相反地，要冒险去应对危险的状况。对你未曾遇过的事物，要培养出信心来。

（6）重视你自己的生命。不要说：“只要吞下一口（麻醉药），就可获得解脱。”不妨这样想：“信心将协助你渡过难关。”你所交往的朋友，你所去的地方，你所听到或看到的事物，全都记录在你的思想中。由于头脑指挥身体如何行动，因此你不妨从事最高级和最乐观的思考。人们问你为何如此乐观时，告诉他们，你情绪高昂，因为你服用了安多芬。

（7）从事有益的娱乐与教育活动。观看介绍自然美景、家庭健康以及文化活动的录像带；挑选电视节目及电影时，要根据它们的品质与价值来选择，而不是注重商业吸引力。

（8）在幻想、思考以及谈话中，应表现出你的健康情绪值很好。每天对自己做积极的自言自语。不要老是想着一些小毛病，太过注意了，它们将会成为你“最好”的朋友，经常来向你“问候”。你脑中想些什么，你的身体就会表现出来。在抚养及教育孩子时，这一点尤其重要。要专门想着家庭的好处，培养家庭四周的健康环境。有一些父母，比其他人更关心孩子的健康安全，这反而使他们的孩子变成了精神病患者。你应该对安全预防措施及正确的医疗行动深具信心。同时也应相信，父母“最好的”以及“最坏的”关切，都会影响到下一代。

（9）在你生活中的每一天里，写信、拜访或打电话给需要帮助的某个人。向某人显示你的信心，并把你的信心传给别人。

（10）把星期天当作增加“良好信心”的日子。养成读励志书的习惯。根据最近对青少年滥服药物所做的研究报告指出，不服用任何药的正常年轻人，他们生活中的三大支柱就是：读好书、良好的家庭关系以及高度的自尊心。

总之，无论怎样，你都不要活在侥幸的心理中，也不要沉沦在现实的逆境里。人生的路，没有选择，平地的也好，坎坷的也罢，你都必须走下去。

2. 面对“做不了的事情”

记得一位智者曾说过：“世界上只有想不到的事情，没有做不到的事情。”所以说，在做事时，你要勇敢向那些不可能的事挑战才有可能达到自己的目的。否则美好的愿望也只是空想。

在美国经济大萧条最严重时，在多伦多有位年轻的艺术家，他全家靠救济过日子，那段时间他急需要用钱。此人精于木炭画。他画得虽好，但时局却太糟了。他怎样才能发挥自己的潜能呢？在那种艰苦的日子里，哪有人愿意买一个无名小卒的画呢？

他可以画他的邻居和朋友，但他们也一样身无分文。唯一可能的市场是在有钱人那里，但谁是有钱人呢？他怎样才能接近他们呢？

他对此苦苦思索，最后他来到多伦多《环球邮政》报社资料室，从那里借了一份画册，其中有加拿大的一家银行总裁的正式肖像。他回到家，开始画起来。

他画完了像，然后放在相框里。画得不错，对此他很自信。但他怎样才能交给对方呢?

他在商界没有朋友，所以想得到引见是不可能的。但他也知道，如果想办法与他约会，他肯定会被拒绝。写信要求见他，但这种信可能通不过这位大人物的秘书那一关。这位年轻的艺术家对人性略知一二，他知道，要想穿过总裁周围的层层阻挡，他必须投其对名利的爱好。他决定采用独特的方法去试一试，即使失败也比主动放弃强，所以他敢想敢做。

他梳好头发、穿上最好的衣服，来到了总裁的办公室并要求见见他，但秘书告诉他：事先如果没有约好，想见总裁不太可能。

“真糟糕，”年轻的艺术家说，同时把画的保护纸揭开，“我只是想拿这个给他瞧瞧。”秘书看了看画，把它接了过去。她犹豫了一会儿后说道：“坐下吧，我就回来。”

她马上就回来了。“他想见你。”她说。

当艺术家进去时，总裁正在欣赏那幅画。“你画得棒极了，”他说，“这张画你想要多少钱？”年轻人舒了一口气，告诉他要25美元，结果成交了。（那时的25美元至少相当于现在的500美元。）

为什么这位年轻艺术家的计划会成功?

（1）他刻苦努力，精于他所干的行业。

（2）他想象力丰富：他不打电话先去约好，因为他知道那样做他会被拒绝。

（3）他敢想敢做：他不想卖给邻居，而是去找大人物。

（4）他有洞察力：他能投总裁对名利的爱好，所以选择了他的正式肖像是明智的，他知道这肯定对总裁的口味。

（5）他有进取心：做成生意后，他又请银行总裁把他介绍给他的朋友。

（6）他敢于另辟蹊径，在采取行动前研究市场，认真估计第一笔生意后的事，他成功了。还有，最重要的一点就是他不害怕去做那些“做不了的事情”。

当你敢做某事并取得成功时，那很少是走运的结果，而更可能是富有想象的思考和仔细的安排的产物。

最勇敢的事例之一应该是1927年美国飞行家林白的首次单独不着陆横越大西洋。林白当时25岁，冷静地用自己的生命去打赌，他赢得了看起来是不可能的一搏。

起飞前他度过了一个不眠之夜。他从纽约长岛驾驶着一架单引擎飞机起飞了，这架飞机里挤满了汽油桶，几乎没有他坐的地方　汽油的重量使得飞机负担太重，在从纽约飞往巴黎的途中，想空降那是不可能的。

一路上大雾遮住了他的视线，当时没有无线电让他同地面保持联系，他拥有的只是一只指南针。好几次他都睡着了，醒来时才发现飞机只有几米距离就触海了。通过计算，他在起飞33个小时后就横越了大西洋，在巴黎机场安全降落了。人们欢呼声雷动，这种热情的场面实属空前盛况。

是勇敢吗？真不敢相信是这样。

是鲁莽蛮干吗？绝对不是。

为了这次飞行，林白做了为期几年的准备工作，训练自己，准备自己的飞机“圣路易精神号”。他从威斯康星大学退学出来学习飞行，加入了飞行训练队；他得到空军批准，可以在闲余时间进行飞行；他作为美国航空邮政飞行员在白天黑夜、晴天雨天都飞行，行程多达几万英里；他曾遇过险情，飞机被迫降在农田里；他学会修理飞机引擎并懂得每个零件的工作原理。

“幸运的林白，”新闻媒介这样称呼他，“他敢打赌而且赢了。”他们这样说。不！他的成功不是因为他走运，而是因为在冒险之前，他准备了自己，准备了飞机，而且是尽了最大努力。他相信自己能够发挥潜能，能成功，他知道唯一能打败他的只有命运的捉弄，这是我们任何人都无法控制的。

所以在他有了准备后，他才敢作敢为。事实上，我们也能这样做。

3. 冒险是做事的资本

冒险，是对成功的一次尝试，也是对机遇的一次探索。如果你不敢在任何事上冒险，其实你就是在每件事上冒险了。

试想一下，不经过无数次的冒险，人类不可能从茹毛饮血的社会，进化到今天能够坐在中央空调的房子里品尝咖啡的时代。

哥伦布发现新大陆，郑和七下西洋，诺贝尔发明炸药，哥白尼创立天体运动论，这些历史上的著名事件，都开始于冒险。没有冒险精神，人类就没有创造，就没有社会改革。只有带着沉重的风险意识，敢于怀疑并打破过去的秩序，通过冒险而取得胜利后，才能享受到成功的喜悦。

在我们身边，随时随地都要冒险。如果你想骑马赶路，就得抛开可能发生任何意外的想法。但为了赶路，你只有冒险，除非用两脚徒步，否则别无他法。然而走路也有跌伤的时候，或因倦极而倒的情形。有人认为，这种情形只是在马是唯一的交通工具的时代所抱的乐观想法。殊不知，在我们这样发达的社会，出门一步就危机重重。

假如你恐惧于交通事故的频繁，而不敢出门的话，就只有终日沉闷地待在家里了。但是，待在家里，除了有粮食缺乏的危机之外，仍然没有绝对的安全。随着活动方式的增加，危险性也就成比例地产生。这么说来，难道就不能活动了？打破沉闷，寻求新奇刺激，这是现代人的共同呼声。现代人再也不安心过着平平庸庸、千篇一律的生活了，古语“君子不近危处”的说法，完全不再适用于现代社会了。

歌德年轻时希望成为一个画家，为此他一直沉溺于那变幻无穷的世界中而难以自拔。40岁那年，歌德游历意大利，看到了真正的造型艺术杰作后，他终于恍然大悟：放弃绘画，转攻文学。经过不断的学习和摸索，歌德成为了一名伟大的诗人。晚年的歌德在回顾自己的成长过程时，曾现身说法，告诫那些头脑发热的青年：不要盲目相信兴趣。纵观古今中外名人的成才史，似乎大多数人早期的自我设计都带有一定盲目性：马克思曾经想当诗人，鲁迅曾去日本学医，安徒生想当演员，高斯曾想当作家，但他们比常人高明的地方在于他们能及时地调整自己的方向。

那么怎样识别盲目的自我设计呢？最有效的鉴别方法是：价值。歌德就是意识到十多年的劳动毫无价值才断定自我设计有误的。这需要一个过程，甚至是一个痛苦的、付出了艰辛代价的探索过程。歌德感慨道：“要发现自己多不容易，我差不多花了半生光阴。”他又说：“这需要高度的神志清醒，它只有通过欢喜和苦痛，才学会什么应该追求和什么应该避免。”这里不是堆砌故事，而实在是觉得，在我们身边，确有不少人，他们为偏见与迷信的桎梏束缚着，他们盲目到不知自由，反而说别人不自由。冒险与危机具有深层次的关联。危机就是危险之中蕴藏着机遇。常人的机遇，常人的成功，往往存在于危险之中。你想要美好的机遇吗？你想要事业的成功吗？那就要敢冒风险，投身危险的境地，去探索、去创造，不要瞻前顾后，不要害怕失败。因为事业成功者都具有冒险一搏的勇气与决心。

失败是成功之母。每一个冒险行动的背后，免不了有失败的影子，成功只是无数失败中的分子，不是无数失败中的分母。正常的规律是，无数的失败换来一次成功，无数人的失败换来一人成功。惧怕失败，不冒风险，求稳怕乱、平平稳稳地过一辈子，虽然可靠、平静，虽然生活“比上不足比下有余”，但那是多么的无聊。

冒险失败远胜于安逸平庸。与其平庸地过一辈子，不如轰轰烈烈地干一场。

4. 确定你是对的，然后勇往直前

懦弱的人只会裹足不前，莽撞的人只能引火烧身，只有真正勇敢的人才能所向披靡。所以说，如果确定自己是对的就要勇往直前地去开拓。

你听过塞蒙·纽康这名字吗？这个人出生于1835年，卒于1909年。在莱特兄弟首次飞行成功前一年半，他说了以下的“名言”：“想叫比空气重的机器飞上天，不但不可能，而且毫不实用。”

你知道约翰·莱特福特吗？他不但是个博士，而且当过英国剑桥大学副校长。在达尔文出版《物种起源》这部名著前夕，他郑重指出：“天与地，在公元前4000年10月23日上午9点诞生。”

狄奥尼西斯·拉多纳博士生于1793年，曾任伦敦大学天文学教授。他的高见是：“在铁轨上高速旅行根本不可能，乘客将不能呼吸，甚至将窒息而死。”

1786年，莫扎特的歌剧《费加罗的婚礼》初演，落幕后，拿波里国王费迪南德四世，坦率地发表了感想：“莫扎特，你这个作品太吵了，音符用得太多了。”

国王不懂音乐，我们可以不苛责，但是美国波士顿的音乐评论家菲力普·海尔，于1873年表示：“贝多芬的第七交响乐，要是不设法删减，早晚会被淘汰。”

乐评家也不懂音乐，但是音乐家自己就懂音乐吗？柴可夫斯基在他1886年10月9日的日记上说：“我演奏了勃拉姆斯的作品，这家伙毫无天分，眼看这样平凡的自大狂被人尊为天才，真叫我忍无可忍。”

有趣的是，乐评家亚历山大·鲁布，1881年就事先替勃拉姆斯报了仇。他在杂志上撰文表示：“柴可夫斯基一定和贝多芬一样聋了，他运气真好，可以不必听自己的作品。”

你听说过艾伦斯特·马哈吗？他曾任维也纳大学物理学教授，生于1838年，卒于1916年。他说：“我不承认爱因斯坦的相对论，正如我不承认原子存在。”

爱因斯坦对以上批评并不在意，因为早在他10岁于慕尼黑念小学的时候，任课老师就对他说：“你以后不会有出息。”

严格说来，遭人反对、小看不是坏事，这可以提醒我们争取进步。可是，人身攻击就令人难以忍受了。就像有人所说，黑夜能挡住太阳，却挡不住流言对一个人的中伤。

法国小说家莫泊桑，曾受人批评为：“这个作家的愚蠢，在他眼睛上表露无遗。那双眼珠，有一半陷入上眼皮，如牛看天，又像狗在小便。他注视你时，你会为了那愚蠢与无知，打他一百万记耳光仍觉吃亏。”

就算西方文学的大宗师莎士比亚，也有阴沟翻船的时候。以日记文学闻名的法国作家雷纳尔，1896年在日记中说：“第一，我未必了解莎士比亚；第二，我未必喜欢莎士比亚；第三，莎士比亚总是令我厌烦。”1906年，他又在日记中说：“只有讨厌完美的老人，才会喜欢莎士比亚。”

这位雷纳尔先生爱说俏皮话，他在1906年于日记中说：“你问我对尼采有何看法？我认为他的名字里赘字太多。”连名字都有毛病，文章如何自不待言。

思想家卢梭54岁那年，即1766年，被人讽刺为：“卢梭有一点像哲学家，正如猴子有点像人类。”

戴维·克罗克特有一句很简单的座右铭：“确定你是对的，然后勇往直前。”

每一个人，无论是凡夫走卒还是英雄人物，总有遭人批评的时刻。事实上，越成功的人，受到的批评就越多。只有那些什么都不做的人，才能免除别人的批评。真正的勇气就是秉持自己的信念，不管别人怎么说。只有这样你才有可能成为生活的强者，才能领悟到人生的真谛。

5. 冒险比墨守成规让你更有机会

一亿年前，地球上到处是体积硕大的恐龙。后来，地球上发生变故，恐龙在很短的时间中灭绝。迄今，科学家还不能确定究竟是发生了什么样的变故，但唯一能确定的事，就是恐龙因为无法适应这种变故，而遭致绝迹。

适者生存，不适者被大自然淘汰，是社会历史发展永恒不变的法则。不论是生物学家还是经济学家都承认，在一场激烈的竞赛中，凡是不能适应者，都会被淘汰。

商场如战场，刀枪本无情，如果一个人在作战的中途倒下，显示其生存的条件不够。不幸的是，在各个工作场所中，我们可以看到，仍然有太多的“恐龙式人物”存在。这些“恐龙式人物”的特征大致如下：顽固、严苛、立定不前、缺乏弹性。

在工作上，“恐龙族”最大的障碍，就是无法适应环境。在他们周围有许多学习新技术、深造、更换职务、创新企业等机会，但是他们往往视而不见，根本无心去寻求新的突破。

工作与生活永远是变化无穷的，我们每天都可能面临改变，新的产品和新服务不断上市、新科技不断被引进、新的任务被交付，新的同事、新的老板……这些改变，也许微小，也许剧烈。但每一次的改变，都需要我们调整心情重新适应。

面对改变，意味着对某些旧习惯和老状态的挑战，如果你紧守着过去的行为与思考模式，并且相信“我就是这个样子”，那么，尝试新事物就会威胁到你的安全感。

“恐龙族”不喜欢改变，他们安于现实，没有野心，没有创新精神，没有工作热忱，他们对待生活的态度是做一天和尚撞一天钟——得过且过。

“恐龙族”不肯承认改变的事实；他们不愿为自己制造机会，而情愿受所谓运气、命运的摆布。因为不相信自己能掌握命运，所以会选择错误，不是在平坦的道路上蹒跚前进，就是一辈子坐错位置。在现代社会，一个人能否获得个人成就，关键是看他是不是愿意尝试，乐于冒险，喜欢试验，能变通。这些才是获得学习和进步的唯一途径。

冒险总比墨守成规让你更有机会出头。如果你不想被淘汰，你必须竭尽所能获得相关领域任何的新知，耕耘出一片专属的园地，并使自己成为不可或缺的人物。还记得恐龙是怎样从地球上消失的吗？不要学做现代“恐龙”。

6. 要大胆，不要捆住自己的手脚

只有人，才能自觉地冒着失败的危险去干应该干的事，若想在得到“不会失败”的保票后投身行动，则将一事无成。

保罗·格蒂是石油界的亿万富翁、一位最走运的人，在早期他走的是一条曲折的路。他上学的时候认为自己应该当一位作家，后来又决定要从事外交部门的工作。可是，出了校门之后，他发现自己被俄克拉荷马州迅猛发展的石油业所吸引，那时他的父亲也是在这方面发财致富的。搞石油业偏离了他的主攻方向，但是他觉得，他不得不把自己的外交生涯延缓一年。作为一名盲目开发油井的人，他想试试自己的手气。

格蒂通过在其他开井人的钻塔周围工作筹集了钱，有时也偶然从父亲那里借些钱（他的父亲严守禁止溺爱儿子的原则，他可以借给儿子钱，但是送给他的则只是价值不大的现金礼物）。年轻的格蒂是有勇气的，但不是鲁莽的。如果一次失败就足以造成难以弥补的经济损失的话，这种冒险事他从来没有干过。他头几次冒险都彻底失败了，但是在1916年，他碰上了第一口高产油井，这个油井为他打下了幸运的基础，那时他才23岁。

是走运吗？当然。然而格蒂的走运是应得的，他做的每一件事都没有错。那么，格蒂怎么会知道这口井会产油呢？他确实不知道，尽管他已经收集了他所能得到的所有事实。"总是存在着一种机会的成分的，"他说，"你必须乐意接受这种成分。如果你一定要求有肯定的答案，那你就会捆住自己的手脚。"

走运的人一般都是大胆的。除了个别的例外情况，最胆小怕事的人往往是最不走运的。幸运可能会使人产生勇气，反过来勇气也会帮助你得到好运。

7. 敢冒最大的风险

你不得不为成功而冒险，正如你必须为失败而冒险。如果你试图逃避，或被压垮，你就输了。所以说，要想成功，你就要敢于冒险，并且敢冒最大的风险。

1866年，汽车诞生了，为适应时代发展的需要，满足客户的要求，劳埃德在1909年率先承接了这一形式的保险，在还没有“汽车”这一名词的情况下，劳埃德将这一保险项目暂时命名为“陆地航行的船”。

劳埃德还首创了太空技术领域保险。例如，由美国航天飞机施放的两颗通讯卫星，1984年曾因脱离轨道而失控，其物主在劳埃德保险公司保了1.8亿美元的险。劳埃德眼看要赔偿一笔巨款，就得出资550万美元，委托美国“发现号”航天飞机的宇航员，在1984年11月中旬回收了那两颗卫星。经过修理之后，这两颗卫星已在1985年8月被再次送入太空。这样，劳埃德不仅少赔了7000万美元，而且向它的投资者说明：从长远看，卫星保险还是有利可图的。

目前，英国的“劳埃德”保险公司已成为世界保险行业中名气最大、信誉最隆、资金最厚、历史最久、赚钱最多的保险公司，它每年承担的保险金额为2670亿美元，保险费收入达60亿美元。

“敢冒最大的风险，去赚最多的钱。”一直是劳埃德的宗旨，它最大的自豪就是它的开拓创新精神，这就是能敏捷地认识并接受新鲜事物。现任劳埃德总经理说：劳埃德的传统就是要在市场上争取最新保险形式的第一名。

在某种程度上，生活是一场博弈。敢冒最大的风险的人，在商场才能赚得最多的钱，在事业上才能取得最大的成功，才可能实现人生的最大价值。

8. 敢于冒险和尝试

冒险是对生命的一次尝试，也是对机遇的一次探索。

美国探险家约翰·戈达德15岁的时候，只是洛杉矶郊区一个没见过世面的孩子，他把自己一辈子想干的大事列了一个表。他把那张表题名为“一生的志愿”。表上列着：“到尼罗河、亚马孙河和刚果河探险；登上珠穆朗玛峰、乞力马扎罗山和麦特荷恩山；驾驭大象、骆驼、鸵鸟和野马……”每一项都编了号，一共有127个目标。

当戈达德把梦想庄严地写在纸上之后，他就开始抓紧一切时间来实现它们。16岁那年，他和父亲到了佐治亚州的奥克费诺基大沼泽和佛罗里达州的埃弗格莱兹去探险。这是他首次完成了表上的一个项目，他还学会了只戴面罩不穿潜水服到深水潜游，开拖拉机，并且买了一匹马。20岁时他已经在加勒比海、爱琴海和红海里潜过水了。他还成为一名空军驾驶员，在欧洲上空做过33次战斗飞行。他21岁时已经到21个国家旅行过。22岁刚满，他就在危地马拉的丛林深处发现了一座玛雅文化的古庙。同一年他就成为“洛杉矶探险家俱乐部”有史以来最年轻的成员。接着他就筹备实现自己宏伟壮志的头号目标——探索尼罗河。戈达德26岁那年，他和另外两名探险伙伴来到布隆迪山脉的尼罗河之源。紧接着尼罗河探险之后，戈达德开始接连不断地加速完成他的目标：1954年他乘筏漂流了整个科罗拉多河；1956年探查了长达2700英里的刚果河；他在南美的荒原、婆罗洲和新几内亚与那些食人生番、割取敌人头颅作为战利品的人一起生活过；他爬上阿拉拉特峰和乞力马扎罗山；驾驶超音速两倍的喷气式战斗机飞行；写成了一本书《乘皮艇下尼罗河》；开始担任专职人类学者之后，他又萌发了拍电影和当演说家的念头，在以后的几年里他通过讲演和拍片为他下一步的探险筹措了资金。将近60岁时，戈达德依然显得年轻帅气，他不仅是一个经历过无数次探险和远征的老手，还是电影制片人、作者和演说家。戈达德已经完成了127个目标中的106个。他获得了一个探险家所能享有的荣誉，其中包括成为英国皇家地理协会会员和纽约探险家俱乐部的成员。沿途他还受到过许多人士的亲切会见。

戈达德在实现自己目标的征途中，有过18次死里逃生的经历。他说："这些经历教我学会了百倍地珍惜生活，凡是我能做的我都想尝试。"

他指出，差不多每个人都有自己的目标和梦想，但并不是每个人都去努力实现它们。"检查一下你的生活，并向自己提出这样一个问题是很有好处的：'假如我只能再活一年，那我准备做些什么？'我们都有想要实现的愿望，那就别延宕，从现在就开始做起！"

约翰·戈达德的故事，再次为这句谚语提供了佐证："敢于尝试，是成功的第一步。"这不仅适应于约翰·戈达德所致力的那种探险事业，而且面对变幻莫测的生活和未来，要努力地朝自己的目标靠近，不也是一种探险吗？

9. 在风险中猎获机遇

在人生的旅途中若不敢为事业而冒险，绝不可能有丰硕的成果。只有敢于冒险的人，才有可能在悬崖峭壁上筑起登山之梯。

敢冒风险的人才有最大的机会赢得成功。古往今来，没有任何一个拯救自己的人会不经过风险的考验。因为，不经历风雨，怎能见彩虹，不去冒风险，又怎能把握住人生的关键呢？不要抱怨生活的不公平，机会是均等的，只是有的人有能力去抓，有的人不敢去抓，有的人甘愿与它失之交臂。那些成功者自然是捕捉机遇、创造机遇的高手，而且他们惯于在风险中猎获机遇！

机遇常与风险并肩而来。一些人看见风险便退避三舍，再好的机遇在他眼中都失去了魅力。这种人往往在机会来临之时踌躇不前，瞻前顾后，最终什么事也干不成。我们虽然不赞成赌徒式的冒险，但任何机会都有一定的风险性，如果因为怕风险就连机会也不要了，无异于因噎废食。

最有希望的成功者并不都是才华出众的人，而是那些最善于利用每一时机去发掘开拓的人。他们在机会中看到风险，更在风险中逮住机遇。

美国金融大亨摩根就是一个关于在风险中投机的人。

J. P. 摩根诞生于美国康乃狄格州哈特福的一个富商家庭：摩根家族1600年前后从英格兰迁往美洲大陆。最初，摩根的祖父约瑟夫·摩根开了一家小小的咖啡馆，积累了一定资金后，又开了一家大旅馆，既炒股票，又参与保险业。可以说，约瑟夫·摩根是靠胆识发家的。一次，纽约发生大火，损失惨重。保险投资者惊慌失措，纷纷要求放弃自己的股份以求不再负担火灾保险费。约瑟夫横下心买下了全部股份，然后，他把投保手续费大大提高。他还清了纽约大火赔偿金，信誉倍增，尽管他增加了投保手续费，投保者还是纷至沓来。这次火灾，反使约瑟夫净赚15万美元。就是这些钱，奠定了摩根家族的基业。摩根的父亲吉诺斯·S. 摩根则以开菜店起家，后来他与银行家皮鲍狄合伙，专门经营债券和股票生意。

生活在传统的商人家族，经受着特殊的家庭氛围与商业熏陶，摩根年轻时便敢想敢做，颇富商业冒险和投机精神。1857年，摩根从德国哥廷根大学毕业，进入邓肯商行工作。一次，他去古巴哈瓦那为商行采购鱼虾等海鲜归来，途经新奥尔良码头时，他下船在码头一带兜风，突然有一位陌生人从后面拍了拍他的肩膀："先生，想买咖啡吗？我可以出半价。"

"半价？什么咖啡？"摩根疑惑地盯着陌生人。

陌生人马上自我介绍说："我是一艘巴西货船船长，为一位美国商人运来一船咖啡，可是货到了，那位美国商人却已破产了。这船咖啡只好在此抛售……先生您如果买下，等于帮我一个大忙，我情愿半价出售。但有一条，必须现金交易。先生，我是看您像个生意人，才找您谈的。"

摩根跟着巴西船长一道看了看咖啡，成色还不错。一想到价钱如此便宜，摩根便毫不犹豫地决定以邓肯商行的名义买下这船咖啡。然后，他兴致勃勃地给邓肯发出电报，可邓肯的回电是："不准擅用公司名义！立即撤销交易！"

摩根对此非常生气，不过他又觉得自己太冒险了，邓肯商行毕竟不是他摩根家的。自此摩根便产生了一种强烈的愿望，那就是开自己的公司，做自己想做的生意。

摩根无奈之下，只好求助于在伦敦的父亲。吉诺斯回电同意他用自己伦敦公司的户头偿还挪用邓肯商行的欠款。摩根大为振奋，索性放手大干一番，在巴西船长的引荐之下，他又买下了其他船上的咖啡。

摩根初出茅庐，做下如此一桩大买卖，不能说不是冒险。但上帝偏偏对他情有独钟，就在他买下这批咖啡不久，巴西便出现了严寒天气。一下子使咖啡大为减产。这样，咖啡价格暴涨，摩根便顺风迎时地大赚了一笔。

从咖啡交易中，吉诺斯认识到自己的儿子是个人才，便出了大部分资金为儿子办起摩根商行，供他施展经商的才能。摩根商行设在华尔街纽约证券交易所对面的一幢建筑物里，这个位置对摩根后来叱咤华尔街乃至左右世界风云起了不小的作用。

这时已经是1862年，美国的南北战争正打得不可开交。林肯总统颁布了"第一号命令"，实行了全军总动员，并下令陆海军对南方展开全面进攻。

一天，克查姆——一位华尔街投资经纪人的儿子，摩根新结识的朋友，来与摩根闲聊。

“我父亲最近在华盛顿打听到，北军伤亡十分惨重！”克查姆神秘地告诉他的新朋友，“如果有人大量买进黄金，汇到伦敦去，肯定能大赚一笔。”

对经商极其敏感的摩根立时心动，提出与克查姆合伙做这笔生意。克查姆自然跃跃欲试，他把自己的计划告诉摩根：“我们先同皮鲍狄先生打个招呼，通过他的公司和你的商行共同付款的方式，购买四五百万美元的黄金——当然要秘密进行；然后，将买到的黄金一半汇到伦敦，交给皮鲍狄，剩下一半我们留着。一旦皮鲍狄黄金汇款之事泄露出去，而政府军又战败时，黄金价格肯定会暴涨；到那时，我们就堂而皇之地抛售手中的黄金，肯定会大赚一笔！”摩根迅速地盘算了这笔生意的风险程度，爽快地答应了克查姆。一切按计划行事，正如他们所料，秘密收购黄金的事因汇兑大宗款项走漏了风声，社会上流传着大亨皮鲍狄购置大笔黄金的消息，“黄金非涨价不可”的舆论四处传播。于是，很快形成了争购黄金的风潮。由于这么一抢购，金价飞涨，摩根一瞅火候已到，迅速抛售了手中所有的黄金，趁混乱之机又狠赚了一笔。

此后的一百多年间，摩根家族的后代都秉承了先祖的遗传，不断地冒险，不断地投机，不断地暴敛财富，终于打造了一个实力强大的摩根帝国。

机会常常有，结伴而来的风险其实并不可怕。就看你有没有勇气去逮住机遇的成功机会。

第七章

做事分轻重

柯维指出：有效的管理是要先后有序。在领导决定哪些是“首要之事”以后，天天和时刻地把它们放在首位的就是管理了。管理是纪律，是贯彻。

1. 分清轻重缓急

有的事，可以在任何时候做；有的事，最好在某个时候做；有的事，只能在规定的时候做。所以，面对严肃的生活，做事既要认真，又应有序。

美国的卡耐基在教授别人期间，有一位公司的经理去拜访他，看到卡耐基干净整洁的办公桌感到很惊讶。他问卡耐基说：“卡耐基先生，你没处理的信件放在哪儿呢？”

卡耐基说：“我所有的信件都处理完了。”

“那你今天没干的事情又推给谁了呢？”老板紧迫着问。

“我所有的事情都处理完了。”卡耐基微笑着回答。看到这位公司老板困惑的神态，卡耐基解释说：“原因很简单，我知道我所需要处理的事情很多，但我的精力有限，一次只能处理一件事情，于是我就按照所要处理的事情的重要性，列一个顺序表，然后就一件一件地处理。结果，完了。”说到这儿，卡耐基双手一摊，耸了耸肩。

“噢，我明白了，谢谢你，卡耐基先生。”几周以后，这位公司的老板请卡耐基参观其宽敞的办公室，对卡耐基说：“卡耐基先生，感谢你教给了我处理事务的方法。过去，在我这宽大的办公室里，我要处理的文件、信件等等，都是堆得和小山一样，一张桌子不够，就用三张桌子。自从用了你说的法子以后，情况好多了，瞧，再也没有没处理完的事情了。”

这位公司的老板，就这样找到了处事的办法，几年以后，成为美国社会成功人士中的佼佼者。我们为了个人事业的发展，也一定要根据事情的轻重缓急，制出一个事情表来。人的时间和精力是有限的，不制订一个顺序表，你会对突然涌来的大量事务手足无措。

根据你的人生目标，你就可以把所要做的事情制订一个顺序表。有助你实现目标的，你就把它放在前面，依次为之，把所有的事情都排一个顺序，并把它记在一张纸上，就成了事情表。养成这样一个良好习惯，会使你每做一件事，就向你的目标靠近一步。

我们可以每天早上制订一个先后表，然后再加上一个进度表，就会更有利于我们向自己的目标前进了。

2. 先做头等大事

只要迅速有效地做好每一项工作，就可以避免许多杂乱无章的事情发生。

柯维指出：有效的管理是要先后有序。在领导决定哪些是“首要之事”以后，天天和时刻地把它们放在首位的就是管理了。管理是纪律，是贯彻。

“纪律”这个词来自“门徒”一词，信奉一种哲理的门徒，信奉一套原则的门徒，信奉一系列价值的门徒，信奉一个压倒一切的目的的门徒，信奉一个圣命的目标或代表这个目标的人的门徒。

换句话说，如果你是一个有效率的自身管理者，你的纪律来自你自身内部；它是你独立意志的一种因应，而你是你自己深刻的价值及其源泉的门徒和追随者。而且你有将你的感情、你的冲动、你的心境从属于那些价值的意志和忠贞。

E. M. 格雷写过小品文《成功的公分母》，他一生探索所有成功者共享的分母。他发现这个分母不是勤奋地工作、好运气或精明的人际关系——虽然这些都是非常重要的，而是一个似乎超过所有其他因素的因素——把首要的事放在首位。

（1）设定事情的优先顺序

时间管理的一种简单而有效的方法是去设定事情的优先顺序，一般可以分为以下四种类型：重要而紧急，重要但不紧急，紧急但不重要，不紧急也不重要。

重要而且紧急的工作是指事情的重要性高，而且需要立即行动。此类事情带给人们较高的压力。比如老板紧急交办的工作、重要客户来访、家人临时生病住院、不擅长的必修科目隔天要期末考试等。

重要但不紧急的事情对个人而言是很有意义的，可能是许久的盼望或长远的目标。通常这类事情挑战性高，困难度也高。最常见的例如参加明年的重要考试、年底的婚礼、下星期应聘工作面试等。

紧急但不重要的事情本身重要性不高，但因为时间的压力，需要赶快采取行动，例如接电话、换尿布、煮饭、处理邮件等。

不紧急而且不重要的事情，本身没有迫切完成的压力，而且重要性不高，例如打电话和老同学闲聊、唱卡拉OK、逛街、看电视、写问候信等。

基本上，我们可以先记录每周的时间流水账，然后将每周的事情依重要性与急迫性分为上列四种类型。设定事情的优先顺序很简单，重要的是要克服这种一般人常有的心理倾向：逃避压力，想要处理那些容易、快速完成的事情。

（2）充分利用最显效率的时间

办事不讲效率，有时甚至不如走时不准的钟表。

如果你把最重要的任务安排在一天里你干事最有效率的时间去做，你就能花较少的力气，做完较多的工作。何时做事最有效率？各人不同，需要自己摸索。

大部分的人在工作接近结束时，效率都会提高。因为“快结束了”这种心理上的安定感，对工作效率有很好的影响，心理学上称为“周末效果”。另外在一星期当中，大多是在等到星期五，一度低落的工作效率，才会涨高，这也是“周末效果”。

我们非常同意日本成功学大师多湖辉的观点：“周一病”，“蓝色日子”，是因为周日刚休息后，有种乏力的感觉；再加上“今天开始，又要工作一星期”的压力，通常周一工作效率都不高。到了星期二这种心情会消失，再度精力充沛。星期三、四后，工作效率又逐渐降低。但是，到了星期五就会觉得“这个星期快结束了，可以休息”，这种“结束效应”可使工作效率上升。这就是多湖辉所说的“周末效果”，应该善加利用。

要使一个星期的工作维持一定水准，就要安排擅长的工作于周一开始去做；不擅长或太过厌恶的工作，则安排在周五做，我本身也常如此安排。

周五做些厌恶、不擅长的事，即使工作不顺利，也会认为反正明天休息，可以再做。心情也就平静下来，反而做得更好。因为阻碍工作效率的元凶之一，就是“焦躁”。因此，应多加利用“周末效果”。

一般人都有自己情况最佳的时段。例如：早上到中午的“早晨型”；午后才有精神的“白昼型”；等别人都睡了才起来的“夜猫型”等各类型。但一般人都是上午精神较好，下午两点最差的“早晨型”。

能够知道自己情况最好的时段，对提高工作效率很有效。例如：有人找你做棘手的事情，前一天晚上先提早入睡，天一亮就开始工作，结果会有令人意想不到的顺利。如果坚持工作、功课应在白天进行，晚上要轻松地睡觉，这种机械化的方式，很难提高效率，徒然浪费时间而已。

当然，有些人因身体或精神上的特殊情形，可能要到午后才有精神，所以自己要找出情况最好的时段——在这时段内做些棘手的工作，工作起来，困难的事也变得不难。所以要突破机械化的工作方式，而在你自己情况最好的时段内去试试看。

值得注意的一点是，在任何时候都不要让消极情绪苦恼自己。“天下本无事，庸人自扰之。”只有以积极态度投身于工作学习中，才能给我们以欢乐和激情。

3. 为大远见而放弃小选择

一个人如果把工作仅仅作为谋生的手段，那他什么事也干不好，只有具备了坚定不移的理想信念，坚韧不拔的钻研精神，把工作作为半生追求的事业，才有可能取得成功。

在现实生活中，多想几步，远见卓识将给我们的生活带来极大的价值。

远见带来巨大的利益，会打开不可思议的机会之门。远见增强一个人的潜力。人越有远见，就越有潜能。

（1）远见使工作轻松愉快

成就令人生更有乐趣。当你努力干，把工作做好时，没有任何东西比这种感觉更愉快。它给予你成就感，它是乐趣。当那些小小的成绩为更大的目标服务时——譬如使一个远见成为现实，就更令人激动了。每一项任务都成了一幅更大的图画的重要组成部分。

（2）远见给工作增添价值

同样，当我们的工作是实现远见的一部分时，每一项任务都具有价值。哪怕是最单调的任务也会给你满足感，因为你看到更大的目标正在实现。

（3）远见预言你的将来

缺乏远见的人可能会被等待着他们的未来弄得目瞪口呆。变化之风会把他们刮得满天飞，他们不知道会落在哪个角落，等待他们的又是什么东西。人生是个机会，这些人希望他们的机会不错。

如果你有远见，又勤奋努力，你将来就更有可能实现你的目标。诚然，未来是无法保证的，任何人都一样。但你能大大增加成功的机会。

爱若和布若差不多同时受雇于一家超级市场，开始时大家都一样，从最底层干起。可不久爱若受到总经理青睐，一再被提升，从领班直到部门经理。布若却像被人遗忘了一般，还在最底层混。终于有一天布若忍无可忍，向总经理提出辞呈，并痛斥总经理狗眼看人低，辛勤工作的人不提拔，倒提升那些吹牛拍马的人。

总经理耐心地听着，他了解这个小伙子，工作肯吃苦，但似乎缺少了点什么，缺什么呢？三言两语说不清楚，说清楚了他也不服，看来……他忽然有了个主意。

“布若先生，”总经理说，“您马上到集市上去，看看今天有什么卖的。”

布若很快从集市回来说，刚才集市上只有一个农民拉了车土豆卖。

“一车大约有多少袋，多少斤？”总经理问。

布若又跑去，回来说有10袋。

“价格多少？”布若再次跑到集市上。

总经理望着跑得气喘吁吁的他说：“请休息一会儿吧，看爱若是怎么做的。”说完叫来爱若对他说：“爱若先生，你马上到集市上去，看看今天有什么卖的。”

爱若很快从集市回来了，汇报说到现在为止只有一个农民在卖土豆，有10袋，价格适中，质量很好，他带回几个让经理看。这个农民过一会儿还将弄几筐西红柿上市，据他看价格还公道，可以进一些货。这种价格的西红柿总经理可能会要，所以他不仅带回了几个西红柿做样品，而且把那个农民也带来了，他现在正在外面等回话呢。

总经理看一眼红了脸的布若，说：“请他进来。”

爱若由于比布若多想了几步，于是在工作上取得了一定的成功。

通过上述事例，我们可以看出这样一个道理：吃苦程度并不是衡量一个人工作能力的标准，只有效率才是衡量能力的标尺。

请问，你能想到几步呢?

相信你能使自己活得更好，这只是第一步。要使自己的远见真正有价值，还必须与另一种能力结合起来：如何使远见变为现实。有远见但不能把它变成现实的人，只是个空想家。

你需要一套实现你的远见的战略，下面的指导原则对你有帮助。

（1）确定你的远见

这个观点虽然非常简单，但实现远见总得由确定这个远见开始。对有些人来说这实在是太容易了，因为他们似乎生来就有一种远见卓识。另一些人则需要经过长时间的沉思、考虑、祈祷才能获得这种本领。

如果你想成功，就必须多想几步，确定你人生的远见。你的远见不能由别人给你。如果那不是你自己的远见，你就不会有实现它的决心与冲劲。这远见必须以你的才能、梦想、希望与激情为基础，远见是了不起的东西，它还会对别人产生积极的影响——特别是当一个人的远见与他的命运（特别是他存在的目的）不谋而合时。

（2）考察一下你当前的生活

将你自己的远见变成现实不是一蹴而就的事，这是一个过程，跟一次旅程十分相似。你决定去旅行之后，首先要做的事情之一，就是决定出发点，没有这个出发点，就不可能规划旅行路线和目的地。

考察当前生活的另一个目的是规划行程估算此行的费用。一般地说，你离自己的远见越远，所花的时间就越多，代价就越大。实现自己的远见是要做出牺牲的。

（3）为大远见放弃小选择

所有梦想的实现都是有代价的。为了实现你的远见，就要做出牺牲，其中一个涉及你其他的选择。你不可能一面追求你的梦想，一面保留着你其他的种种选择。

这个观点尤其不容易被美国人接受。美国文化很强调选择的自由，整个自由市场体制都是建立在这个基础上的。多种选择是好事，可以提供机会。但对于想取得成功的人，有时他必须放弃种种小选择来交换那个唯一的梦想。

（4）按自己的远见来规划自己的成长道路

实现自己的远见包含着必须选定一条个人发展的道路，并在这条路上走下去。以为自己可以从生活的一个阶段向另一个阶段进步而无须改变自己，是在自我欺骗。人生的任何积极转变必定需要个人成长。

因为个人成长是实现自己远见的必经之路，所以你能制订出的最具战略性的计划是按你的远见来规划你的成长道路。想一想要实现理想你必须做些什么。然后确定，要成为你想做的那种人，你需要学习些什么。看些书籍，听些录音带，以感受一下别人的成长过程。

（5）常与成功人士接触

个人成长的过程包括与人接触。学习如何成功的最佳方法是与成功人士接触。观察他们，向他们请教。逐渐地，你会开始跟他们一样看问题。这句古语确实正确：“毛色相同的鸟聚在一块。”

（6）不断地表达你对自己梦想的信心

实现梦想要求你不断努力，并发挥出最大的冲劲。加强韧性与冲劲的方法之一，是不断地表达你对自己梦想的信心。用语言向别人讲，同时默默地对自己讲。保持一种积极的充满信心的态度。即使偶生疑惑，也要全神贯注，保持信心。因为信心是缔造理想大厦的第一根桩。如果你失去自信及对自己梦想的信心，那你的梦想永远不能成真。

（7）预料到有人会反对你的梦想

必须保持积极心态的另一个原因，是你肯定会碰到反对的意见。那些自己没有梦想的人是不会理解你的梦想的，他们觉得你的梦想不可能实现。他们会对你说，你的梦想一钱不值。或者即使他们明白它的价值，他们也会说，虽然这是可以实现的，但不是由你实现。碰到别人反对时，你不必惊慌，而应有思想准备，抱着永不消沉的积极心态。

（8）寻找实现理想的每条途径

为了实现理想，你必须不停地寻找一切对你有帮助的东西。要乐于尝试新事物，到处寻找好主意。要善于观察，在别的领域效果很好的主意，在你这里也可能有用。全神贯注于你自己的理想，但对走哪条路才能实现理想，则应抱灵活的态度。实现理想要有创新精神，如果我们对新观念关上大门，就不能有创新精神。

以上提到的种种方法，都有助于你实现自己的理想。但是，如果你不愿意超越你平时的水准，这些方法也作用不大。只付出一般的努力是实现不了理想的。

4. 把重要的事摆在第一位

在某种意义上，人生就是选择对自己最重要的事情，然后去努力完成它，实现它。当你选择对你最重要的事情时，你的价值观会影响你的决定。

先在自己身上投资，你这个人才是你最大的资产。

当你把时间、精力投资在“想成为什么”，为自己找到定位后，再全力投入“想做什么”，那么最后“你想拥有什么”便自然会出现。

对一个人来说，每天都要做各种各样的事情，但是哪些事才是你最重要的呢？不弄明白这个问题，你就会浪费许多精力，空耗许多时间，结果给你带来痛苦——身心疲惫。

在这里还要强调的一点是：所谓“重要”，必须是出自你自己的想法、感觉，你认为什么对你才是重要的。

关于这个问题，一位医生这样说道：“我可以将‘研究治疗动脉硬化的方法’列在‘我想做的事’一栏下，但这不是一个诚实的回答。这项研究当然很有价值，因为它可以解决动脉硬化这个困扰世人的疾病，但是这种实验室研究不是我的专长。从一个生意人的角度来看，我也无意投资时间、金钱在这项研究上。同样地，不是因为我认为这个研究没有价值，而是因为这不是我的兴趣、专长、经验及渴望。

“如果你想讨论找出治疗‘少年黄斑变性’的方法，我会感到有兴趣，不过是以赞助者的身份，而非科学家的角色；如果你研究盲人恢复视力的方法，我会更有兴趣。

“你可能会说，他这样太以自我为中心了吧！

“对，没错！”

生命本来就是这样：无论我们想表现得多么不自私，或以他人为生活中心，我们都做不到，而且坦白说，我们也不应该这么做。因为每一个人都生长在不同的环境中并受不同人的影响，每一个人都有不同的人格及迈向成大事者的特质如天赋、才能、性格等这些与生俱来、未经琢磨的特质。这些特质造就了你的独特性，引导你走向属于你个人独享的自我成大事者的路上：

对很多人来说，在选择“最重要的事”时，完全依据自己的需要，而不考虑其他人的意见，并不是件容易的事。因为我们大部分的人都已经被“洗脑”了，我们会依据外在世俗的标准来决定我们的生活。但只有你自己能为自己做决定，你觉得有价值、有兴趣的事情才是最能满足你、最有意义的决定。

在某种意义上，人生就是选择对自己最重要的事情，然后去努力完成它，实现它。

下面告诉你如何做出选择。

（1）让选择符合你的价值观

曾经有一个标语上写着：那些支持你活着的理由，也值得你为它牺牲生命吗?

想想这个问题，你是不是把时间、精力、能量花费在一件你愿意为它放弃生命的事物上了呢？事实上，你活着的每天、每分、每秒，都在为了某些事情付出你的生命。为了实现某个理想，你穷尽自己毕生的心血、精力、想法及创意，甚至为它牺牲，无论你是否认为这是一种牺牲。

当你选择对你最重要的事情时，你的价值观会影响你的决定。如果你想拥有一个非常充实的人生，那么你愿意为它付出生命的事情，一定正是你活着的理由。

如果在你认为你应该做的事，和你决定去做的事情之间有差距的话，就会产生冲突；而这种冲突会将你吞噬，使你精疲力竭。所以，你的选择必须和你的信仰一致，与你的价值观及伦理道德观相符。如同我们经常说的一句话：千万不要忘了你是谁，不要忘本。如果你斩断了自己的根，舍弃本质，你会觉得自己好像少了什么一样，总是不完整。

使你的认知和行为保持一致，那么你就永远不会为了获得成功而变得不诚实、不仁慈，做一些投机取巧、贪赃枉法的事，或有任何不正直可靠的行为了。

绝对不要忽视价值观的重要性，也不要忽略了你的信仰及中心思想。你的价值观以及信仰正是你灵魂的立足点，无论你所追求的是什么，它们都是引领你迈向成大事者的起点。更重要的是，当你攀上成大事者之梯后，它们将会是你脚下最稳固的基石。

（2）简化你的选项

卡耐基说："当我演讲的时候，我经常玩一个我称为数学的游戏。

玩法是我会在某一个人耳边轻声地告诉他一个数字，然后请他将这个数字小声地传给下一个人，直到整排或全场都传完了，再请最后一个人说出答案。如果是较简单的数字像3或19，那么最后回答的数字，很可能还是正确的。但是如果我说的是：‘518486327217.34’，那么在经过两三个人的传话之后，这个数字还能正确的可能性就非常低了。为什么会这样呢？因为这是一个非常复杂的数字，它包含太多数字使人难以记得。”卡耐基说的这个游戏带给我们一些启发：尽量简化你的选择，成大事者的可能性就会大一些。同样，将你人生的梦想、目标专注在两三样你最想成为的人、最想做及最想拥有的事情上，也会使你更易成大事者。

（3）找好开端，循序渐进

许多人在追求一个成大事者的人生时，常常从想“拥有些什么”开始下手，他们希望有一辆新车、一个新家、一种新生活和独立的经济能力。当他们在追求的过程中，发现事业并不如他们所想象的迅速容易时，他们便换个新的方法或是放弃。这种想法和做法需要改变，不要从“想拥有什么”开始，而应该从“想成为什么”开始。

先在自己身上投资，你这个人才是你最大的资产。你的态度、智慧、知识、才华、经验及技能，这些都是你实现目标的原料。而且成为什么样的人直接影响你可以拥有什么。

要成为你想成为的人，就得从你的习性、情感、理想生活、人际关系，以及你认为最能成大事者的精神生活开始，将你的目标设定在成为什么样的人，然后开始努力成为那种人。

借由这个目标，你会发觉自己在努力的过程中，所展现出的长处、精力及想法极其不同寻常。然后，当你在习性及思想上达到目标的时候，你就会以最勤奋的精神，运用你的能力及创意，尽全力去做那件事情。

当你依照这个程序持续一段时间之后，你就会获得有形的成果及回馈，最终，你将拥有所有你想要的东西，甚至更多。

像大多数人一样，艾克最想拥有的东西是汽车与洋房，但他是个有高度原则及独特价值观的人。他决心做个有信仰的人，将自己奉献给教会，并且把握每一个机会努力工作。艾克非常喜欢传教的工作，而且无论他赚了多少钱，他都会捐出一部分所得给海外的传教士。

不久之后，艾克就实现了自己的理想，拥有庞大的事业及财富，他是少数能这么成大事者的人士之一。但艾克对自己说：“我实在管理不了这么多的资产，我的这些汽车、洋房都需要照顾。”于是艾克将他认为多余的汽车、洋房分给他的儿女，只留下2栋房子和4辆汽车给自己和妻子。然后又决定将自己的事业交给子女们打理，而他自己则致力于一件他梦寐以求的工作——教书。

这个有多年工作经验并拥有强烈人格特质的人，已经不知道怎么把事情做得不完美了！在艾克任教快满一年的时候，学校允许他教任何科目，指导任何研究小组。所以接下来的一年，他开展了一连串成大事者的研究。第二年，学校用公费让他到国外其他的大学开设企业管理的研究课程。他所到之处，每个大学都提供给他一栋房子、两辆车子供他和他的妻子使用。

艾克说：“我似乎无法避免拥有一大堆房子和车子，但至少现在我不必再花心思去保养它们了。”

不仅如此，每当艾克到一个新的国家时，人们在当地他所属的宗教团体，都会很快地找到他，并邀请他在周末集会时演讲。艾克成功地成为一位传教士而且不需要任何资助。

从这个故事可以知道，当你把时间、精力投资在“想成为什么”，为自己找到定位后，再全力投入“想做什么”，那么最后“你想拥有什么”便自然会出现。

把握循序渐进的三个阶段，这样才能使你慢慢而扎实地接近成大事者。

5. 做事有条理

做任何一项工作，重要的不在于干什么，而在于怎么干。

一位商界名家将“做事没有条理”列为许多公司失败的一大重要原因。

工作没有条理，同时又想把蛋糕做大的人，总会感到手下的人手不够。他们认为，只要人多，事情就可以办好了。其实，你所缺少的，不是更多的人，而是使工作更有条理、更有效率。由于你办事不得当、工作没有计划、缺乏条理，因而浪费了大量员工的精力，但吃力不讨好，最后还是无所成就。

没有条理、做事没有秩序的人，无论做哪一种事业都没有功效可言。而有条理、有秩序的人即使才能平庸，他的事业也往往有相当大的成就。

一位企业家曾谈起了他遇到的两种人。

有个性急的人，不管你在什么时候遇见他，他都表现得风风火火的样子。如果要同他谈话，他只能拿出数秒钟的时间，时间长一点，他会伸手把表看了再看，暗示着他的时间很紧张。他公司的业务做得虽然很大，但是开销更大。究其原因，主要是他在工作安排上七颠八倒，毫无秩序。他做起事来，也常为杂乱的东西所阻碍。结果，他的事务是一团糟，他的办公桌简直就是一个垃圾堆。他经常很忙碌，从来没有时间来整理自己的东西，即便有时间，他也不知道怎样去整理、安放。

另外有一个人，与上述那个人恰恰相反。他从来不显出忙碌的样子，做事非常镇静，总是很平静祥和。别人不论有什么难事和他商谈，他总是彬彬有礼。在他的公司里，所有员工都寂静无声地埋头苦干，各样东西安放得有条不紊，各种事务也安排得恰到好处。他每晚都要整理自己的办公桌，对于重要的信件立即就回复，并且把信件整理得井井有条。所以，尽管他经营的规模要大过前述商人，但别人从外表上总看不出他有一丝一毫慌乱。他做起事来样样办理得清清楚楚，他那富有条理、讲求秩序的作风，影响到他的全公司。于是，他的每一个员工，做起事来也都极有秩序，一派生机盎然的景象。

你工作有秩序，处理事务有条有理，在办公室里决不会浪费时间，不会扰乱自己的神志，办事效率也极高。从这个角度来看，你的时间一定很充足，你的事业也必能依照预定的计划去进行。

6. 做力所能及的事

人生的路有千万条，但正在走的却只能是一条。人生如同走独木，往往会身不由己地沿着已定的目标前进，是谓“独木”人生。既然是“独木”人生，一开始就要选准适合自己的人生路。半路出家的人不是没有，那是需要牺牲更多的汗水作为代价的。而那些不停地选择线路的人，注定是失败的。

想要成功的人都应懂得：无论你从事什么行业，无论你拥有什么样的技能，你都应该力争在该领域处于优势位置，而不应强求着自己去做自己不擅长的事，尽管你可以为一个目标而有雄心壮志；但那个目标一定要合你的“胃口”。很多人就是因为在能力——可能达到的最大能力之外胡思乱想而挫败。

星期六上午，一个小男孩在他的玩具沙箱里玩耍。沙箱里有他的一些玩具小汽车、敞篷货车、塑料水桶和一把亮闪闪的塑料铲子。在松软的沙堆上修筑公路和隧道时，他在沙箱的中部发现一块巨大的岩石。

小家伙开始挖掘岩石周围的沙子，企图把它从泥沙中弄出去。他是个很小的小男孩，而岩石却相当巨大。手脚并用，似乎没有费太大的力气，岩石便被他连推带滚地弄到了沙箱的边缘。不过，这时他才发现，他无法把岩石向上滚动、翻过沙箱边墙。

小男孩下定决心，手推、肩扛、左摇右晃，一次又一次地向岩石发起冲击，可是，每当他刚刚觉得取得了一些进展的时候，岩石便滑脱了，重新掉进沙箱。

小男孩气得哼哼直叫，使出吃奶的力气猛推猛扛。但是，他得到的唯一回报便是岩石再次滚落回来，砸伤了他的手指。

最后，他伤心地哭了起来。这整个过程，男孩的父亲从起居室的窗户里看得一清二楚。当泪珠滚过孩子的脸庞时，父亲来到了孩子跟前。

父亲的话温和而坚定："儿子，你为什么不用上所有的力量呢？"

垂头丧气的小男孩抽泣道："但是我已经用尽全力了，爸爸，我已经尽力了！我用尽了我所有的力量！"

"不对，儿子，"父亲亲切地纠正道，"你并没有用尽你所有的力量。你没有请求我的帮助。"

但这时一个人走过来说："孩子，做事不要力所不及，请多发挥自己的长项吧！"

这个故事说明了什么，各有答案，但如果这不是一个小男孩，而是一个在工作中谋生的成人，我们更同意最后那人的观点。安德鲁·卡内基曾经说："我不会帮助那些缺乏成为企业领袖的雄心壮志的年轻人。"

要敢于树立这样的目标：力争成为一个企业的主管、经理或总裁。不管你目前的职位有多高，仍然应该警示自己："我的职位应在更高处。"要敢于梦想，要立下更大的决心：得到让人羡慕的职位，并且发誓一定要为之竭尽全力。

做事不能“太本分”

经常有些人问，他们能否克服危机？他们是否具有与众不同的价值？我们的回答是：“你当然可以克服危机。你完全有克服危机的潜力。但你最终是否一定能克服危机，就完全取决于你自己了。如果你具有一种克服危机的力量和愿望，就没有什么可以阻挡住你；如果你没有这样的力量和愿望，即使你接受过再好的教育、再有利的外界因素都不足以让你克服危机。”

对于一个人的生命来说，没有什么比你的人生态度更重要的了，这种态度包括你对自己的评价以及你对未来的期望。如果你的人生态度消极而又狭隘，那么与之相对应的就只能是平庸的人生。你必须以比普通人更高的眼光来看待自己，否则你就永远只能是一个小职员。你必须期望自己能拥有更高的职位，并激励自己努力去得到它，否则你将永远也得不到它。切莫怀疑自己有实现目标的能力，否则就会使你自己的决心大打折扣。只要你一直憧憬未来，你就是在向着目标迈进。

如果你有足够的决心并为之付出了坚韧的努力，你就有成为本企业合伙人的可能，而不再是一个小职员。如果你不具备这样的决心，就会看到那些条件不如你、但有着更大决心的人跑到你前面去。如果你不好好利用机会往上爬，你就只好抱怨运气不佳了。

一位作家说：“我对于那些刚刚步入社会的年轻人的建议是：开始时就要有明确的理想和坚定的目标，除非你已经实现，否则决不要轻易放弃。”

我们很难想象，一个人的成长在很大程度上依赖于某种激励。倘若你没有完成工作的热情，那你在任何岗位都无法崭露头角。如果把自己所从事的工作视为爱好，就会做出惊人的成绩；如果把自己所从事的工作视为负担，一生中绝无成果。

正是一种神秘的力量将亚伯拉罕·林肯从小木屋推向了白宫；对北极的幻想使探险家罗伯特·皮里树立了征服地球极点的目标，在经历了无数次的失败之后，这个幻想终于将他送到了地球的极点；坚定的理想同样使得年轻的本杰明·迪斯雷利从英国社会的下层跃入上层，直到最后成为一个世界大国的首相，居于社会和政治权力的中心。

所有来自社会底层的那些成功人士都有着相同的经历，他们在自己前进的道路上都受到一种强大内力的牵引，这种力量几乎使他们无法抗拒。

这种内在的克服危机的推动力，是我们生命中最神奇、有趣的东西。它存在于每个人身上，就像自我保护的本能一样。在这种求胜本能的驱使下，我们步入了人生赛场。如果没有它，我们可能还停留在野蛮人的阶段，或许还居住在山洞里，文明也不会出现。如果没有这种神奇的东西，也就不会有大城市、大工厂，不会有铁路和汽船，不会有美丽的住宅和公园，也不会有绘画、雕塑和书籍。

人们工作的最好回报是实现了自我，超越了自我，并且经过努力实现了克服危机的理想。就像演说家在最激动人心的时刻，会使自己融化到雄辩的烈火中一样。无论在艺术领域还是在商业活动中，无论在科学事业还是日常生活小事中，幸运之神总是与优秀的人相随。

我们通过有效的工作来获取自己所追求的东西，来实现自己克服危机的雄心壮志。在向上攀登的过程中，我们必须付出巨大的努力，并承受一般人所难以承受的艰辛。这也是富人子弟难以取得个人成功的原因之一。他们往往缺乏向上攀登的巨大动力，但是，正是这种动力激励着我们去实现自己的理想。每个人的成长历程表明，进取心是所有想拯救自己的人的领路人，正是进取心为他们的前进开辟了道路。

当然，仅有强烈的进取心还不够，要成为显要人物还得配上两个翅膀：丰富的知识和良好的判断力。否则，即便你具有了雄心壮志也只能与成功擦肩而过。我们曾见这一种精巧的机器，它可以在钢板上打洞而没有噪声，它之所以能做到这一点，靠的是它的一个巨大的平衡轮。这个平衡轮为完成任务储存了巨大的能量、速度和动力。一旦将平衡轮从这台机器上移走，整台机器就会散架。在这里，平衡轮就是机器的关键零件。同样，对一个人来讲，常识和判断力就是平衡轮。如果一个人不具备这两点，他再大的愿望也仅仅是愿望而已。

朗费罗曾经说：“应仔细地分析一下自己，最重要的是要看清自己可以在哪一方面赢得成功。”

每个人都有属于他自己的工作，在金融巨头摩根和钢铁大王卡内基看上去很简单的事情，对你来说也许就根本无法完成。你也许可以做到摩根不能做到的事情。因此，要紧的是，你应认真分析一下自己适合做什么，恰当地估计自己成功的可能性，这有助于你今后的事业。一个人应该充分积蓄能量，并将它投入最适合自己的地方。如果你只有一种才能，应该淋漓尽致地发挥这项唯一的才能，而不要与那些有十项才能的人进行全方位的竞争。无论有多大的进取心，无论有多强的力量，用一种才能去做需要十种才能的工作是不可能的。伟大的头脑可以轻易地成就伟大的事业。我们只需要尽力，而不必强求，透支自己的能力是非常危险的。

有一位大学生，他成绩一般，却拼命地学习，总想在班级得到第一名。他以为，只要拥有超人的努力，将别人娱乐、度假的时间全部用来学习，就一定能成功。但是，当他快要赶上第一名时，却永远无法从用脑过度的后遗症中恢复过来了。

权衡自己的能力，找到适合自己的位置，然后全身心地投入进去，你就会受到成功女神的青睐。

7. 把小事抛在脑后

我们在做一件事情时，常常会出现这样的情况，一些生活琐事会给我们带来一定程度的影响，这时，你要善于把这些琐事抛到脑后，是非常重要的“抽身法”。

一些犯了大错的人，都是因为自尊心受到小小的伤害，一些小小的屈辱，虚荣心不能满足，结果造成世界上半数的伤心事。

一个人也不该为这些小事忧愁，如果他希望求得心理的平静的话。

人活在世上只有短短几十年，却浪费了很多时间，去愁一些一年内就会被忘了的小事，是毫无意义的。

“1945年3月，我学到了我这一生中最重要的一课。”罗勒·摩尔说，“我是在中南半岛附近276尺深的海底下学到的。当时我和另外87个人一起在贝雅S. S. 318号潜水艇上。我们由雷达发现，一小支日本舰队正朝我们这边开过来，在天快亮的时候，我们升出水面发动攻击。我由潜望镜里发现一艘日本的驱逐护航舰、一艘油轮和一艘布雷舰。我们受攻击，还继续向前驶去，我们准备攻击最后一条船——那条布雷舰。突然之间，它转过身子，直朝我们开来。我们潜到150英尺深的地方，以避免被它侦测到，并随时准备好应付深水炸弹。我们在所有的舱盖上都多加了几层盖子，同时为了要使我们的沉降保持绝对的静寂，我们关了所有电扇，整个冷却系统和所有的发电机器。

“三分钟之后，突然天崩地裂，六枚深水炸弹在我们上方爆炸开来，把我们直压到海底——深达276英尺的地方。我们都吓坏了，在不到1000英尺深的海水里，受到攻击是一件很危险的事情——如果不到500英尺的话，差不多都难逃劫运。而我们却在不到500英尺一半深的水里受到了攻击——所以情况可想而知是非常的糟糕。那艘日本的布雷舰不停地往下丢深水炸弹，攻击了15个小时，要是深水炸弹距离潜水艇不到17英尺的话，爆炸的威力就可以在潜艇上炸出一个洞来。有十几二十个深水炸弹就在离我们50英尺左右的地方爆炸，我们奉命‘固守’——就是要静躺在我们的床上，保持镇定。

“我吓得几乎无法呼吸：‘这下死定了。’电扇和冷却系统都关了之后，潜水艇的温度几乎有一百多华氏度，可是我却怕得全身发冷，穿上了一件毛衣，以及一件带皮领的夹克，可是还冷得发抖。我的牙齿不停地打战，全身冒着一阵阵的冷汗，攻击持续了15个小时之久，然后突然停止了。显然那艘日本的布雷舰把它所有的深水炸弹都用光了，就驶开去了。这15个小时的攻击，感觉上就像有1500万年。过去的生活都一一在我眼前映现，我记起了以前所做过的所有的坏事，所有的曾经担心过的一些很无稽的小事情。在我加入海军之前，我是一个银行的职员，曾经为工作时间太长、薪水太少、没有多少升迁机会而发愁。我曾经忧虑过，因为我没有办法买自己的房子，没有钱买部新车子，没有钱给我太太买好的衣服。我非常讨厌我以前的老板，因为他老是找我的麻烦。我还记得，每晚回到家里的时候，我总是又累又难过，常常跟我的太太为一点芝麻大的小事吵架；我也为我额头上的一个小疤——是一次车祸留下的伤痕发愁过。

“多年前，那些令人发愁的事看起来都是大事，可是在深水炸弹威胁着把我送上西天的时候，这些事情又是多么的荒谬、微小。就在那时候，我答应我自己，如果我还有机会再见到太阳和星星的话，我永远永远不会再忧虑了，永远永远，永远永远在潜艇里面那15个可怕的小时里，我从生活里所学到的远比在大学念了4年的书所学到的要多得多。”

我们通常都能很勇敢地面对生活里面那些大危机，可是却被一些小事搞得垂头丧气。比方说，撒·母耳·白布西在他的“日记”里谈到他看见哈里·维尼爵士在伦敦被砍头的事，在维尼爵士走上断头台的时候，他没有要求别人饶他的性命，却要求刽子手不要一刀砍中他脖子上那块痛伤的地方。

这也是拜德上将在又冷又黑的极地之夜里所发现的另外一点——他手下的人常常为一些小事情而难过，却不在乎大事。“他们能够毫不埋怨地面对危险而艰苦的工作，在零下80度的寒冷中工作，可是，”拜德上将说，“我却知道有好几个同房人彼此不讲话，因此怀疑对方把东西乱放，占了他们自己的地方。我还知道，队上有一个讲究所谓空腹进食、细嚼健康法的家伙，每口食物一定要嚼过28次才吞下去；而另外有一个人，一定要在大厅里找一个看不见这家伙的位子坐着，才能吃得下饭。

“在南极的营地里，”拜德上将说，“像这一类的小事情，都可能把训练有素的人逼疯。”在日常生活中，“小事”如果发生在夫妻生活里，也会把人逼疯，甚至会造成“世界上半数的伤心事”。

芝加哥的约瑟夫·沙巴士法官在仲裁过4万多件不愉快的婚姻案件之后说道：“婚姻生活之所以不美满，最基本的原因通常都是一些小事情。”而纽约的地方检察官法兰克·荷根也说：“我们的刑事案件里，有一半以上都起因于一些很小的事情：在酒吧里逞英雄，为一些小事情争争吵吵，结果引起伤害和谋杀。很少有人真正天性残忍，一些犯了大错的人，都是因为自尊心受到小小的伤害，一些小小的屈辱，虚荣心不能满足，结果造成世界上半数的伤心事。”

罗斯福夫人刚结婚的时候，每天都在担心，因为她的新厨子做饭做得很差。“可是如果事情发生在现在，”罗斯福夫人说，“我就会耸耸肩膀把这事给忘了。”其实，这才是一个很好的做法。就连凯瑟琳女皇——这个最专制的女皇，在厨子把饭烧坏了的时候，通常也只是付之一笑。

在多数的时间里，要想克服被一些小事所引起的困扰，只要把看法和重点转移一下就行了——让你有一个新的、能使你开心一点的看法。荷马·克罗伊是个写过好几本书的作家，他举了一个怎么样能够做到这一点的好例子。以前他写作的时候，常常被纽约公寓热水炉的响声吵得快发疯。水汽会砰然作响，然后又是一阵“滋滋”的声音——而他会坐在他的书桌前气得直叫。

“后来，”荷马·克罗伊说，“有一次我和几个朋友一起出去露营，当我听到木柴烧得很响时，我突然想到：这些声音多么像热水炉的响声，为什么我会喜欢这个声音，而讨厌那个声音呢？我回到家以后，跟我自己说：‘火堆里木头的爆烈声，是一种好听的音乐，热水炉的声音也差不多，我该埋头大睡，不去理会这些噪声。’结果，我果然做到了：头几天我还会注意热水炉的声音，可是不久我就把它们整个地忘了。

“很多其他的小忧虑也是一样，我们不喜欢那些，结果弄得整个人很颓丧，只不过因为我们都夸张了那些小事的重要性……”

哈瑞·爱默生·傅斯狄克博士曾讲过这样一个非常有趣的故事——有关森林的一个巨人在战争中怎样得胜，怎么样失败。

“在科罗拉多州长山的山坡上，躺着一棵大树的残躯。自然学家告诉我们，它曾经有400多年的历史，它初发芽的时候，哥伦布才刚到美洲登陆，第一批移民到美国来的时候，它才长了一半大。在它漫长的生命里，曾经被闪电击中过14次；400年来，无数的狂风暴雨侵袭过它，它都能战胜它们。但是在最后，一小队甲虫攻击这棵树，那些甲虫从根部往里咬，渐渐伤了树的元气，就只靠它们很小但持续不断的攻击，使它倒在地上。这个森林里的巨人，岁月不曾使它枯萎，闪电不曾将它击倒，狂风暴雨没有伤着它，却因一些小得用拇指跟食指就可以捏死的小甲虫而终于倒了下来。”

我们岂不都像森林中那棵身经百战的大树吗？我们曾经历过生命中无数狂风暴雨和闪电的打击，但都撑过来了。可是却会让我们的心被忧虑的小甲虫咬噬——那些用大拇指跟食指就可以捏死的小甲虫。

总而言之，无论任何时候都要注意，千万不要让那些烦人的琐事阻碍了你的前程，影响了你的发展。你要学会抛弃，把那些对你没多大用处的小事、琐事统统抛到脑后。

第八章

做事有信心

信心是成熟和成功的催化剂，是开启人生和未知世界大门的金钥匙。自信心对做任何一件事都可以起到举足轻重的作用。

自信可以生胆量，同样，胆量也可以生自信。

缺乏自信是创造和智慧的最危险的敌人。

1. 做事要自信

信心是成熟和成功的催化剂，是开启人生和未知世界大门的金钥匙。自信心对做任何一件事都可以起到举足轻重的作用。

自信可以生胆量，同样，胆量也可以生自信。

缺乏自信是创造和智慧的最危险的敌人。

美国著名成功学家拿破仑·希尔鼓励人们建立自信的方法是：一个人在做事之前，可以大喊50遍“我成功，因为我自信”，这样就可以获得动力！同样，成大事者面对挫折也要有这种观念和方法。

一些经历挫折又取得成功的强者都有一个共同的体会，信心产生力量，只要相信自己，即使追求的目标难如移山倒海，终有成功的一天。信心是一种最坚强的内在力量，它能够帮助你度过最艰难困苦的时期，直到曙光最终出现。信心从未令人失望，他会使人发现自身的价值和潜能，取得成功。

有一个墨西哥女人和丈夫，孩子一起移民美国，当他们抵达得州边界艾尔巴索城的时候，她丈夫不告而别，离她而去。留下她束手无策地面对两个嗷嗷待哺的孩子。22岁的她带着不懂事的孩子，饥寒交迫。虽然口袋里只剩下几块钱，还是毅然地买下车票前往加州。在一家墨西哥餐馆里打工，从大半夜做到早晨6点钟，收入只有区区几块钱。然而她省吃俭用，努力储蓄，她要将每一角钱都存下来。

她要实现一个梦想——自己开一家墨西哥小吃店，专卖墨西哥肉饼。

有一天，她拿着辛苦攒下来的一笔钱，跑到银行向经理申请贷款，她说："我想买下间房间，经营墨西哥小吃。如果你肯借给我几千块钱，那么我的愿望就能够实现。"一个陌生的外地女人，没有财产抵押，没有担保人。她自己也不知能否成功。但是幸运的是，银行家佩服她的胆识，决定冒险资助她。她25岁起开始经营自己的墨西哥肉饼店，经过15年的努力，这间小吃店扩展成为全美最大的墨西哥食品批发店。她就是拉梦娜·巴努宜洛斯，曾经担任过美国财政部长。

这是一个平凡女人的自信带来的成功。自信使她白手起家寻求生路；自信使她有了胆量；自信也给她带来了聪明和智慧。只要你对自己有信心，你和任何人一样有可取之处。

自信与胆量密切相关，自信可以生胆量，同样，胆量也可以生自信，而缺乏胆量或过分的自我批判就会削弱自信，包括一些伟大的科学家在内。犹太物理学家埃伦菲斯特具有非凡的评价和批判能力，因此一些伟大的物理学家常常乐意征求他的意见，他还常常应邀出席科学会议。但是他也把这种严峻的批判用在自己身上。这种过分的自我批判倾向扼杀了这位才华横溢的科学家的创造才能。结果，他自己的思想产物还没有问世，这种过分挑剔的批判就夺走了他对它们的爱，埃伦菲斯特最后竟厌世自杀，他的悲剧就在这里。著名物理学家杨振宁曾经谈到科学家的胆魄问题："当你老了，你就会变得越来越胆小……因为你一旦有了新思想，会马上想到一堆永无止境的争论，害怕前进。当你年轻力壮的时候，可以到处寻求新的观念，大胆面对挑战，而年龄大了的人疲于奔波，疲于争论。我常常问自己：是否已经丢掉了自己的胆魄？"这些事例都从反面证明了没自信就没有胆量，没有胆量就会磨灭想象力和独创精神。所以，缺乏自信是创造和智慧的最危险的敌人。

有自卑心理的人遇事先想到"我不行"。然而，你实际上比你想象的更聪明，更有创造性。在你身上有座尚未开发的富矿，只不过你还不知不觉，还没有发掘其潜力而已。

大家都知道美国总统罗斯福是个残疾人，那他是个强者还是弱者呢？1962年，美国历史学会组织美历史学家投票，选出了五位最伟大的总统，富兰克林·德拉诺·罗斯福排名第三，仅居于亚伯拉罕·林肯和乔治·华盛顿之后，成为美国历史上唯一一位连任四届、主持白宫时间最长的总统。罗斯福被公认为世界历史上的为数很少的能够扭转乾坤的巨人之一。关于他的国内政绩，关于他在世界历史上曾经发挥的作用。另一位伟人温斯顿·丘吉尔认为，罗斯福是对世界历史影响最大的一位美国人。

最近几十年间，由于美国国力的强盛和它在国际事务中扮演的重要角色，数任美国总统或多或少地要以“世界总统”自居，可以说，如果没有罗斯福，他们就不可能获得这样的自信。而罗斯福的这种自信却具有不同寻常的意义。如果没有这种自信，很难想象他会在39岁患上脊髓灰质炎（俗称小儿麻痹症）之后，凭着顽强的毅力积极配合治疗，终得幸免于全身瘫痪；更难想象他后来敢于拄着双拐或坐着轮椅出现在1932年总统竞选的讲坛上，并成为美国历史上唯一一位身罹残疾的总统。罗斯福的自信在他一生的成长和事业中起到了重要作用，在他第一次就职演说中针对当时美国社会的“大萧条”情景曾经说过：“首先让我们表明自己的坚定信念：唯一值得恐惧的东西就是不可名状的、未经思考、毫无根据的恐惧，使得转退为进所需的努力陷于瘫痪的恐惧。”纵观罗斯福一生，我们可以肯定地说，他虽然身罹残疾；但在迄今为止所有的美国总统中，远不是每一位都像他那样具有一颗如此健康的心灵。

谁都知道，男大当婚、女大当嫁的第一关就是容貌，人们在选择未来的配偶时，第一个条件就是要看看对方的相貌是否美，最起码要看着顺眼，不心烦。所以，许多相貌丑的人就因过不了这一关而成了男女“光棍”，独守空房。然而，世上的事都不是绝对的，有些外表不美但智慧美、心灵美的人同样可以以其精神面貌成为强者。

战国时期的钟离春，是我国历史上有名的丑女。她额头向前突，双眼下视、鼻孔向上翻翘、头颅大、发稀少、皮肤黑红。她虽然模样难看，但志向远大，知识渊博。当时执政的齐宣王政治腐败、国事昏暗、性情暴躁、喜欢吹捧。钟离春为了拯救国家，冒着杀头的危险当面一条条地陈述齐宣王的劣迹，并指出若再不悬崖勒马就会城破国亡。齐宣王听后大为震惊，把钟离春看成自己的一面宝镜。他认为有贤妻辅佐，自己的事业才会蒸蒸日上，正所谓妻贤夫才贵的这个身边美女如云的国王，竟封钟离春为王后。

东汉时丑女孟光，长得又黑又胖，模样极丑，父母已做好嫁不出去的准备。可仍有媒人替孟光与一丑男搭桥。孟光说："非梁鸿不嫁。"梁鸿是当时大文人，不少美女想嫁梁鸿遭拒绝后得了相思病。而孟光对媒人说出的话一时传为笑料，人们讥笑她是"癞蛤蟆想吃天鹅肉"；梁鸿听说这佚事以后，没有和别人一样嘲笑孟光。他很钦佩孟光的人品和学识，相信她不是攀龙附凤之人，毅然决定娶孟光为妻。后来梁鸿落魄到异地当佣工，孟光毫无怨言地随同前往，患难与共，白头偕老。

上面两例丑女钟离春和孟光的作为，是用智慧美、品德美取代了相貌丑。她们之所以那么胆大、"狂妄"，就是因为她们自信。自信给了强者勇气、力量和智慧，敢于做别人不敢做甚至不敢想的事，诸如自信可以使一个坐在轮椅上的残疾人与健康的同龄人并驾齐驱并超越了健康人，从大学生到博士生；自信可以使一个靠打工起家的女人拒收68万元"丈夫转让金"；……自信可以使人有骨气、挺起腰杆做人，面对强大的敌人毫无惧色，反而会使敌人胆怯。自信，是青年成大事的必备素质，也是人一生中最宝贵的财富。

所以说，你不要为自己的某些缺陷而烦恼，有时它会带给你意想不到的收获。相信自己，你就会找一条比别人都美丽、宽广的路。

2. 建立自信

船无动力，只能任凭海浪摆弄；人无信心，必然在社会的风浪中沉毁。所以说，无论什么时候你都要学会建立自信，因为信心是战胜一切的法宝。

（1）相信自己是独特的

没有人能够成为你，你也不可能成为任何人，在这个世界上你是独一无二的。

拿破仑·希尔曾经做过一个实验，有一次，他召开了一个讨论青少年自尊的研讨会，在会上，他请8个志愿者上台，发给他们每人一个标明自己身份的牌子，让他们挂在自己的胸前，牌子上的身份，是他们假想的社会身份：母亲、婴儿、太空人、工人、播滚歌星、棒球选手、医生和律师。最后，他让这些人按自以为身份重要的次序排成一排。

但是，这个他们本来认为只是“好玩”的游戏，最后却演变成了“星球大战”。8位学员很严肃认真地展开了一场身份争夺战，他们每个人都认为自己很重要。“太空人”说：“我该站在最前面，因为我曾去过你们谁都没有去过的地方。还有，我能给你们找到另外一个适合居住的星球，因为这里太拥挤了。”

“摇滚歌星”却走上来，推开了“太空人”说：“我早就去过太空了，而且我有的是钱，我能把你买下来，让你当我私人飞机的驾驶员。”

这时，“棒球选手”走了上来说：“我觉得我应该站在最前面，我和歌星赚的一样多。而且，在每个球季，我都在观众的面前表演健康活动，对你们都有好处。”

接着，轮到“医生”上场了，他说：“我应该站在最前面，你们中如果有人受伤或者是生病了，我都负责治疗你们，而且，我赚的钱也很多。”

“母亲”走上来说：“不，我才是最重要的，因为是我给了你们生命。”

“婴儿”也说：“我应该排在最前面，因为无论你们是什么样的地位，都走过婴儿这个阶段。然后，我们才能成为其他任何人。”

最后，还有“工人”。但是担任“工人”的这位学员好像知道自己根本不用去和别人争名次，他知道，只要他一说话，一定会引来一阵笑。当然，这只不过是一场游戏而已，“工人”明知道自己不可能排到第一名，于是，就自动地站到队尾去了。

在游戏结束之后，拿破仑说出了自己对他们的要求：“我确实希望你们能根据自己的重要性来排好位置，但是，我并不希望你们互相攻击，争夺称王的位置。我只是想让你们拉起手来，共同组成一个新生的圆圈，站在大家面前。无论他的外表怎样，也无论他是什么样的工作。你们中的任何一个人，都和其他人的价值相同。”

这对他们来说，是一种全新的观点。

在现代社会里，人人都以自我为中心，这是一种“自我陶醉”的现象。从以自我为中心到以“我们”为中心，这是一种艰苦的转变。

但是要注意的是，健全的自尊和自我陶醉是截然不同的。

自尊，强调的是尊重，强调重视自我的存在价值。尊重，是我们的能力基础。它让我们有能力去爱别人，从而完成一项很有价值的景观，为什么我们对宇宙的浩瀚心存敬畏，而对我们自己却很轻视呢？难道不是同一个造物主创造了我们吗？我们能思考，能改变自己的环境，还能去爱别人，难道不是万物中最杰出的吗？

所以，请记住，你是造物主的杰作，只有你的内心充满了爱，你才能去爱别人。

（2）用积极的心理暗示来建立自信

信心像一把铁锹，能铲平人生路上的荆棘。失去了信心，生活就像断了弦的琴。这时，你就要学会用积极的心理暗示来建立自信。

（3）切忌说“反正”和“毕竟”

“反正”和“毕竟”是失去斗志的先兆，对于任何有自觉的和优美的情操的人来说，用“反正”和“毕竟”来表达自己的心情是很自然的。

当工作遇到麻烦，或者学习不顺心的时候，一般人都会说：“反正怎样了”，或“毕竟已经怎样了”，或者“反正我知道是不行了”“总之我无能为力”，等等，这是一种被拒绝后很正常的心理活动。当这些话说出口之后，好像就已经卸下了一个心理重担，本来还能做好的事，也撒手不干了。这些词的同义语就是放弃，或停止思考。所以，说完了这些话之后，自己的缺点就被认同了，再也无法向前跨出一步，从此就被困在自己定义的模式里。

如果你正好是这种情况，那你必须立刻把这些词语从你的词典里删出去。就算它们后来偶尔还会出现在你的脑海里，你也要避免去运用它，这样才有助于建立你的自信。

（4）肯定自己——成功的先决条件

最近，有位水果商无意中谈起了他们的生意经。因为有的水果很难从外表来判断是甜还是酸，所以，有的客人在购买的时候就会问：“你的西瓜甜吗？”“你的橘子甜吗？”如果这个时候水果商用这样的语气回答说：“可能是甜的”，或者“应该不酸吧”。那么十之八九，客人会转身就走。

但是，如果你很肯定地回答：“我的西瓜要是不甜，就没有甜西瓜了。”“我的西瓜是最甜的。”那么你的西瓜很快就能卖出去。当然，这是市场上的一种推销手段，运用顾客心理，让他们相信自己的西瓜是最甜的，以便推销出去。让对方相信你，就一定能达到畅销的目的。同样地，你想要培养起自信，就要先旨定自己，这是一个先决条件。只要说：“当然不酸。”而不说：“也许不酸。”这就意味着跨越出了成功的第一步。

（5）不要反复使用负面的词汇

用自我暗示、心理暗示的手段来治疗疾病，这是精神治疗法的创始人——法国的艾来尔·库恩博士告诉我们的。自我暗示的秘诀，就在于不要反复使用负面的词汇。“痛苦消失，消失，消失”要比“痛苦消失，痛苦消失，痛苦消失”的效果好得多，因为后面的一句话给人一种本能的嫌恶之感。尽量少用甚至不用负面的词汇，其心理暗示的效果更好。

这种方法不仅适用于心理治疗过程，也适用于我们的日常生活中。我们经常能看到有的人担心自己的考试成绩，开口闭口提到自己可能会不及格，结果果真如此。所以，这样有负面效应的词汇，还是不说为好。如果你真的不幸，名落孙山，你还不断地重复说：“留级，惨了。”那你有可能真的成为人生的落后生，或者是个废物。就算真的遇到了非说不可的情况，你最好也用“那件事”来代替，这样自然就能消除不愉快的情绪了。

（6）运用“抽象阶梯”或“旁观”的方式为自己解除苦恼

有的时候，我们会被一个问题缠住，心情郁闷，或者惶恐不安。有一位叫哈亚长的“意识论”学者，向我们介绍了一种很有效的办法，那就是运用“抽象阶梯”或“旁观”的方式来解除苦恼。

比如，你有一位很不好相处的主管A，那么你可以把他抽象化，A=压迫者：哺乳动物→脊椎动物→动物，用这个抽象的推导阶梯来消除他身上那让你讨厌的味道。以后，你把A看成一个动物，总比还把他看成A要让你心里舒服得多。如遇到让你讨厌的工作，你也可以想象这是为了以后享受生活，这样，你做起来就更心平气和了。

（7）心理换算

在日常生活里，因此使用的单位不同，在表达同一件事物时，给我们心理上的负担也不同。比如说，还有半年就参加升学考试了，如果说还有6个月，就好像时间还很漫长，这个考生可能就会想，还有足够的时间呢，慢慢地复习吧。但是，如果以日来计算，就只有180天，时间似乎逼得很近，于是，这个学生就会抓紧时间准备。

一般的人都以为，公里比公尺要长，小时也要比分钟长，就算是同一件事，如果换了一个单位，心理上的负担也会发生变化，我们称这种情况为“心理换算”，这也是控制心理的一种方法。

（8）做最坏的打算

一般的人如果遇到不顺心的事，或者考试不理想，可能无意中会说出“真糟糕”这几个字，但是这个时候他的心里可能并不是这么想的。他的内心里也许还保留一个可以和别人说话的余地，所以他只能用“最坏”这个词来守卫自己最后的防线。就是说，他还不想让自己认为自己陷入了最恶劣的环境中。嘴上说最坏，其实还不到最糟糕的境地。

碰到这种情况时，有的人总会悲观失望，心里总会有点丧失信心的感觉。事实上这样胡思乱想，还不如就直接承认这就是最糟的情况了，也许反而会获得一种轻松的感觉。境况越艰难，心情越无法放松，甚至连“最坏”这个词也会抛到九霄云外去了。

（9）用“我们”来取代“我”

在心理学上，都称这种情况为“心理扩散”，“我”是完全承担责任的，而“我们”则由两个或更多的人来承担责任。用“我们”来取代“我”，数字也就不一样了，这是把我分成一个无限的意思。每当你想到“我的脑子很笨”，你总是有种自卑的感觉，但是你如果想，“我们大家都这么笨”，那你心理上自卑的压力就会减轻。在这种情况下，你把自己的自卑感也分担到了你的同伴的头上，这就把你心理上的苦恼转移开了。

（10）此处不留人，自有留人处

因为一定的原因而失败，就会心灰意冷，这是很正常的，所以，总是有人在遭遇失败时，就觉得到处都那么黑暗，好像前面已无路可走了。这是因为，失败会引起一个人的挫折感，而挫折感也就引发了人类的各种情绪反应和退行现象。退行现象是指一个人随着年龄的增长而行为反应却越来越退化，可以退化到小孩的模样。这个时候，由于他对周围的环境反应缺乏柔韧性，所以对周围的状况不能表现出恰当的判断。

想避免这种退行现象，不妨试试下面这种方法。当遇到失败的时候就对自己说“此处不留人，自有留人处”。当然，你肯定有自己的选择，只要你想到还有其他的机会，就会心平气和，不再悲观。

（11）振奋精神

一个人最可怕的是孤独，最不幸的莫过于失去信心。

有一个印度人，因为偷东西，被人捉到，但是他却一点都不感到羞愧，反而理直气壮地说：“如果我已经逃走了，那才算是偷，我现在不过是拿了件东西，大不了还给你们。”说完，他就大大方方地走了。当然，我们并不是鼓励偷窃。不过，这个小偷的逻辑很有道理，从客观情况上说，他的情况确实对他很不利。但他本人却不承认，如果换了别人，客观上虽然还没有陷入绝境，主观上就已经软弱了，结果就任凭人家摆布。

现代人的思路都有越来越强的倾向，轻易认输，而事实上不能就这样简单地放弃人生，在某种情况下，必须坚持下去。拿破仑·希尔认为在做任何事时都不应在行动之前先产生畏惧心理，这样，无异于还没行动就已认输，丧失了斗志和动力，那就无可救药了。

（12）在头脑中删掉时限用语

在日常生活中，我们经常会听到“截止”或“时间到了”等时限用语。在一定的时间限制下，人在工作或读书的时候都会进行得更顺利。但如果一个人的意志被限制得太紧，他反而会削弱自己的注意力，心理上陷入不安的境地。所以，我们不妨称这种现象为作茧自缚，要想避免这种境地，就不要让这种词汇进入你的脑海。

（13）用卑俗的外号称呼对方

经常有一些政治漫画，把某位部长画成动物，或把某国的首相画成一位小姐，以博得读者的笑声。一般人都认为，掌握政权的都是一些很麻烦的人物。一方面，我们会对这种人产生亲近感，因为他们是伟人，而同时，我们也会在心理上产生一种劣等感，或恐惧感。这个时候，政治漫画

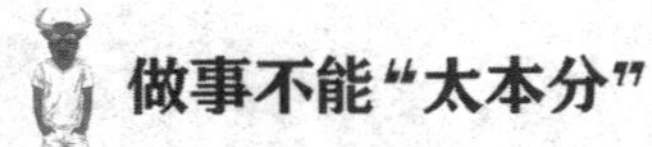

通常会稳定我们的情绪。

同样地，个人的绰号也会产生这样的效果。通常，对那些给我们在心理上造成压迫感的人，我们会给他们起个滑稽的外号，以冲淡我们心理上的压迫感。

（14）把自己的目标广为传播

昔日美国的职业棒球全垒打王贝普·鲁斯，他简直是举世无敌。他一生中有不少逸事，其中最有名的是，有一次他指着对方的中心方向说：“注意了，我要打出一个全垒打。”果然，他真的在他指定的方向打出了一个全垒打。

但无论贝普·鲁斯有多高的天分，他也不会有100%的把握，可正因为他没有这样的信心，所以，他就把自己的目标大声地说出来，以驱走内心的不安。

（15）说出怯场原因

实验心理学之祖威廉·华特曾提出了一种观点——内观法。就是说，要冷静地观察自己的内心，然后把观察结果毫不保留地说出来。如果随时准备把自己内心的秘密说出来，那么就没有余力烦恼了。

（16）不顺利时，就对自己说话

有很多侨居国外的人，最后都得了神经衰弱症。原因就在于，他们的外语不够流利，不愿同外国人接触，结果最后说话的机会越来越少。也就是说，他们没有畅所欲言的机会，语言，就是用来表达内心思想的，但是因为讲话的机会不多，所以不能发挥语言的功能。

而另外一些人却很快就适应了在国外的生活，他们单独留在公寓里的时候，就尽量同自己说话，以减轻自己内心的挫折感和苦闷。老实说，就算住在国外，也不一定要讲外国的语言，如果能妥善地运用本国的语言，也不致得神经衰弱症了。

这个方法同前面说的，在别人面前直陈心事完全不同。如果没有谈话对象，而心里又装了很多的心事，不愿大声宣告，那么不妨试试自言自语的方法。这有助于放松你的情绪。

（17）向可信之人倾诉你的心事

从事心理学分析工作的人，他们的工作就是给别人排忧解难，在这个工作中，制造气氛很重要。让倾诉心事的人在舒缓的环境下，缓缓地说出自己的心事。如果能做到这一点，就已经解决了一半的问题。也就是给心中的怨气找到了正确的出口。

（18）闷闷不乐时，写出原因

拿破仑·希尔有一个很有效的治疗烦恼的方法，就是在烦恼的情绪影响到自己的工作时，就尽可能具体地把自己烦恼的原因罗列在纸上。就算是鸡毛蒜皮的小事，也写清楚。如邻居的猫叫实在让人讨厌；想听新买的唱片；必须赶紧决定下次演讲的题目等。整理一下，你就会发现：烦恼，或让你烦恼的原因就这么简单。只要你能客观地抓住让你苦恼的原因，你也就找到了自己的方案。有的时候，你不妨记下优先次序，然后分别写上解决方法。等到事情都处理完了，你的苦闷和无聊也已经消失了。

只有驱除心中的烦恼，建立自信的人生，你才能快马扬鞭，在人生的大舞台上自由地奔驰。

3. 充满自信

别人看得起，不如自己看得起。只有充分认识自己并充分发挥长处，才能踏上成功直通车。自信是激励自己奋发进取的一种心理素质，自信是取得成功的基石。

有这样一个故事：一个纽约的商人看到一个衣衫褴褛的尺子推销员，

顿生一股怜悯之情。他把1美元丢进卖尺子人的盒子里，准备走开，但他想了一下，又停下来，从盒子里取了一把尺子，并对卖尺子的人说：“你跟我都是商人，只不过经营的商品不同，你卖的是尺子。”几个月后，在一个社交场合，一位穿着整齐的推销商迎上这位纽约商人，并自我介绍：“你可能已经记不得我了，但我永远忘不了你，是你重新给了我自尊和自信。我一直觉得自己和乞丐没什么两样，直到那天你买了我的尺子，并告诉我是一个商人为止。”

“推销员”一直做乞丐，不就是因为缺乏自信心吗？就是从纽约商人的一句话中，“推销员”找到了自尊和自信，并开始了全新的生活。从中我们不难看出自信心的威力。缺乏自信常常是性格软弱失败的主要原因。

居里夫人曾经说过：“生活对于任何一个男女都非易事，我们必须要有坚韧不拔的精神，最要紧的，还是我们自己要有信心。我们必须相信，我们对一件事情具有天赋的才能，并且无论付出任何代价，都要把这件事情完成。当事情结束的时候，你要能够问心无愧地说：‘我已经尽我所能了。’一个人只要有自信，那么他就能成为他所希望成为的人。”

我的一位同事管不好自己的钥匙，不是弄丢了，就是忘了带，要不就是反锁到屋里了。他的办公室就他一人，老是撬门也不是个办法，于是配钥匙时便多配了一把，放在隔壁办公室。这下无忧无虑了好些时日。有一天他又没带钥匙，恰好隔壁办公室的人都出去办事了，他又吃了闭门羹，于是他在另一间也放了钥匙。外边存放的钥匙越多，他自己的钥匙也就管得越松懈，为保险起见，他干脆在其他几间办公室都存放了钥匙，多多益善。最后就变成这样的局面，有时候，他的办公室，所有的人都进得去，只有他进不去，所有的人手中都有钥匙，只有他的钥匙无处可寻。到这时，他那扇门锁住的，就只有他自己了。

在现实生活中放弃自己的权利，让别人的意志来决定自己生活的人实在不少。他们把自己上学、择业、婚姻……统统托付或交给他人，失去了自我追求，自我信仰，也就失去了自由，最后变成了一个毫无价值的人。

世上什么都不怕，只怕自己没勇气，没信心，没骨气。

一位画家把自己的一幅佳作送到画廊里展出，他别出心裁地放了一支笔，并附言："观赏者如果认为这画有欠佳之处，请在画上做上记号。"结果画面上标满了记号，几乎没有一处不被指责。过了几日，这位画家又画了一张同样的画拿去展出，不过这次附言与上次不同，他请每位观赏者将他们最为欣赏的妙笔都标上记号。当他再取回画时，看到画面又被涂满了记号，原先被指责的地方，却都换上了赞美的标记。

这位画家不受他人的操纵，充满了自信。他自信而不自满，善听意见却不被其左右，执着但不偏执。

上面两个故事里的主人公，他们的所作所为，反映了两种不同的思维方式，两种不同的心态和两种不同的结果。前者是失败的思维模式，自卑的心态，必然会产生可悲的结果。后者是成功的思维方式，充满自信的心态，必然会产生成功的结果。

前者过高地估计了他人，过低地估计了自己，遇事认识不到自身的无限潜能。越是这样，越是跳不出自己的思维模式；越是跳不出自己的思维模式，就越觉得自己不行；觉得自己不行，就必然要依赖他人，受他人的操纵。如此这样，每失败一次，自信心会受到一次伤害，久而久之，一切就会按照别人的意见行事，一切就会让别人来操纵，可悲的事就会接踵而来。后者因为用正确的观点评价别人和看待自己，所以在任何情况下，都不会迷失自己，被他人操纵。

画展里的这种情况，我们在现实生活里会常常碰到。同样的事，同样的人，常常会出现不同的待遇，产生不同的结果。仔细想想，这也并不奇怪，因为人世间人的眼光各不相同，理解事物的角度也不尽一样。所以遇事要运用正确的思维方式，不要完全相信你听到的看到的一切，自己认准的路，不管别人说什么，都要挺起胸膛走到底。

爱迪生曾经尝试用1200种不同的材料做白炽灯泡的灯丝，都没有成功。有人批评他："你已经失败了1200次了。"可是爱迪生不这么认为，他充满自信地说：“我的成功就在于发现了1200种材料不适合做灯丝。”

如果我们遇事都能这样考虑问题，采用这种积极的思维方式，哪里还会有烦恼，哪里还会有自卑感？人的自卑感的存在和产生，并不是由于自己在能力或知识上不如人，而是由于自己不如人的心态和感觉。为什么会产生不如人的心态和感觉呢？是因为有些人常常不用自己的“尺度”来判断和评价自己，而喜欢用别人的“标准”来衡量自己。说白了，就是喜欢拿自己与他人相比较，尤其喜欢拿别人的优点长处与自己的缺点和短处相比较。原本这些不一样的东西，是不能进行比较的，越比较，就越自卑。

这些简单、明显的道理，只要你相信它，接受它，你遇事就会掌握正确的思维方式，保持良好的心态，摒弃自卑，找回自信，学会让自己支配自己，由自己去安排自己的生活，由自己去策划自己的人生。

所以说，我们应该有恒心，特别是要有自信心，必须相信自己是有能力的，而且要不惜任何代价将这种能力发挥出来。

每个人都会确立一些人生的目标，要实现这些目标，首先你必须相信自己能够做到。千万不要让形形色色的雾迷住了你的眼，不要让雾俘虏你。在实现目标的过程中受到挫折时，请记住，困难都是暂时的，只要充分相信自己，终能等到云开雾散的那一天，而丧失自信心，不仅会带来失败，还常常会酿成人间悲剧。

自信就是自己信得过自己，自己看得起自己。美国作家爱默生说过：“自信是成功的第一秘诀。”人们常常把自信比作发挥主观能动性的闸门，启动聪明才智的马达，这是很有道理的。确立自信心，要正确评价自己，发现自己的长处，肯定自己的能力，自信不是孤芳自赏，夜郎自大；更不是得意忘形，毫无根据的自以为是和盲目乐观；而是激励自己奋发进取的一种心理素质，它代表一种高昂的斗志、充沛的干劲、迎接生活挑战的乐观情绪，是战胜自己、告别自卑、摆脱烦恼的一种灵丹妙药。

自信心往往有三个方面的表现：

（1）精神外貌上

不管我们与世俗标准下的所谓成功的典型离得有多远，我们都永远可以持“我是最好的”这种态度，不必显出任何羞愧、尴尬或压抑的样子。

（2）体态语言上

要想真正成为拥有自信的人，你必须在自己的一言一行、一举一动中表现出来。一般来说，表现自信的体态语言总是给人们精力充沛的印象。佝背驼腰、大腹便便、下巴松垂、睡眼惺忪这些形象从来不被认为是有自信心的特征。精力充沛、信心十足的姿态应该是这样的：挺胸收腹、双肩后倾、扬起下巴、面带微笑、眼睛有神、目光直视交往的对方。平时，你要留意白天走路的姿势，在很大程度上，走姿能暴露一个人的精神状态。千万不要漫无目的地四处游荡，而应当步伐坚定有力，大胆地向前迈进。

（3）语态的表现

人们的语态表达是最重要的交流方式，语态表达方式也可以表现出你的个性。表现自信心的语态是：①讲话的速度不能太快，否则容易给人留下急躁的印象；②讲话的速度也不能过于缓慢，太慢会给听众留下你对希望阐明的观点仍然犹豫不决的印象；③含含糊糊地讲话让人一眼就看出你内心的不稳定，应该避免；④不要嘀嘀咕咕地讲话，这是一种自我放纵和不成熟的表现；⑤说话的嗓音不能过高或者刺耳，否则，会给人造成你很单纯的印象；⑥不要用一种傲慢的口气讲话，显得很不自然；⑦讲话时不要气喘吁吁，嗓音不能微弱，不要口齿不清，这些都可以通过训练加以克服。

如果你对体态语言掌握得很好，也要注意与自信心的整体表现相结合，因为这也是成功要素中的重要组成部分。最有效的语态表达应该是自然大方的声音中充满自信和活力。最后一点也很重要，当你讲话时，嘴角要露出微笑。

4. 相信一切皆有可能

如果你想取得成功，首先你必须拥有积极的心态，因为只有积极的心态才能有可能引导你走向成功。

拿破仑·希尔告诉我们，永远也不要消极地认定什么事情都是不可能的，首先你要认为你能，再去尝试、再尝试，最后你就发现你确实能。

对于变不可能为可能，拿破仑·希尔曾讲了他以前生活中的一个故事来表明他的心态。年轻的时候，拿破仑·希尔抱着一个当作家的雄心。要达到这个目标，他知道自己必须精于遣词造句，字词将是他的工具。但由于他小时候家里很穷，所接受的教育并不完整，因此，朋友们善意地告诉他，说他的雄心是“不可能”实现的。

年轻的希尔存钱买了一本最好的、最完全的、最漂亮的字典，他所需要的都在这本字典里面，而他的意念是完全了解和掌握这些字。而他竟然把字典里“不可能”这个词用小剪刀剪掉，于是他有了一本没有“不可能”的字典。以后他把他整个的事业建立在这个前提上，那就是对一个要成长，而且要成长得超过别人的人来说，没有任何事情是不可能的。

其实，把“不可能”从字典里剪掉，只是一个形象，关键是要从你的心中把这个观念铲除掉。并且，在我们的谈话中排除它，想法中排除它，态度中去掉它，抛弃它，不再为它提供理由，不再为它寻找借口，把这个字和这个观念永远地抛弃，而用光辉灿烂的“可能”来替代它。

再比如汤姆·邓普西，他就是将不可能变为可能的典型。

汤姆·邓普西生下来的时候，只有半只脚和一只畸形的右手。父母从来不让他因为自己的残疾而感到不安。结果是任何男孩能做的事他也能做，如果童子军团行军5公里，汤姆也同样走完5公里。

后来他要踢橄榄球，他发现，他能把球踢得比任何在一起玩的男孩子远。他要人为他专门设计一只鞋子，参加了踢球测验，并且得到了冲锋队的一份合约。但是教练却尽量婉转地告诉他，说他“不具有做职业橄榄球员的条件”，促请他去试试其他的事业。最后他申请加入新奥尔良圣徒球队，并且请求给他一次机会。教练虽然心存怀疑，但是看到这个男孩这么自信，对他有了好感，因此就收了他。两个星期之后，教练对他的好感更深，因为他在一次友谊赛中踢出55码远。这种情形使他获得了专为圣徒队踢球的工作，而且在那一季中为他的一队踢得了99分。

然后到了最伟大的时刻，球场上坐了6.6万名球迷。球是在28码线上，比赛只剩下了几秒钟，球队把球推进到45码线上，但是根本就可以说没有时间了。当汤姆进场的时候，他知道他的队距离得分线有55码远，是由巴第摩尔雄马队毕特·瑞奇踢出来的。但是，邓普西心里认为他能踢出那么远，而且是完全有可能的，他这么想着，加上教练又在场外为他加油，使他充满了希望。

正好，球传接得很好，邓普西一脚全力踢在球身上，球笔直地前进。6.6万名球迷屏住气观看，接着终端得分线上的裁判举起了双手，表示得了3分，球在球门横杆之上几英寸的地方越过，汤姆一队以19比17获胜。球迷狂呼乱叫——为踢得最远的一球而兴奋，这是只有半只脚和一只畸形的手的球员踢出来的！

“真是难以相信。”有人大声叫，但是邓普西只是微笑。他想起他的父母，他们一直告诉他的是他能做什么，而不是他不能做什么。他之所以创造出这么了不起的纪录，正如他自己说的：“他们从来没有告诉我，我有什么不能做的。”

记得前面我们曾经说过：世界上只有想不到的事情，而没有做不到的事情。所以，无论什么时候，你都不要消极地认为什么事情是不可能的。

5. 向困难说声“我能行”

不管世事如何艰辛，只要你对自己充满信心，向着未来不断进取，相信你会有成功的一天。小王害羞，胆小，不自信，每逢老师或同学让他做什么事时，他总是不好意思地说：“不行不行，我不行。”

后来小王下定决心：明天一定要以一副新的面貌出现在大家面前。但到了第二天，却总是又恢复了老模样。小王明白了一个道理：在一个熟悉的环境中要改变自己是不容易的，它需要很大的勇气。但在当时小王恰恰缺乏这一勇气，所以小王那种不自信的样子一直持续到高中毕业。

上大学后，小王来到了一个全新的环境中，于是小王要建立自信的勇气与日俱增。小王每天都面带微笑，精神饱满，干劲冲天。小王在心里暗暗为自己加油，暗示自己“我能行”！后来，小王班里成立了篮球队，因为小王个头高，尽管不会打，也入选了，从此小王就向同学学习关于篮球的知识和技术，每天都抱着篮球到操场练一会儿。几个月下来，小王由篮球的“门外汉”成了一名篮球队的主力。

美国有个NBA联赛，经常在NBA联赛中出场的有个夏洛特黄蜂队，黄蜂队有一位身高仅1.60米的运动员，他就是博格斯，NBA最矮的球星。博格斯这么矮，怎么能在巨人如林的篮球场上竞技，并且跻身大名鼎鼎的NBA球星之列呢？这是因为博格斯的自信。

博格斯从小就喜爱篮球，可因长得矮小，伙伴们瞧不起他。有一天，他很伤心地问妈妈：“妈妈，我还能长高吗？”妈妈鼓励他：“孩子，你能长高，长得很高很高，会成为人人都知道的大球星。”从此，长高的梦像天上的云在他心里飘动着，每时每刻都在闪烁希望的火花。

“业余球星”的生活即将结束，博格斯面临着更严峻的考验——1.60米的身高能打好职业赛吗？

蒂尼·博格斯横下一条心，要靠1.60米的身高闯天下。“别人说我矮，反而成了我的动力，我偏要证明矮个子也能做大事情。”在威克·福莱斯特大学和华盛顿子弹队的赛场上，人们看到蒂尼·博格斯简直就是个“地滚虎”，从下方来的球百分之九十都被他收走，他越是个儿矮越是飞速地低运球过人……

后来，蒂尼·博格斯进入了夏洛特黄蜂队（当时名列NBA第三），在他的一份技术分析表上写着：“投篮命中率50%，罚球命中率90%……”

一份杂志专门为他撰文，说他个人技术好，发挥了矮个子重心低的特长，成为一名使对手害怕的断球能手。“夏洛特的成功在于博格斯的矮”，不知是谁喊出了这样的口号，许多人都赞同这一说法，许多广告商也推出了“矮球星”的照片，上面是博格斯纯朴的微笑。

如今的博格斯已与夏洛特队接连签过7个赛季的合同，最后一个赛季一签就是5年，总薪水750万美元。他曾多次被评为该队的最佳球员。

博格斯至今还记得当年他妈妈鼓励他的话，虽然他没有长得很高很高，但可以告慰妈妈的是，他已经成为人人都知道的大明星了。

前不久，这位矮星说，他要写一本传记，主要是想告诉人们：“要相信自己，只有相信自己，才能成功。”

博格斯的经历给了小王很大启发，坚定了小王一定要成功的志向，增加了他相信自己的勇气，他想，只要自己一直坚持下去，就一定能成功。

每个人都祈求成功，但是最终只有对自己充满自信的人，才能有幸到达成功的彼岸。没有自信，毛泽东不可能写出“到中流击水，浪遏飞舟”的豪迈诗句；没有自信，罗斯福不可能以残疾之躯，带领美国人民走出“大萧条”的阴影；没有自信，许海峰不可能在奥运会上一枪打出中国人的荣耀……

其实，自信是一种可贵的心理品质，它一方面需要培养，一方面也要依赖知识、体能、技能的储备。

知识、技能的储备是自信的基础，具备了足够的知识和实际能力，自信就会发自内心，不必强装。否则，越是显得自信，就越是不自信。面对困难，我们应大声地对自己说：“我能行！”

6. 相信自己

高超的技巧加上坚定的信心，就是一股可以战胜一切的力量。

2001年5月20日，美国一位名叫乔治·赫伯特的推销员，成功地把一把斧子推销给小布什总统。布鲁金斯学会得知这一消息，把刻有“最伟大的推销员”的一只金靴子赠予他。这是自1975年以来，该学会的一名学员成功地把一台微型录音机卖给尼克松后，又一学员通过如此高的门槛。

布鲁金斯学会以培养世界上最杰出的推销员著称于世。它有一个传统，在每期学员毕业时，设计一道最能体现推销员能力的实习题，让学生去完成。克林顿当政期间，他们出了这么一个题目：请把一条三角裤推销给现任总统。八年间，有无数个学员为此绞尽脑汁，可是，最后都无功而返。克林顿卸任后，布鲁金斯学会把题目换成：请把一把斧子推销给小布什总统。

鉴于前8年的失败与教训，许多学员放弃了争夺金靴子奖，个别学员甚至认为，这道毕业实习题会和克林顿当政期间一样毫无结果，因为现在的总统什么都不缺少，再说即使缺少，也用不着他们亲自购买。

然而，乔治·赫伯特却做到了，并且没有花多少功夫。一位记者在采访他的时候，他是这样说的：我认为，把一把斧子推销给小布什总统是完全可能的，因为布什总统在得克萨斯州有一个农场，里面长着许多树。于是我给他写了一封信，说：有一次，我有幸参观您的农场，发现里面长着许多大树，有些已经死掉，木质已变得松软。我想，您一定需要一把小斧头，但是从您现在的体质来看，这种小斧头显然太轻，因此您仍然需要一把不甚锋利的老斧头。现在我这儿正好有一把这样的斧头，很适合砍伐枯树。假若你有兴趣的话，请按这封信所留的信箱，给予回复……最后他就给我汇来了15美元。

乔治·赫伯特成功后，布鲁金斯学会在表彰他的时候说，金靴子奖已空置了26年，26年间，布鲁金斯学会培养了数以万计的推销员，造就了数以百计的百万富翁，这只金靴子之所以没有授予他们，是因为我们一直想寻找这么一个人，这个人不因有人说某一目标不能实现而放弃，不因某件事情难以办到而失去自信。

给自己的生命注入信心，才有取得成功的可能。

7. 自信有神奇的力量

跋涉在沙漠之中，我们应该相信绿洲；颠簸在浪涛之上，我们应该相信彼岸。别人可以不相信我们，我们不能不相信自己，因为自信会产生神奇的力量。

拿破仑·希尔曾讲述这样一个生活案例：

N先生的妻子得了肺炎，当希尔赶到他家中时，他见到希尔的第一句话就是：“如果我妻子死了，我将不相信有上帝存在。”

他请希尔来，是因为医生已经对他说，她活不了了。

她把丈夫和两个儿子叫到床边，向他们道别。

希尔赶到之后，发现N在前厅中啜泣，两个儿子则在尽量安慰他。

希尔走进她的房间时，她已经呼吸困难，护士告诉希尔说，她的情绪很低落。

希尔很快就发现，这位N太太请他过来，原来是要拜托他在她死后，照顾她的两个儿子。

这时候，希尔对她说：“你绝对不能放弃希望，你不会死的。你一向就是一位强壮而健康的妇人，我不相信上帝会要你去世，而把你的儿子托付给我或任何人。”

希尔这样向她谈了很久，并做了一次祈祷，祈祷她早日康复，而不是进入天国。

希尔告诉她，要对上帝有信心，以全部的意志及力量来对抗每一种死亡思想。

然后，希尔离开了N的家。

临行前，希尔说：“教堂礼拜结束后，我会再来看你，到时候，我将会发现，你比现在好得多了。”

那天下午，希尔又去拜访。N面带微笑迎接希尔。他说希尔早上一离开之后，他太太就把他和儿子们叫进房里，说道：“希尔博士说，我不会死；我将会康复，我现在真的好多了。”最后，N太太完全康复了。这就是自信的力量，这就是自信创造的奇迹。人活着，要坚信“天生我材必有用”，不要自己埋没了自己。

8. 坚持下去，就会有所成就

意志是助人走向成功的基石。在战场上，坚持就是胜利，工作上坚持就是成绩；学习上坚持就是才智，科学上坚持就是奇迹。

有信心者不会因阻力而退缩。努力改变原来的想法、做法，但“还是没有成功”，因此怀疑自己的能力而停止前进的人很多。许多人无法达到目标的最大原因就是，他们没有意识到毅力是使不可能的事成为可能的最大的动力，而因一时的失败和挫折就立即投降。

成功者知道，成功之果只能慢慢成熟，而且常常要经过许多的失误和挫折。他们知道，在受到挫折时没有理由灰心丧气，不能止步不前。相反，他们从教训中学到经验，带着坚定的毅力前进，然后坚持下去，更加努力地朝向目标奋进。

目标都是一点一点、一步一步地达到的。成功的过程是缓慢的，取得进步需要时间，所以改变现状有时得花长年累月的光阴。成功者都懂得这个道理，在为取得成功而奋斗的时候，容许自己经过努力与失败一步一步地前进。他们知道想即刻如愿是不现实的，正确的态度是要去实践、去努力。

然而很多人并不了解，在他们取得成功之前的奋斗过程中，可能遇到许多挫折，面临许多令人沮丧的挑战。

史华兹博士在考察杰出的个人品质以及取得成功的人具有哪些特点的时候，发现“坚持下去”是所有成功者的一种共同的性格。约翰·R. 约翰逊就是体现了这种“坚持”性格的人。

约翰逊于1918年出生在阿肯色州一个贫寒的家庭中。他曾在芝加哥大学和西北大学勤奋读书，由于他的刻苦钻研，最后获得了16个名誉学位。约翰逊开始踏入商界是在芝加哥由黑人经营的优异人寿保险公司当杂役。现在，他是这个公司的董事长，主管着好几个庞大的分公司。

1942年，约翰逊以抵押他母亲的家具得到500美元贷款独自开办了一家出版公司。现在，这个出版公司已经成为美国第二大的黑人企业。它起初出版了《黑人文摘》（现名《黑人世界》），又出版了《黑檀》《滔滔不绝》《黑人明星》《少年黑檀》等杂志。1961年，约翰逊开始经营书籍出版事业。到了1973年，他又扩展了业务，买下了芝加哥市的广播电台。

约翰逊谈到他对于苦干成功的观点时，谦逊而诚恳地说：“我的母亲最初给了我很大的启发和鼓励，她相信并且常常对我说的是：‘也许你会勤奋地工作而一事无成。但是，如果你不去勤奋地工作，你就肯定不会有成就。所以，如果你想要成功的话，就得冒这个险！问题总是有办法解决的。要百折不挠，要不断地去研究、去想办法。’”

他到芝加哥去上中学时，就开始为获得成功而奋斗了：“我没有朋友，没有钱，由于穿的是家里自制的衣服而被人讥笑。我说话有很重的南方口音，孩子们常拿我的罗圈腿取笑。所以，我不得不用一种办法在他们面前争口气，而且我只能采取这样一种办法——做一个成绩优异的学生。

“我用功学习，取得很高的分数，还去听如何演讲的课。戴尔·卡耐基写的《处世之道》，我看了至少50遍。

“班上的同学除我之外，都不敢高声发言。我读了一本关于演讲的书，按书上说的办法对着镜子反复练习说话。由于我作了一些演讲，同学们选我当了班代表。后来又当了学生会主席、校刊的总编辑和学校年刊的编辑。”

1943年，约翰逊开办一家小型出版公司的时候，发生了一件戏剧性的事情。当时，他想要为扩大发行他办的《黑人文摘》做宣传。

“我决心组织一系列以《假如我是黑人》为题的文章，请白人写文章的时候把自己摆在黑人的地位上，严肃地来看这个问题，考虑假如他处在这种地位上会实实在在地做些什么事情。”

约翰逊回忆说：“我觉得请罗斯福总统的夫人埃莉诺来写这样一篇文章是最好不过了，于是便给她写了一封信。

“罗斯福夫人给我回了信，说她太忙，没有时间写。但是，她没有说她不愿意写。

“因此，过了一个月之后，我又给她写了一封信。她回信说还是太忙。以后，我每隔一个月就再给她写一封信。她总是说连一分钟空闲的时间都没有。”

由于罗斯福夫人每次都说问题是没有时间，所以约翰逊没有退缩：“她没有说不愿意写，所以我推想，如果我继续写信求她写，总有一天她会有时间的。

“最后，我在报上看到她在芝加哥发表谈话的消息，就决定再试一次。我拍了份电报给她，问她是否愿意趁待在芝加哥的时候为《黑人文摘》写那样一篇文章。

“她接到我的电报时，正好有一点空余时间，就把她的想法写了出来。

“这个消息传了出去，反响相当好。直接的结果是，这本杂志的发行量在一个月之内由5万份增加到15万份。这确实是我在事业上的一个转折点。”

约翰逊并不相信速决。“取得成功总得去努力，有时要经过多次失败。人们来到这里，看到我这里相当壮观的场面，都说：‘嘿！你真走运。’我就提醒他们，我花了30年漫长艰苦的时间才做到这个地步。我是在那家保险公司的一个小房间里起步的，然后搬到了一所像储煤巷一样的小屋子里。我一件事接一件事地干，最后才到了现在的地步，而不是一开始就是这样。我觉得，每个人应该像一个长跑运动员那样，不断向前，千万不要半途而废。”

只要下了决心干一件事情，那么一切障碍都有可能被克服。倘若意志薄弱，就会产生消沉、畏难情绪，到头来还能在失望中反回。

9. 磨砺成大事的毅力

人需要有信心和毅力，就像骑自行车，打足了气的车轮才能跑得快，这个“气”就是信心和毅力。

伍尔沃斯在1919年去世，在他死后很长一段时间里，伍尔沃斯公司坚守创始人的既定方针，不卖价格超过10美分的商品。此时，公司已经成为美国零售业里无人置疑的中坚力量。如果有人看到早年他如何遭遇一个又一个挫折，艰难地摸索道路，现在一定无法相信自己的眼睛。

一次，诺曼·皮尔和妻子曾经应邀到雷·克洛克家中做客，克洛克先生是世界著名的麦当劳汉堡连锁店的创办人。虽然这次的会晤很短暂，但诺曼·皮尔对这位麦当劳的老板已有深刻的认识。他的两个座右铭，也是他的祖母和他在花园中工作时，她经常说出的一段：“只要你还嫩绿，你就会继续成长；一等到你成熟了，你就开始腐烂。”

克洛克先生的第二个座右铭，是诺曼·皮尔最喜欢的一个：“坚持到底——在这个世界上，没有任何事物能够取代毅力。能力无法取代毅力，这个世界上最常见到的莫过于有能力的失败者；天才也无法取代毅力，失败的天才更是司空见惯；教育也无法取代毅力，这个世界充满具有高深学识的被淘汰者。光是毅力加上决心，就能无往不利。”

由这个座右铭就可明白为什么毅力如此重要，并被列为成功的一个最佳秘诀。每个人都希望成功，但却只有少数人愿意努力、付出代价以及从事应该做的工作。

当弗兰克·伍尔沃斯还是个小孩时，他喜爱的游戏就是“开商店”，玩起来全神贯注，乐此不疲。他16岁时，刚从中学毕业，就开始在父母占地108亩的农场里，当个整劳力干活。他觉得农场里的生活太枯燥无味，便开始在当地大学里修一门商业课，准备另干一番事业。快到21岁时，伍尔沃斯找到一个店主，希望他能雇自己工作，而他必须先白干3个月学徒，才能开始拿工钱。他在纽约州水城的“奥格斯勃利—穆尔”街角商店学徒3个月后，每周6天干84小时，每小时的报酬只有不到4分5厘钱。

干了几个月，店主对他很不满意，因为他一点也不懂怎么做生意。有一次他上班忘了穿上整洁的白衬衫，还曾经被赶回家里。

在奥格斯勃利—穆尔商店干了两年，伍尔沃斯又来到布什奈尔合伙公司。开始时，这家杂货和地毯店的老板对伍尔沃斯工作能力的评价，还不如他的第一家老板。因为销售量太少，伍尔沃斯的每周工资从10美元降到8美元。伍尔沃斯没日没夜地拼命干，想证明自己能做好这份工作，结果是累垮了身体，丢掉了工作。他不得不花了半年时间养病，才算恢复了健康。伍尔沃斯和照顾他养病的缝纫女工珍妮·克赖顿结了婚，婚后生了3个女儿。

伍尔沃斯原来的老板怜悯他，让他回奥格斯勃利—穆尔街角商店干他的老本行，这时，这家商店已经更换合伙人了，成为“穆尔—史密斯”街角商店。这一次，伍尔沃斯通过橱窗展出商品，表现了自己的商业才能。而且，他很快就找到了充分发挥的机会。1878年，穆尔面临一个大难题，他积压了太多的存货，同时又有越来越多的货款没有收回。他让伍尔沃斯想办法搞个新形式的商品展示。当时，美国中西部地区商店里的“5分钱货柜”很受顾客欢迎。伍尔沃斯就在商店门外安放了一张长条桌，上面摆满了别针、梳子、钢笔、肥皂和其他小商品。在他的这些商品上方，写了一幅大大的通告，告诉过往的人们桌上所有东西都可以用5分钱买到。

穆尔并不真的认为这么便宜的小商品能卖多少钱，但他想至少可以吸引顾客到他的商店来。只要他们进了商店，就有可能买点贵的东西。伍尔沃斯很用心地经管这个货柜，确保及时添货，顾客也真的络绎不绝。看到这种货柜如此受欢迎，伍尔沃斯想到可以做5分钱货柜的大生意，他认为能够靠满商店不值钱的小商品赚大钱。

让伍尔沃斯感到庆幸的是，他的老板愿意帮他的忙。1879年，当伍尔沃斯找地方开自己的商店时，穆尔答应赊给他315美元的货物，好让这个年轻人开张。伍尔沃斯开设了他的第一家商店。他的店名很有特色，叫作“伟大的5分钱商店”。在这个商店晚上开张之前，就有一个老妇人拉住忙得团团转的伍尔沃斯，要买一把煤铲。伍尔沃斯在第一个星期卖出了244.44美元的商品。然而，只有一间小屋的商店，在吸引大量顾客方面无法同城内的大商店相比，“伟大的5分钱商店”的营利很快下降了，当伍尔沃斯赚到的钱达到250美元时，他决定关掉这个店。伍尔沃斯伟大的商店只经营了不到4个月。

伍尔沃斯关掉商店时，从容而果断。他坚信5分钱商店是个好点子，他没有为这次失败扼腕叹息，而是发誓下次要干得更好。

一个月之后，按照一位朋友的建议，伍尔沃斯在宾夕法尼亚州兰凯斯特又开了一家商店。他把一间荒废失修的商店清理好，然后精心用商品装点他的商店，把商品陈设得引人注目。开张那天，伍尔沃斯有一种不祥之感。当天正赶上城里举行游行，整整一天，无人光顾他的商店。在焦急和无奈中，他的商店突然挤满了参加和观看游行回来的人。在短短的几小时里，他的商品卖掉了1/3。他的这个商店位置很好，所以人潮不断。在3个星期内，他的全部货物卖完了3次。没过多久，伍尔沃斯最关心的是找不到足够的货源保证他及时添货。兰凯斯特的商店开张一年后，伍尔沃斯把价值10美分的小商品引进他的商店，扩大了营业规模，这个店很快成为闻名遐迩的“5和10”商店。

然而，还有失败的考验在等着伍尔沃斯。由于前面成功的激励，他决心把他的商店扩展为连锁店。不久，他又在宾夕法尼亚的哈里斯堡和约克建起了“5和10”商店，但这两个商店都失败了。原因是他在这两家店增添了25美分的货柜。

靠一个成功的商店赚到的钱来生活，对伍尔沃斯来说，应该是很实在的。毕竟到1882年，他的5美分和10美分小商店每年可以给他赚回2.4万美元。但伍尔沃斯执意要实施他的连锁店计划，他认为小商品的利薄，成功的关键在多销。为了多销，他感到他要有几十上百个商店才行。

伍尔沃斯找到了愿意投资并参与管理的合伙人。到1886年，在宾夕法尼亚、新泽西和纽约，他已经建起了7家伍尔沃斯商店。从1888年起，伍尔沃斯有了足够的钱来开新店，不再需要合伙人的投资。同时，他开始雇用经理替他管理商店。

为了经营他那不断扩展的王国，伍尔沃斯始终是事无巨细，亲自办理。他经管所有商店的商品陈列，亲自采购商品，每天向经理们发出各种指示。1888年底，他患伤寒，在病床上躺了两个月。在这段时间里，他发现别人照样能处理他的许多工作。于是他开始把工作分配给他的助手们，以便腾出精力考虑其他更为雄心勃勃的项目。伍尔沃斯王国越来越庞大，1909年打入了英国，3年后又同他的5个竞争对手——多年来在其他领域经营“5和10”商店的老朋友联合成为一体。

伍尔沃斯在1919年去世，在他死后很长一段时间里，伍尔沃斯公司坚守创始人的既定方针，不卖价格超过10美分的商品。此时，公司已经成为美国零售业里无人置疑的中坚力量。如果有人看到早年他如何遭遇一个又一个挫折，艰难地摸索道路，现在一定无法相信自己的眼睛。除了弗兰克·伍尔沃斯，很少有人能像这样屡战屡败，屡败屡战，直到取得最后的胜利。在生活的长河中，不可能不遇到险滩和暗礁。但险滩和暗礁，对于弱者是不可逾越的障碍；对于强者则是磨砺意志锋芒的砥石。所以说，要想成就大事，除了有自信的信心外，还要有坚强的勇气。

第九章

做事抓机会

机会对勤奋者来说是均等的，为什么没有人得到？关键在于他做事太本分，缺少敏感，没有抓住迎面而来的机会的才能。

看准时机是成功的真谛。

1. 不让机遇悄悄溜掉

机会对勤奋者来说是均等的，为什么没有人得到？关键在于他做事太老实，缺少敏感，没有抓住迎面而来的机会的才能。

看准时机是成功的真谛。

美国学者阿瑟·戈森曾问著名演员查尔斯·科伯恩：“一个人如果想要在生活中获得成功，需要的是什么？大脑，精力，还是教育？”

查尔斯摇摇头。“这些东西都可以帮助你成功。但是我觉得有一件事甚至更为重要，那就是看准时机。”他解释说，演员在舞台上，是行动或者按兵不动，是说话或者缄默不语，都要看准时机。“在舞台上，每个演员都知道，把握时机是最重要的因素。我相信在生活中它也是个关键。如果你掌握了审时度势的艺术，在你的婚姻、你的工作以及你与他人的关系上，就不必去追求幸福和成功，它们会自动找上门来的！”

阿瑟·戈森曾一针见血地指出：“有多少生活中的不幸和坏运气，只不过是没有看准时机！”每个人的成功故事都取决于某个关键时刻，这个时刻一旦犹豫不决或退缩不前，机遇就会失之交臂，再也不会重新出现。

马萨诸塞州的州长安德鲁在1861年3月3日给林肯的信中写道：“我们接到你们的宣言后，就马上开战，尽我们的所能，全力以赴。我们相信这样做是美国和美国人民的意愿，我们完全废弃了所有的繁文缛节。”1861年4月15日那天是星期一，他在上午从华盛顿的军队那边收到电报，而第二个星期天上午9点钟他就做了这样的记录：“所有要求从马萨诸塞出动的兵力已经驻扎在华盛顿与门罗要塞附近，或者正在去往保卫首都的路上。”

安德鲁州长说：“我的第一个问题是采取什么行动，如果这个问题得到回答，第二个问题就是下一步该干什么。”

英国社会改革家乔治·罗斯金说：“从根本上说，人生的整个青年阶段，是一个人个性成型、沉思默想和希望受到指引的阶段。青年阶段无时无刻不受到命运的摆布——某个时刻一旦过去，指定的工作就永远无法完成，或者说如果没有趁热打铁，某种任务也许永远都无法完工。”

拿破仑非常重视“黄金时间”，他知道，每场战役都有“关键时刻”，把握住这一时刻意味着战争的胜利，稍有犹豫就会导致灾难性的结局。拿破仑说，之所以能打败奥地利军队，是因为奥地利人不懂得5分钟的价值。据说，在滑铁卢企图击败拿破仑的战役中，那个生命攸关的上午，他自己和格鲁希因为晚了5分钟而惨遭失败。布吕歇尔按时到达，而格鲁希晚了一点。就因为这一小段时间，拿破仑就被送到了圣赫勒拿岛上，从而使成千上万人的命运发生了改变。

化公为私的非洲协会想派旅行家利亚德到非洲去，人们问他什么时候可以出发。他回答说：“明天早上。”当有人问约翰·杰维斯（即后来著名的温莎公爵），他的船什么时候可以加入战斗，他回答说：“现在。”科林·坎贝尔被任命为驻印军队的总指挥，在被问及什么时候可以派部队出发时，他毫不迟疑地说：“明天。”

与其费尽心思地把今天可以完成的任务千方百计地拖到明天，还不如用这些精力把工作做完。而任务拖得越后就越难以完成，做事的态度就越勉强。在心情愉快或热情高涨时可以完成的工作，被推迟几天或几个星期后，就会变成苦不堪言的负担。在收到信件时没有马上回复，以后再捡起来回信就不那么容易了。许多大公司都有这样的制度：所有信件都必须当天回复。

当机立断常常可以避免做事情的乏味和无趣。拖延则通常意味着逃避，其结果往往就是不了了之。做事情就像春天播种一样，如果没有在适当的季节行动，以后就没有合适的时机了。无论夏天有多长，也无法使春天被耽搁的事情得以完成。某颗星的运转即使仅仅晚了一秒，它也会使整个宇宙陷入混乱，后果不可收拾。

“没有任何时刻像现在这样重要，”爱尔兰女作家玛丽·埃及奇沃斯说，“不仅如此，没有现在这一刻，任何时间都不会存在。没有任何一种力量或能量不是在现在这一刻发挥着作用。如果一个人没有趁着热情高涨的时候采取果断的行动，以后他就再也没有实现这些愿望的可能了。所有的希望都会消磨，都会淹没在日常生活的琐碎忙碌中，或者会在懒散消沉中流逝。”

人们渴望机会，但机会之于人，却往往只是短暂的一瞬。能否抓住机会关键在于那瞬间的抉择。你千万不要放过机会，因为在人的一生中没有太多的机会。

2. 机遇偏爱有准备的头脑

人不怕没本事，就怕没机会。关键在于机会到来之前，你是否已做好了迎接机遇的准备。李明是上海某名牌大学的大四学生，他在找工作的时候颇为自己的简历得意，绝对是个品学兼优的好学生，又有担任过系学生会主席、文学社社长的经历，所以他认为自己肯定能找到满意的工作。有一天，一家大型跨国公司的招聘消息传来，李明和他的同学们都跃跃欲试。这是一个多么好的机会呀，进了这样的大公司，就等于直接与国际接轨了。李明觉得自己稳操胜券，在初试中他也表现得很出色。复试时，公司提出了一个条件，只有通过计算机等级考试的人才能参加复试，李明顿时傻了眼。当初他因为社会工作忙而耽误了考试，后来一直想找机会补，却都没时间，他总认为这个考试无伤大雅，通过也不是多难的事，以后总有时间去考的，因此就耽搁了下来。谁知道现在却因为这个再平常不过的小要求被拦在了复试的门外。李明非常懊恼，一个多好的机会就在眼前白白溜掉了。

如果遇到这种有机会没条件的事情，相信每个人都会很难过，甚至埋怨自己。所以说我们要抓住机遇，首先就应该具备一些自身的素质：

（1）良好的人际关系：社会是一个整体，要想抓住机会，就要广结人缘。认识的人越多，机会也就越多。

（2）忍耐力：忍耐与机遇的关系就像守株待兔，因为机会不是你想要就有的，必须耐心等待。但又不完全是，等待机遇并不是一个被动的过程，需要积极的准备，需要主动出击。

（3）果断：当机会出现时，只有果断的人才能抓住转瞬即逝的机遇。这也是一种自信的表现，只有充满自信，才能对自己的判断深信不疑。

（4）富有冒险精神：风险与机遇并存，风险有多大，就意味着机遇有多大。冒险精神帮助你敢于向成功发起挑战。

（5）积极的行动：无论什么样的机会摆在面前，如果没有行动，就不可能赢得机会。所以在脑子里想一百遍，在嘴里说一百遍，都不及动手做一回。

（6）乐观的品质：机会给了别人而没有给自己，好好的机会没有把握住，人生中这样的遗憾太多了，这要拥有乐观的品质，凡事向前看，你就会赢得最终的机会。

（7）自信：自信是人生的一种宝贵的品质，它帮助你发现自己的长处，肯定自己的能力，只有自信的人才能从容面对机会，才能成功。

（8）善于表现自己：机会总是垂青那些做好了准备、急于表现自己的人。只有善于在别人面前展示自我魅力，才能让别人觉得你能胜任某项工作，这样才会有机会。

（9）勤奋：世上无难事，只怕有心人。勤奋努力是一个人积极向上的表现，只有勤奋的人才能找到机遇所在，因为机遇是不会拱手送上门，而是需要人们去寻找。

（10）想象力：想象力是一个人丰富内心的表现，拥有丰富想象力的人一定是一个热爱生活的人，想象力为一个人的机遇提供了奇迹。

想要抓住机遇，也是要讲究方法的，下面介绍的是7种最常用的方法：

（1）自我推荐：“酒香也怕巷子深”，毛遂自荐的故事为人们所推崇就是因为只有敢于自我推荐，才能获得展示自我的机会。

（2）留心意外：机会常常孕育在意外当中，只要你是一个生活的“有心人”，你就一定能找到别人忽视了的某个角落，也许那就是你成功的机会。

（3）掌握信息：信息时代最重要的就是广为收集资料，掌握最新情报，因为很多新的信息就蕴藏着无限机遇。

（4）独辟蹊径：有时候机会摆在很多人面前，偏偏只有一个人可以获得，这时候独辟蹊径，在人群中脱颖而出的人才能被放到机会的面前。

（5）循序渐进：一口不能吃成个胖子，这句俗语话糙理不糙，如果没有循序渐进的耐心，很可能就会犯拔苗助长的错误。

（6）直觉行事：有人说，女人的直觉是神奇的，它是女人打得天下的利器。在机会来临的时候，我们并不一定能意识到，但如果直觉告诉你值得一试，很可能就是你的机会来了。

（7）善于模仿：模仿是人的一种本性，当你觉得自己找不到机会的时候，看看周围的人，哪些有获得好机会的好经验，就可以向他学习，在依葫芦画瓢的过程中也许就出现了新的契机。

轻易放弃努力的机会，成功也就会轻易地放弃你。

3. 机会必须靠自己去寻找

机会是一个俏丽、调皮而又任性的姑娘，她只钟情于积极的、永不懈怠的追求者。勇敢向命运挑战的人，终将得到她的青睐。

1980年至1994年，是我国计算机市场机遇的最佳时期。

中国计算机业的成功人士、成功企业绝大多数都是在这一时期进入计算机行业，抓住了这次大机遇，积累了资金，奠定了发展基础。他们中的代表是联想集团的柳传志、四通集团的段永基、北大方正的王选、王码公司的王永民、WPS的求伯君等。

1980年，中科院物理所研究员陈春先从美国硅谷考察回来提出在北京中关村创办中国“硅谷”。同年10月，他创办中国第一家民办科技机构。

1983年1月，胡耀邦、胡启立等领导同志肯定了陈春先的经营模式和方向，并作了重要批示。随后又有一些科技公司成立。此时，中国电脑市场机遇产生了。

1984年5月16日，中国科学院7名科技人员向四季青乡借贷2万元，办起了四通公司。四通公司在买卖电脑中发现，国外生产的打印机多没有中文打印功能。于是，他们巧妙地设计制造出可以进行汉字技术处理的软件和硬件，把它们附加在500元进口的一种打印机上，改造成四通兄弟牌m2024打印机，解决了进口母机不能打印中文的问题，其效能接近东芝的3070机，但销售价只有东芝的一半。随后，他们不断改进打印机，并开发生产出自己的拳头产品ms–2400中英文打印机，形成自己的规模经济和集约化经营，其销售额约占“中关村电子一条街”销售额的1/3左右，占全国打印机市场的80%的份额。

1984年11月1日，中国科学院计算技术研究所11名科技人员也下海经商，成立计算机公司，这就是后来的联想集团。联想集团白手起家，在组装测试一批电脑过后就获得70万元的资本金。联想集团随即开始开发国内一流计算机专家倪光南的联想式汉卡，解决了汉字的输入问题，在电脑市场上站稳了脚跟，并以此为契机生产出自己的电脑品牌机获取巨大成功。

1988年9月，改革开放的总设计师邓小平同志指出：“科学技术是第一生产力。”这无疑是给科技工作者注射了一支兴奋剂。电脑市场的再度升温，应运出现了王永民和求伯君这两个巨星级人物。求伯君与香港金山电脑合作，开发出WPS软件系统，并在珠海创下自己的基业。

王永民于1989年7月在北京成立“北京王码电脑公司”，专门开发自己早期的科研成果“五笔字型”。王永民顺应需求，开发出“王码480桌面办公系统”，赢得了联合国、美国国会图书馆、纽约市政府和工会的普遍采用，在国内可以说是“普天之下，莫非王码”，据不完全统计，已有包括《人民日报》《经济日报》《工人日报》《光明日报》《解放军报》《科技日报》以及各省市在内的全国500多家报社、1000多家出版社、印刷厂，都采用了“五笔字型”技术向电脑输入汉字。求伯君和王永民在电脑领域是家喻户晓的人物。

1990年，北京市召开民营科技企业表彰大会。1992年，邓小平同志南方谈话发表。1993年7月，国务院批准召开首次全国民营科技型企业工作会议。四通集团、北大方正等公司趁机提出“二次创业”的战略口号，电脑行业因此发展成熟，先驱者们再次抓住机遇，定下了完善的电脑市场格局。

到1994年，我国计算机业界的基本格局已经形成，组装机“利薄如纸”，小公司再也无法通过贸易立足，竞争提升到开发与服务的层次，计算机市场的最佳机遇时期就逐渐成为过去的回忆。

从1995年开始，我国电脑市场的机遇进入了衰退消失期，这个时期一个明显的标志是：电脑行业已经成熟，市场格局按照合理的规律运行着，技术创新成为电脑行业发展的关键。这时想进入电脑行业闯荡一番，如没有新的技术突破，那么除了收获压力与负担之外，不会有什么成绩。在这之前，你没有抓住机遇，你不能指望会重新出现什么奇迹，机遇的最大特征就是：机遇稍纵即失。其实任何行业的机遇都一样，一旦行业成熟起来，按照必定规律正规化运行的时候，就意味着这个行业机遇的衰退时期已经到来。

北京中关村的电脑公司在1994年后有开有关，没有抓住机遇的电脑公司很想搭乘末班车。然而事实是残酷的，此时，仅靠一些资金进行商贸，是无法再挤进电脑这个行业中去了，充其量他们只能进行一些微小的资本积累罢了。如果硬闯，其结果就是血本无归。

1980年至1994年中国计算机市场的大机遇给了这些在这个学科上学有所长又懂经营的人一次百年难逢的成功机遇，他们抓住了这个机遇，取得了成功。1994年之后，中国计算机市场趋于饱和，进入这个领域的成本已相当地大，经营的风险也变大了。虽然还有一些公司试图挤进这个市场，它们凭借雄厚的资金实力也许会取得一定的市场份额，但已无碍大局。计算机硬件市场的机遇已经成为历史。而适合中国国情的软件市场，市场格局还未完全形成，仍旧蕴藏着一定的机遇，但进入这个市场的成本比前几年也大大增加了。

即使计算机也算不出自己的机遇来，只有那些总是走在时间前面的人才能发现自己的机遇。有时候我们在面对问题、解决问题的过程中，就会发现一个隐藏的机会，这就要看你是否能辨别出它是个什么样的机会，更要看你如何运用它了。要知道，有可能就是这一次机会把你送上了成功的宝座。

日本狮王牙刷公司的职员加腾信三为了赶去上班，一刷牙，牙龈被刷出血来。他怒气冲冲，上班的路上仍是一肚子的牢骚和不满。在心头火气平息下去后，他便和几个要好的伙伴提及此事，并相约一同设法解决刷牙容易伤及牙龈的问题。

他们想了不少解决牙龈出血的问题，诸如牙刷毛改用柔软的狸毛，刷牙前先用热水把牙刷泡软，多用些牙膏，慢悠悠地刷牙等，效果都不太理想，他们进一步仔细检查牙刷毛，在放大镜底下，发现刷毛的顶端并不是尖的，而是四方形的。“把它改成圆形的不就行了！”加腾信三想道。于是他们着手进行。

经过实验，取得实效后，正式向公司提出了这一项改变牙刷毛形状的建议，公司很乐意改进自己的产品，欣然把全部牙刷毛的顶端改称圆形。改进后的狮王牌牙刷在广告媒介的作用下，销路极好，连续畅销10多年之久，销售量占全国同类产品的30%—40%，加腾信三也由职员晋升为科长，十几年后成为公司的董事长。

在一定意义上可以这样说，没有问题，也就没有机遇。牙刷不好，这是一个许多人都发现了，但没有设法去解决的问题，所以机遇就不属于他们。而加腾信三既发现了问题，又设法解决问题，牙刷不好的问题对他来说，就是一种机遇。

别外，寻找时机，既要敢于冒险，也要有自知之明，要根据自己的条件与可能。日本一位青年心理学专家指出：“青年在不能确认自己的情况下，所进行的活动和实践，只能是一种逃避和消遣。从这个意义上说，青年必须首先从正视和分析此时此地的自我开始。”所谓“确认自己”，也就是认识自己。认识自己是认识机会的先决条件。有志于干一番事业的青年人，都渴望在社会中实现自身的价值。我们日常所说的确定奋斗目标，实际上就是依据自己的价值观念，考察自身价值到底在哪一领域中才得以最充分的实现，从而确定自己的最佳发展方向。这一考察过程当然需要学识与经验，然而，更需要的却是勇气——有敢于面对人生，敢于无情地解剖自己，敢于对自己讲真话的勇气。

人的一生，总是有几个大的转机的。大的转机，必有大的变化。没有大变化，也就没有大的发展。而要有大发展，就要善于抓住时机。哲学家培根说过："造成一个人幸运的，恰是他自己。"

培根说："幸运的机会好像银河，它们作为个体是不显眼的，但作为整体却光辉灿烂。"只有抓住一个一个"不显眼"的时机才能获得光辉灿烂的成功。

总而言之，一个人要想拥有成功的机会，只能靠本领去寻找机会，不能等机会来寻找你。

4. 头脑灵活，才不会坐失良机

机会最佩服头脑灵活，假如目光呆滞，反应迟钝，即使是碰上好运气，也会从眼皮底下溜走。

在弗莱明以前，就有其他科学家见过青霉素菌能抑制住葡萄球菌的现象；在伦琴以前，已经有物理学家注意到X射线的存在；琴纳家乡的不少人都知道感染过牛痘的人能免生天花，特别是那些挤奶工。但是，由于他们不以为然，而坐失良机。

一百多年前，有位叫莱维·施特劳斯的德国犹太人到美国旧金山去经商。除了别的商品，他还带了些帆布以供淘金者做帐篷用。但他还没有来得及下船，除了帆布，其他货物都一售而空。一针一线都需从外面进口的旧金山人需求之旺给莱维留下深刻印象。下船后，莱维带着帆布开始了他的"淘金"历程。他几乎立刻就和一位挖金的矿工迎面而遇，此人抱怨道，他们需要的并不是帐篷而是挖金时经磨耐穿的裤子。头脑灵活的莱维一点也不含糊，随即和那位矿工一起到裁缝店，用随身带的帆布给他做了一条裤子，这就是世界上第一条工装裤亦即今日十分时髦的牛仔裤的鼻祖。那位矿工回去之后，消息不胫而走，大量订货迅即而来。矿工需要的是耐磨的裤子，而莱维手头只有做帐篷的帆布。如果莱维的头脑不灵活，他就只会后悔自己带错了商品，而失去这次绝好的赚钱机会。这正表明了犹太人经商方面的精明果然是名不虚传。

国外的一些企业，在开展公共关系活动时，热衷于制造具有新闻价值的事件，以引起媒介的关注。企业善于借这类事件的影响，借新闻记者的口和笔名扬四方，扩大产品销量。美国联合碳化钙公司的产品一度滞销，公司为此十分担忧。

正在这时，一群鸽子飞进了公司总部大楼的一间空房子里。公司有关人员顿生灵感，下令关闭门窗，不让一羽飞去。随后，立即打电话通知"动物保护委员会"派人前来救援，并电告各新闻机构。果然新闻界被惊动了。电视台、电台、报社纷纷派记者进行现场采访。从小心翼翼地捕捉第一只鸽子起，到最后一只鸽子受到保护为止，前后共花了3天时间。

3天之中，新闻媒介作了一系列绘声绘色的报道。其结果，该公司不但提高了知名度和美誉度，它所经营的碳化钙也转而畅销起来。

试想，如果该公司的有关人员头脑不灵活的话，怎么能利用这飞来的大好机会？只能看着鸽子和机遇悄悄地飞来，又默默地飞走。

机会总是和有准备有头脑的人相遇。

所以说，你平时要留心周围的小事，有敏锐的洞察力。牛顿不放过苹果落地、伽利略不忽视吊灯摆动、瓦特研究烧开水后的壶盖跳动这些似乎司空见惯的现象，他们因此而有所发明或发现，就是这方面的典型事例。在日常生活中，常常会发生各种各样的事，有些事使人感到惊奇，引起多数人的注意；有些事则平淡无奇，许多人漠然视之，但这并不排除它可能包含重要的意义。

一个有敏锐观察力的人，就要能够从日常生活中发现不奇之奇。19世纪的英国物理学家瑞利正是从日常生活中观察到端茶时，茶杯会在碟子里滑动和倾斜，有时茶杯里的水也会洒出一些，但当茶水稍洒出一点弄湿了茶碟时，会突然变得不易在碟上滑动了。他对此做了进一步研究，做了许多相类似的实验，结果求得一种求算摩擦的方法——倾斜法，他因此获得了意外惊喜。

富尔顿10岁时，和几个小朋友一起去划船钓鱼。富尔顿坐在船舷上，他的两只脚不在意地在水里来回踢着。不知什么时候，船缆松了扣，小船漂走了。富尔顿没有忽视这种生活中的小事，他发现自己的两只脚起了船桨的作用。富尔顿长大以后，经过刻苦的学习和研究，终于制造出世界上第一艘真正的轮船。

可见，平时留心周围的小事，有敏锐的洞察力，更容易捕捉灵感，把握机遇，获得成功。

5. 依靠知识和智慧掌控机遇

机会是为才能准备的，才能是为成功准备的。一个人愈有才能，命运降临在他身上的机会就愈多；他得到的机会愈多，他离成功的距离就愈近。

1995年7月，李铁登上了南飞深圳的航班。谁也不会想到，坐过这架班机的李铁仅仅一年后就成了深圳最年轻的亿万富翁。这真是个创造神话的年代，李铁被人称作“股神”！

李铁说他天生对挣钱有一种敏感，并能较好地把握每一次递进财富、递进人生的机遇。而机遇大多数是默无声息的，你必须要有火眼金睛，要有识机遇的慧眼。

大学毕业后，学理工的他被分到机关，成为一名国家干部，这本是令人羡慕的事，但1993年，邓小平同志南方谈话的第二年，他看准了这是实现自己财富梦想的最佳季节，于是决定“下海”，家里也觉得他是这块料，给了他1万元。他成立公司，出售自己研制的游戏卡。果然，他出手不凡，到1995年已挣到100多万元。

这一年，中国大陆股票业刚刚启动不久，对商业运作和时代气息天性敏感的李铁认准了股票是“新事物”，是社会的晴雨表，国家肯定要扶持的，不会任其自生自灭。因此，在别人还在观望的时候，李铁带着那100万元来到了深圳。他希望找到股市挣钱的规律，最终是，不仅没找着，还交了30万元的“学费”。当然“学费”没有白交，李铁聪明的大脑竟然研究出了能反映大资金进出情况的“金脑指数”，这个指数作为一个秘籍，又成为他以后出奇制胜的法宝。

1996年后，神话在李铁的股票操作中一再显现。春节前后，他一口气买进的“深发展”“四川长虹”“东大阿尔派”“深科技”等一系列股票开始创造奇迹了：股市开始全面上扬。许多人见好就收，纷纷抛出。李铁不仅不退，反而再度杀入，股票也跟他约好了似的，一路上扬，直到他松手。结果是李铁100万元的资金变成了1个亿。

11月份，李铁除“东大阿尔派”和“武凤凰”外，全线退出。结果奇迹真的又出现了，沉寂了近3个月的那几支李铁原持股票，全面下挫，而这两支却涨幅最大，“金脑指数”再次显示了威力。而“金脑指数”的本质内涵，就是对时机的准确把握！

1997年2月20日，是一个令中国人最悲痛的日子，世纪伟人邓小平逝世，股市因此创下历史最低点。而这个最低点再一次被李铁看准，他认为，这又是一次机遇，并倾其所有，买下了他反复研究过的股票。谁也没想到，就在当日，深沪大盘反转再度一路上扬！李铁因此拥有数亿资金，成为名副其实的亿万富翁！

机遇和智慧成就了李铁。他不是仅仅依靠运气，而是靠运用经济知识和时代智慧掌控了机遇。

6. 要有敏锐的判断力

善利用机会的人必善抓住机会，善抓住机会的人必善发现机会。

一位生意人到南方一个小城进行市场调查，发现人们穿的鞋子仍然是20年前的老样式。同当地的消费者一谈，他发现，那里的人对旧式的东西已经习以为常，也没有觉得老样式的鞋有什么不好，对新式鞋也没有多大兴趣，如果在这里推出新式鞋，不一定会畅销。这个人并没有放弃尝试性的努力，他购进了一些新式皮鞋，运往小城试销。结果，一开始卖得并不好。但过了一段时间，人们开始接受并大量购买，他赚了不少钱。

有些机会千载难逢，具有敏锐的判断力者，就能够抓住和利用它们。如1981年，英国王子查尔斯和黛安娜要在伦敦举行耗资10亿英镑、轰动全世界的婚礼。

消息传开，伦敦城内及英国各地很多工商业都意识到这是一个千载难逢的发财机会，于是，八仙过海，各显神通，纷纷拿出了各自的看家本领。其中一位老板想：盛典之际，要有几百万人观看，大家都想一睹王妃的风采和典礼盛况，有些人将会因为离得远而感到遗憾，这些人那时最需要的不是购买一枚纪念章，也不是买一张画或一盒糖，而是一副能观看远处人物的望远镜，于是他突击生产了几十万副简易望远镜，结果事实证明他的判断极为准确。所有的望远镜被抢购一空，这位老板比其他任何人从中赚的钱都多。

说到底，就是这位老板有超人的判断力，他看准了人们最需要的东西，也是最赚钱的东西。

7. 千方百计抓住时机

善于抓住机会的猎鹰，可以搏捉到野兔；善于把握机会的人，可以获得成功。没有机会，纵然才华横溢的人，也未必能够登上成功之巅；因失掉千载难逢的好时机而遗憾终生的也大有人在。善于抓住时机，是伟大人物成功的奥秘；学会抓住时机，是自我训练的精华所在。在人生的旅途上，一次偶然的机会，导致了伟大而深刻的发现，使科学家因此成名；一个突如其来的机会，使有的人大展才华，干出了一番惊天动地的事业，从而名垂青史；甚至一次意外的事变，竟影响了一个人的整个生涯，对他的发展起着转机作用，……凡此种种，在实际生活中都是常有的。

经过个人的努力，时机是可以把握的。“弱者等候机会，而强者创造它们。”时机虽受各种因素的综合影响，但不管如何，有一点是可以肯定的：经过个人的努力，时机是可以把握的。美国有位学者曾通过对奥林匹克运动员、总经理、宇航员、政府首脑以及其他获得成功者的多年探访，逐渐认识到成功者绝非因为特权环境、高智商、良好教育或异常天赋的结果，同样也不是一时走运，而是由于他们对自己的作为负责；认识自己的才能，追求自己的目标；迎接挑战，适应生活。他把这三点称之为“成功者的优势度”，是成功者与普通人之间存在着的一种微妙的差别。有的人天赋甚高，却恃才自傲而短于行动，丧失了不知多少成就事业的良机。有的人在一时走运、初建成果后，便陶醉于快乐而忘记自己面临更多的机会，难成大器。唯有那些创造奇迹之后，忘记快乐仍清醒地面对和选择无限的可能性者，才终成伟业。而所有这些，无不由生活态度所决定。

8. 不放弃万分之一的机会

没有机会只是弱者逃避现实的一种借口，抓住机会才是开拓者强劲的誓言。

在瞬息万变的现代社会中，机遇无处不在，关键看你是否善于把握住它。有的人因为恰当地抓住了时机一跃而上，踏上了成功的天桥；有的人却因为一叶障目，错失了在眼前见动的机遇，一生碌碌而过。

成功=勤奋+机遇。机遇是世界富豪成功路途上不可缺少的一个部分。俗话说，“时势造英雄”。这个“时势”从某种意义上来说便是机遇。一个人若是有本领，有实力，而且勤奋刻苦，但却没有遇上合适的机会，这就像一个人经过艰苦跋涉，来到了一座富藏金矿的山下，然而只能在山下转悠，因为没有人给他指点进山的道路。但是这时他若是遇到一位仙人，握着他的手引他入山，这样他便是如虎添翼，离夺目的宝藏越来越近了。

所以在某种意义上，时机就是一种巨大的财富：

美国丹维尔地方百货业巨子约翰·甘布士认为机遇无处不在，有时也许只存在万分之一的可能，但是毕竟它存在着，只要有锲而不舍的毅力去争取，就一定能有所收获。

他的座右铭是：“不放弃任何一个哪怕只有万分之一可能的机会。”

有一次，甘布士要乘火车到纽约去商量一笔生意，由于事起匆忙，没有预先订票。因此甘布士夫人就打电话到车站询问是否还可以买到当日的车票。

由于当时正值圣诞前夕，去纽约度假的人很多，车票早早地就被抢购一空，所以车站的答复定然是没有车票了。但是车站最后强调了一点，说如果有急事一定要走的话，可以到车站来碰碰运气，看看是否有人临时退票，不过这个可能性很小，因为在这个季节，一般很少有人临时退票。

甘布士夫人沮丧地放下电话，向甘布士转述了车站的答复。她认为今天肯定不能走了，只有等下一次的火车。

谁知甘布士依然不慌不忙地收拾好行李，然后提着皮箱向门口走去。甘布士夫人连忙拦住他问：“约翰，现在不是买不到票了吗？！你还去车站干什么？！”

甘布士回答道：“不是还有退票的可能吗？”“可是这种可能性很小，只有万分之一啊！”“我就是想去抓住这万分之一的机会，祝我好运吧！”说完，甘布士戴上帽子，顶着风雪朝车站走去。

甘布士到了车站，站在月台上，等了很久，仍是没有一个退票的人。但是他并没有着急，而是耐心地等着，同时还利用这个时间仔细考虑即将谈判的那笔生意的各个细节。

大约离开车还有5分钟的时候，一个女人急匆匆地跑来。因为她家里有突发事件，所以她不得不将票退掉，而改坐第二班的火车。

于是，甘布士掏钱买下了那张车票，及时地赶到了纽约。在纽约的酒店中，他打电话给他的妻子：“亲爱的，现在我已经躺在纽约的酒店中舒适的床上了。我抓住了你所认为的只有万分之一的机会。”

当年，约翰·甘布士还是一家织造厂的小技师的时候，有一次，丹维尔受到经济危机的冲击，生意萧条，许多的工厂与商店纷纷倒闭，被迫将自己的库存商品以极低的价钱抛售，以求减少损失。

甘布士见此情形，立即把自己积蓄的钱全部拿出来，收购那些抛售的商品，并且租了一个很大的仓库来贮存这些货物。不久之后，他的大仓库里就堆满了各种质量不错但是价钱极其便宜的商品。

当时，许多人都觉得他的举动太过奇怪，近乎于愚蠢，于是都纷纷嘲笑他。甘布士夫人也不断地劝他说："约翰，这些钱是我们辛辛苦苦积存起来的，还有很多的用处。你现在全部用来买这些没用的东西，不是在往无底洞里扔吗？！万一收不回来的话，我们的下半辈子该怎么过啊！"

但是甘布士并不担忧，他反过来安慰他的妻子道："别急别急，我敢保证不出三个月，这些你所说的'废物'就会让我们发大财了。"

又过了10多天，工厂即使再降低价钱也找不到买主了。于是，工厂主只有将所有的存货烧毁，以稳定物价。

不久之后，由于经济危机严重影响了政府的利益，政府开始采取紧急行动，稳定物价，并且大力支持地方性工厂复工。情况一天一天地好转起来。

这时，甘布士马上将自己库存的商品拿出来销售。因为以往销毁的货品太多，而导致经济恢复后市场货物的匮乏，于是物价飞涨。甘布士由此大赚了一笔。

后来，甘布士用赚的钱开设了几家百货商店，在他的苦心经营下，生意发展得很快。如今，他已经是全美举足轻重的商业巨子了。

他在一次采访中对那些想创业的青年说道："我认为你们应该重视那万分之一的机会，因为它将给你带来意想不到的成功。有人说这是傻子行径，比买奖券的希望还渺茫，这是有失偏颇的。因为开奖券完全是你去碰运气，而这万分之一的机会需要你自己去努力地把握。但是，你们也必须注意，要想抓住这万分之一的机会，就必须注意两点：

一是要目光长远，没有高瞻远瞩的眼光是无法抓住任何一个机会的；

二是要锲而不舍，没有持之以恒的毅力和百折不挠的信心，即使你抓住了机会也是无济于事的。

只要注意了这两点，你们就一定能成为日后商界的新星！"

不要放弃可以参与的每一次机会。要相信，凡有所尝试，必有所收获。

9. 好机会不会从天而降

任何成功的机会都是靠自己奋斗得来的，不经过奋斗，机遇不会自动闯进你的家门，就像盐不会自己掉进汤里一样。

被动等待，根本就是在浪费时间，就是在错失良机，就是无异于把自己的命运交付给未可知的外力来决定。有许多人终其一生，都在等待一个足以使他成功的机会。

一位探险家在森林中看见一位老农正坐在树桩上抽烟斗，于是他上前打招呼说：“您好，您在这儿干什么呢？”

这位老农回答：“有一次我正要砍树，但就在这时风雨大作，刮倒了许多参天大树，这省了我不少力气。”

“您真幸运！”

“您可说对了，还有一次，暴风雨中的闪电把我准备要焚烧的干草给点着了。”

“真是奇迹！现在您准备做什么？”

“我正等待发生一场地震把土豆从地里翻出来。”

如果你失业，不要希望差事会自动上门，不要期待政府、工会打电话请你去上班，或期待把你解聘的公司会请你吃回头草，天下没有这么好的事情。

有位年轻人，想发财想得发疯。一天，他听说附近深山里有位白发老人，若有缘与他相见，则有求必应，肯定不会空手而归。

于是，那年轻人便连夜收拾行李，赶上山去。

他在那儿苦等了5天，终于见到了那位传说中的老人，他向老者恳求恩赐于他。

老人便告诉他说："每天清晨，太阳未东升时，你到海边的沙滩上寻找一粒'心愿石'。其他石头是冷的，而那颗'心愿石'却与众不同，握在手里，你会感到很温暖而且会发光。一旦你寻到那颗'心愿石'后，你所祈愿的东西就可以实现了！"

每天清晨，那年轻人便在海滩上捡石头，发觉不温暖又不发光的，他便丢下海去。日复一日，月复一月，那青年在沙滩上寻找了大半年，却始终也没找到温暖发光的"心愿石"。

有一天，他如往常一样，在沙滩上开始捡石头。一发觉不是"心愿石"便丢下海去。一粒、二粒、三粒……

突然，"哇……"

年轻人大哭起来，因为他突然意识到：刚才他习惯性地扔出去的那块石头是"温暖"的——机会的出现只是一瞬间的事，而抓住机会却可掌握上万个瞬间。

一位老教授退休后，拜访偏远山区的学校，传授教学与当地老师分享。由于老教授的爱心及和蔼可亲，使得他到处受到老师及学生的欢迎。

有次当他结束在山区某学校的拜访过程，而欲赶赴他处时，许多学生依依不舍，老教授也不免为之所动。当下答应学生，下次再来时，只要他们能将自己的课桌椅收拾整洁，老教授将送给每名学生一份神秘礼物。

在老教授离去后，每到星期三早上，所有学生一定会将自己的桌面收拾干净，因为星期三是每个月教授例行会前来拜访的日子，只是不确定教授会在哪一个星期三来到。

其中有一个学生想法和其他学生不一样，他一心想得到教授的礼物留作纪念，生怕教授会临时在星期三以外的日子突然带着神秘礼物来到，于是他每天早上都将自己的桌椅收拾整齐。但往往上午收拾好的桌面，到了下午又是一片凌乱，这个学生又担心教授会在下午来到，于是在下午又收拾了一次。想想又觉得不安，如果教授在一个小时后出现在教室，仍会看到他的桌面凌乱不堪，便决定每个小时收拾一次。

到最后，他想到，若是教授随时到来，仍有可能看到他的桌面不整洁，终于他想清楚了，他必须时刻保持自己桌面的整洁，随时欢迎教授的光临。

老教授虽然尚未带着神秘礼物出现，但这个学生已经得到了另一份奇特的礼物。

被动等待或守株待兔，根本是浪费时间、错失良机的举动，而这无异于把自己的命运交付给未可知的外力来决定。

有许多人终其一生，都在等待一个足以令他成功的机会。而事实上，机会无所不在，重要在于，当机会出现时，你是否已准备好了。

如故事中学生给我们的启示，自己准备妥善，得以迎接机会的到来，是可以循序渐进而学习的。

在过去的岁月中，或许我们一直在等待成功的机会，而耗去了过多的时光，却等不到机会的出现，从今天起，在等候的同时，我们可以开始做好准备，让自己保持最佳状态，以便机会出现时，你可以紧紧抓住，不让它溜走。

10. 抓住机会别放手

机会永远不会去叩响懒惰者的家门，也从不与犹豫不决者挽手同行。所以，机会来时，你便应打开大门迎接，以免稍有迟疑而使你丧失即将到手的机会。有机会而不去把握，你便永远不知道在前面等待你的是什么样的好运。成功者之所以能成功是因为眼光敏锐，能够及时发现机会，把握时机，发挥优势，进退自如，只有这样才能在竞争中立于不败之地。

提起卡西欧（CASIO），中国的许多消费者恐怕都知道它是日本一家大电子公司的产品牌号，卡西欧正是被日本人称为计算机之王的樫尾四兄弟所创办的樫尾计算机有限公司的产品。樫尾计算机有限公司创业之初是一个只有十几名员工、50万日元资金的小型企业。樫尾四兄弟抱着“开发即经营”的思想，从1947年决定研究电子计算机，历经失败的磨难，到1955年才终于完成了“直列程式核对回路”计算机的设计。1956年樫尾计算机有限公司才正式宣告成立，1957年12月举行了“卡西欧14–A型”计算机的发布会，终于有了自己的第一件产品。不久，“卡西欧14–A型”以它独特的表示方式、较快的演算速度、简单合理的操作程序、自动累计功能等特点，赢得了顾客，为樫尾四兄弟的创业之路奠定了坚实的基础。

“14–A型”诞生后，他们又先后开发出“14–B型”和“301型”计算机投放市场，取得了比较好的经营效果。这时樫尾公司遇到了最强劲有力的竞争对手——声空公司。1964年由声空公司推出的台式电子计算机，一鸣惊人，震惊世界，产品极为畅销，所向无敌，樫尾公司的销售额急剧下降，库存日益增多。恰在这时，它与它的总代理内由洋行在如何改进销售上各持己见，导致最后的分道扬镳。

面对种种困难，樫尾四兄弟没有屈服、气馁，他们在寻找对付声空的秘密武器。最后，他们选择了继续开发新产品，并积蓄自己的力量，以此来对付声空的竞争思路。他们专门成立了电子技术研究部，1965年“卡西欧81型”“卡西欧电晶体计算机001型”先后通过试销，受到了消费者的欢迎。试销的成功，增强了樫尾公司上下的信心，鼓足了与声空公司较量的勇气。

樫尾公司始终没有放松新产品的开发。1964年7月，他们按照国际商用规格开发新产品“卡西欧101型”计算机，使他们悄悄地叩开了国际市场的大门。而后一发不可收拾，先后在英国、法国、意大利、德国、瑞士及澳大利亚成立经销处，在瑞士专门成立了樫尾公司驻欧洲办事处，世界上有50多个国家和地区销售卡西欧计算机。

谁笑到最后谁就笑得最甜，经过10余年的激烈竞争，到1975年，樫尾公司以高质量、低价格为手段，打败了日本的数十家计算机公司。然而，市场经济时而风平浪静，时而波涛汹涌。1977年，第二次竞争浪潮再次袭卷樫尾公司，营业额和利润呈直线下降趋势。樫尾四兄弟没有改变自己的竞争思路，随即开发出“迷你卡门”微型计算机，并以物美价廉取胜，短短3个月就售出30万台。樫尾公司在竞争中又占有了优势地位。但他们并没有停止，不断开发出新产品销往各大洲，到1984年，樫尾公司已拥有员工2500多人，资金达1000多亿日元，年销售额近2000亿日元，真正成为世界电子企业的“巨人”。

只要提到BP机和大哥大，人们就会不约而同地想到摩托罗拉，保罗·高尔文就是摩托罗拉公司的创始人和缔造者。成功后的高尔文，常有人向他讨教成功的秘诀，每当这时，高尔文就总会讲起自己小时卖爆米花的故事。高尔文出生在美国伊利诺伊州的一户平民家庭。10岁那年，高尔文在一个名叫哈佛的小镇上念书。

哈佛镇当时是个铁路交叉点，火车一般都要停留在这儿加煤加水，于是，许多孩子便趁机到火车上卖爆米花，一个个获利颇丰。

高尔文感到在车站上卖爆米花是个不错的买卖，于是，上课之余，他也加入了卖爆米花的行列。为了争夺顾客，孩子们常常会爆发一些“战事”。但每当“战火”烧到高尔文身边时，他总是能很快与对方和解，他常常告诫对方：“我们这样搞下去，谁也做不成生意了。”除了到火车上叫卖，高尔文还想了许多办法来增加销量。他搞了一个爆米花摊床，用车推到火车站或马路上叫卖。还往爆米花里掺入奶油和盐，使其味道更加可口。

1910年，哈佛镇下了场大雪，几列满载乘客的火车被大雪封在了这里。高尔文就赶制了许多三明治拿到车上去卖。三明治做得并不太好，但饥饿的乘客们仍抢着购买。高尔文没有趁机敲竹杠。事后，高尔文一算账，惊喜地发现，公平的获利仍让他发了一笔小财。

夏天到来后，高尔文又创意搞了一种新产品，他设计了一个半月形的箱子，用吊带挎在肩上，在箱子中部的小空间里放上半加仑冰激凌，箱边上刻出一些小洞，正好堆放蛋卷，然后拿到火车上去卖。这种新鲜的蛋卷冰激凌很受欢迎，生意非常火爆。

在火车上做买卖很快成了一个大热门，不但镇上的孩子们纷纷加入竞争行列，而且铁路沿线其他村镇的孩子也纷纷效仿。高尔文隐隐感到这种混乱局面不会维持太久，便在赚了一笔钱后果断退出了竞争。不出所料，不久之后，车站就贴出通告，禁止一切人进入车站和在火车上做买卖。

卖爆米花的经历，培养了保罗·高尔文对市场动态敏锐的把握能力，也成了他日后经营生涯中赖以制胜的法宝。在以后的岁月中，每当某些产品或销售进行不下去时，高尔文就会向他的同事们讲述这个“卖爆米花的故事”。

每当面临一个新的机会，在斟酌得失之间，恐惧便会在你的内心里悄然出现，阻扰你制胜的决心。有时候，机会来得太突然，反而使人心生犹豫，不知该不该接受。因此，任何人平时即应养成主动接受挑战的习惯。若有在众人面前表演或发表意见的机会，应尽量把握，一方面克服心理障碍，一方面训练自己的胆识。

所以说，当你要办一件，应该一定决心办下去，不要优柔寡断，失去机会。

11. 别说没机会

经常听到一些人埋怨机会不等，命运不公，总觉得自己碰不到机会。每每看到别人的成功，总是归结为“运气好”，实际上，机会对每一个人都是公平的。

一般说来，凡是成大功、立大业的人，往往不是那些幸运之神的宠儿，反而是那些“没有机会”的苦命孩子。

在人类历史中，没有一件事比人们从困苦中成就功名的故事更为吸引人了——人们怎样从黑暗的夜晚达到光明？怎样脱离于痛苦、贫困之中？他们虽只有中等资质，但由于坚强的意志、不断的努力而终于达到目标。

因此，唯有去创造机会的人，才能建立轰轰烈烈的丰功伟绩。拯救自己的人常说：“我总有机会！”失败者的借口是：“我没有机会！”失败者常常说，他们之所以失败是因为缺少机会，是因为没有成功者垂青，好位置就只好让别人捷足先登，等不到他去竞争。

可是有意志的人绝不会找这样的借口，他们不等待机会，也不向亲友们哀求，而是靠自己的努力去创造机会。他们深知，唯有自己才能给自己创造机会。

亚历山大在某一次战斗胜利后，有人问他，是否等待机会来临，再去进攻另一个城市，亚历山大听了这话，竟大发雷霆，他说：“机会？机会是要靠我们自己创造出来的。”创造机会，便是亚历山大之所以伟大的原因。因此，唯有去创造机会的人，才能建立轰轰烈烈的丰功伟绩。如果一个人做一件事情，总要等待机会，那是极危险的。一切努力和热望，都可能因等待机会而付诸东流，而那机会最终也不可得。

有人认为，机会是打开成功大门的钥匙，一旦有了机会，便能稳操胜券，走向成功，但事实并非如此。无论做什么事情，就是有了机会，也需要不懈的努力，这样才有成功的希望。在社会生活中，到处有着大批失业的人群，好像是社会对劳动力的需求不足。但事实上，却同时有许多空缺的职位保留着。在每种职业的门口，都有“诚聘员工”的广告。当然，企业界所招聘的是那些受过更好训练的男子和女子，是那些更为出色的经理和领袖，企业界要求人格更完善的人才。

人们往往把希望要做的事业，看得过于高远。其实最伟大的事业，只要从最简单的工作入手，一步一个脚印地前进，便能达到事业的顶峰。

如果你看了林肯的传记，了解了他幼年时代的境遇和他后来的成就，会有何感想呢？他住在一所极其简陋的茅舍里，既没有窗户，也没有地板；以我们今天的观点来看，他仿佛生活在荒郊野外，距离学校非常遥远，既没有报纸书籍可以阅读，更缺乏生活上一切必需品。就是在这种情况下，他一天要跑二三十里路，到简陋不堪的学校里去上课；为了自己的进修，要奔跑一二百里路，去借几册书籍，而晚上又靠着燃烧木柴发出的微弱火光阅读。林肯只受过一年的学校教育，处于艰苦卓绝的环境中，竟能努力奋斗，一跃而成为美国历史上最伟大的总统之一，成了世界上最完美的模范人物之一。

伟大的成功和业绩，永远属于那些富有奋斗精神的人们，而不是那些一味等待机会的人们。应该牢记，良好的机会完全在于自己的创造。如果以为个人发展的机会在别的地方，在别人身上，那么一定会遭到失败。机会其实包含在每个人的人格之中，正如未采的橡树包含在橡树的果实里一样。

“我没有机会”，这位生长在穷乡僻壤茅舍里的孩子，怎会进了白宫，怎会成了美国总统而同一时代那些生长在有图书馆和学校的环境中的孩子，其成就反不如茅舍里的苦孩子，这又如何解释呢？再看那些出生于贫民窟的孩子们，有的不是做了议员吗？有的不是做了大银行家、大金融家、大商人了吗？那些大商店和大工厂，有许多不就是由那些“没有机会”的孩子们靠着自己的努力而创立的吗？

所以说，你永远不要说我没有机会，而要学着去发现机会，创造机会，抓住机会，你才会受到机会女神的青睐。

第十章

做事有分寸

《韩非子》中有一句话："顾小利则大利之残。"在实际生活中"捡了芝麻，丢了西瓜"，这种得不偿失的事，并不鲜见。这是因为人是有贪心的动物，哪怕是对一点点微不足道的利益也割舍不下，正是因为对那点蝇头小利的执着，而导致失去了更大的利益。

1. 调剂快与缓的分寸

俗话说：“早下手为强，后下手遭殃。”

在激烈的社会竞争中，先入为主，先下手者，一般来说都比后下手者得到的便宜大；在干工作时，凡事行动迅速，早下手，早做准备，也往往占据主动地位。这是因为，先下手者掌握信息快捷，脑子反应灵敏，行动果断；早做准备者，成竹在胸，运筹帷幄。

迅速与缓慢一般往往依据个人性格而定，急性子的人办事情较多迅速，不会拖延，慢性子的人则无论干什么事都是不紧不慢的。但生活中恰恰是因为性格，往往使得该速决的而拖延了，该拖延的而速决了。应该说，世上没有比这再糟糕的事情了。

那么，如何掌握好速与缓的分寸呢？

（1）该速战速决的，必办不可的要快刀斩乱麻，迅速办妥；该拒绝的，不可行的千万别迟疑，尽早回绝。

诸如上司拿着一份打有“紧急”字样的文件，吩咐你办，你若不知好歹，不放在心上，三拖两拖，或者虽尽心尽意，但办理不够果断、快捷，误过了要求的时限，今后，谁还会把重要的事情托付给你办？一来二去，你在单位里便会渐渐地成了聋子的耳朵——摆设了。至于那些不应该办的，该拒绝的，你也千万别碍于情面，不好意思拒绝。其实，拒绝是你的权利，也是你负责任的表现。比如领导分配一项任务，你根本没有这个能力，可万万不该的是，你因为不好意思拒绝，或是怀着“拖一拖，拖黄了”的心理，而应承下来，那你就犯了一个大忌，到头来不但要受到责罚，而且还会在领导那里失去最起码的信任。

（2）该拖一拖缓一缓的事情，切不可操之过急，凡事要掌握一个火候，犹如做饭，火大了，饭做煳了；火小了，饭夹生了。

干工作也一样，比如对于一些领导没要求立马办好的事情，你大可不必急于求成。须知马不停蹄之时，该错过了多少美景？更何况，领导没要求你速办，必有其原因，你若火燎屁股似的办完，大多不合领导心意，比如单位领导交代你写一篇讲话稿，以备在下次职代会上用。这样，你先要揣摸好领导思路，再进行一些必要的调研，多听一听老同志的意见，然后再精雕细琢，有条有理地写好，甚至写完之后，也不要马上拿给领导，这是因为如果你在领导交代你之后，没用几天就拿出了稿子，他肯定会认为你是应付他的，没有认真去做，孰不知你为这稿子竟闹得两宿没睡好觉！领导一旦有了这种想法，非把你的稿子批判得体无完肤不可！而你若不慌不忙，专等到开会的前一天再把稿子拿出来，他一定会认为你是认真的，是诚恳的，这稿子也一定是高质量的，到那时怎么还会给你的稿子挑毛病呢？更何况，他就是想挑毛病，哪里有容得他挑的时间！于是，他只好心满意足地表扬你：“好，小伙子，很用功嘛！”

由此可以看出，做事不可太呆板，要灵活，该速战速决的要速战速决，该拖延的要拖延，凡事都要做到恰到好处，这才是聪明人的选择。

2. 感悟大与小的分寸

《韩非子》中有一句话：“顾小利则大利之残。”在实际生活中“捡了芝麻，丢了西瓜”，这种得不偿失的事，并不鲜见。这是因为人是有贪心的动物，哪怕是对一点点微不足道的利益也割舍不下，正是因为对那点蝇头小利的执着，而导致失去了更大的利益。

从前，晋国想攻打小国虢，而进攻虢必须经过虞国。因此，晋王乃赠给虞国国王很多宝物与骏马，要求虞王让晋国军队通过虞国，而能顺利攻打虢国。虞国有一位大臣极力反对借路给晋国。他说：“我国与虢国关系十分密切，如果借路给晋国，那么虢国灭亡的同时也将是我国灭亡之日。请陛下绝对不要接受晋国的礼物。”

但是受到耀眼的宝石和美丽的骏马所蒙蔽的国王却不听大臣的忠告，而借道给晋国。结果正如同大臣所猜测的，晋军在灭了虢国之后，回程便攻破虞国，宝石和骏马当然又物归原主了。由于虞国国王受到眼前利益的诱惑而不顾无穷的后患，终至亡国。也许有人会取笑虞王的愚蠢，其实像这样的事情在我们现实生活中也是经常发生的。

有“水塔王”之称的台湾良机实业公司总经理张广博，幼年时家境贫寒，在小时候经常要帮人割草、放牛，或去卖冰棒，以补贴家用，在那一段辛苦的日子里，使他领悟到许多为人处世的道理，其中令他毕生难忘的，就是有关卖冰棒给他的启示。

念小学时，每逢夏天放学后，张广博就背一个装满四十支冰棒的木箱，沿街叫卖。

有一天，才卖出三支，突然间的阵雨使气温下降。因为温度降低，不但冰棒卖不出去，而且由于木箱内相对温度提高，里面剩下的三十七支冰棒开始慢慢融化。

眼看木箱里的三十七支冰棒逐渐融掉，他着急了，因此不时打开木箱查看融化的程度。不料，因为多次打开木箱，外边热空气跑入，更加速了冰棒的融化。

这下子把他急坏了，心想反正就要融掉，不吃白不吃。于是一口气吃掉了剩下的三十七支冰棒。

原本就有点感冒的张广博，吃下三十七支冰棒之后，病情急剧加重。

他迷迷糊糊在床上躺了两个多月后，才逐渐康复。

由于舍不得冰棒白白融掉，才一口气吃掉它，没想到引来一场大病，结果非但不能出去挣钱，反而花掉一大笔的医药费。

这次惨痛的教训，使张广博深深体会到，一件事在面临抉择之际，有时要锲而不舍，咬住不放；有时却必须当机立断，忍痛割爱，这样才不致于因小而失大。

不管是在一个群体或单位中，千万要避免占便宜心理，要知道，有些便宜是万万占不得的，因为世界上没有不劳而获的东西，天下掉馅饼的事只是一个童话，占了此等便宜是要付出代价的，你当然应该权衡一下占取便宜和付出代价之间的利弊得失。看看生活中有许多官员因贪污受贿而丢掉乌纱帽和丢掉自由和性命的事例足以警策人心。

记得第二次世界大战期间伦敦英美联军给养司令部墙壁上张贴的一首摇篮曲：为要得到一根钉子，竟失去了一匹马，为得到一匹马，竟失去了一位骑手，为得到一位骑手，竟失去了一次战斗，为了在一次战斗中取胜，竟失去了国土，而全部都是为了得到一根马蹄钉。这个摇篮曲所揭示的道理很明确，但古今中外，在这个问题上吃亏的，还是大有人在。所以，真正悟透了大与小的分寸，对我们做人和立事还是大有裨益的。

在现实生活中，你要学会用你智慧的双眼，正确识别什么是大的，什么是小的，然后做出明智的选择。

3. 体味干与看的分寸

实实在在地做事，实实在在地做人，实实在在地把握好每一天，乍看起来是人们应该具备的优秀品质，但是如果一味傻用，一定会把诸如工作、事业、友情引向死胡同。这种人在向前奋进的人生旅途中，不能观察对手们的动静和脸色，常常会陷入“瞎子赛跑”的境地。只要在前方有了一个目标，他们就拼命低头猛干，而对竞争对手的所言所行毫不在意，只是自顾自地往前冲刺，却没有看见由于自己的愚直和鲁莽，把灰尘和泥泞都溅到了别人的身上，即使发现，他们也不以为意，因为他们是“只低头拉车，不抬头看路”。一个光知干，而不知看的人，往往是一个不识眉眼、不懂分寸的愚憨之徒，多半不会受到周围人的欢迎。这种人如果担任单位主要职务，很可能会将最脆弱而无防备的一面，暴露给一些想讨好他上级主管的下属，给他们制造许多越级打小报告的机会，同时将自己的把柄落在那些正“看”着他的竞争对手的手中。举例来说，一位自卑感很重的人，自以为未受到高等教育，不懂人情世故，于是变得一天比一天更孤僻偏激，从而疑神疑鬼，进而怀恨别人。此时，他可能会先把这位愚直的只会干工作的人列为自己的竞争对手，认为所有的不对劲都是因他而起，决定找个机会好好地施加报复。这样一来，光知道干的人岂不枉受了比别人更多的攻击？

单凭“诚实和正直”干工作的人，绝不会发现一般人都具有的自我优越感，而高估了自己的“形象”。这里说的形象不是纯指客观上的，而是带有些许主观性的执着。

例如，有人以为自己很能干，干得也很出色，就坦率而愚直地评估别人，即使评估得不偏颇，也会伤害当事人的自尊。无论是上司、同事或部属，都不愿意将真实的自己完全暴露在别人面前：因为，任何人都有一种信念，认为自己身上存在着某种比他人优越之处。在单位里很能干，工作的业务主管人可能有如下的自我认定：我待人亲切又体贴；我的薪资所得虽然不多，但这并不代表我的能力不好；在所属的部门，担任重要的职务，贡献良多，使单位的业务蒸蒸日上，收到许多订单，这都是我个人的魅力所致，我的部属也因此受惠，而能保住这份工作和职位。

但是，在部属眼里，他的形象可能就不是这样子，在他们的心里可能会这么想——我的主管好像还不知道，单位里有一面照妖镜，任何事物在这镜子前一晃，就原形毕露，以这位主管来说，在找到10亿美元的市场前，他不是被逼得一连三次改变销售计划吗？还有，由于他的贪杯酗酒和无礼的行为，不知道失去了多少机会，否则，收到的订单也不止目前这个数字……瞧瞧，这就是一味埋头傻干者的好处！

每个人都有自我形象，且在心中以最高的诚意供奉着这个形象，不容别人加以毁损，更不欢迎那些心直口快的人，任意将实情点破，做毫不留情的批判。

在此奉劝那些只会干工作的人，还要对这个问题多费一点心思去做更深入的理解。

绝少数上司会主动征询部属对他的看法如何，或提及这类有关的敏感话题，大多数人想必都无条件地赞同马克·吐温说过的这句话：“我欢迎批评，但也必须投我所好。”

如果你看到国王光着身子，很想提出直谏的：“陛下的身上其实没有穿东西。”但又退一步想，看就看了吧，何必说出去呢。还是谨言慎行为好，因为国王不但不会坦率接受你的这个忠谏，反而认为你对他不忠。

假定，有一天你和上司一起喝酒，上司突然问你：“你给我说实话，在你的心目中，你看我是怎样的一个人？”这时即使你的心中对他怎么不满，你也一定会回答说：“你很了不起，先生。”

上司也许还会执拗地说：“你尽管告诉我，你所看到的，不必担心什么！我想听你说真话。”

因此说，在有些时候能干的还不如能看的呢。因为能看的人大多比能干的人人缘儿好得多，这已成为不争的事实。在此，我们并不是否定那些只会干工作的人，而是奉劝这些人也要多长些眼神，以防遭到暗算！至于那些只看不干的人，则应多向干工作的人学学，只有达到干与看的有机结合，才会掌握好做人和做事的分寸。

4. 摆正说与做的分寸

人们常说：“会说不如会做。说出来的决心比不上做出来的行动，讲出来的承诺比不上做出来的事实。”细细琢磨一下，这些话中蕴含不少深层的大哲学和大机理。

只会做不会说，等于漂亮的茶壶少了个壶嘴。而只会说不会做也是不行的，在现实生活当中，有些人喜欢说大话、说绝话：尤其是那些雄心勃勃的大男人。他们为了显示自己比别人卓越，总是以表决心的方式，对亲人、对朋友、对女友，甚至对自己的竞争对手，夸夸其谈，自我炫耀，不可一世。

其实，他们不明白：唱得好的，不如说得好的；说得好的，不如做得好的——你在信口开河时，往往会把你的最初意图暴露给对手。或者说，你本身可以达到的目标，也会由于你事先泄露了秘密，而遭到别人的暗中破坏，使你半途而废。到后来，只落个说说而已，做是不可能的了。更有那么些人，干脆是说过了也就忘了，跟本不把说过的话放在心上，不去实现承诺。最终这种光说不做的人不光会被人视为爱吹牛、说大话，而且还会留下一个言而无信的臭名声，对于这种“没把式”的自吹自擂者，谁还愿意与其深交呢?

行动是人生的镜子。在人生的奋进中，要时时以行动证己，而不要用语言欺人。再美的语言，也筑不起事业的大厦。

“人无信不立”，你对人说了什么，答应了别人什么事情，对方自然会指望着你兑现诺言；一旦别人发现你开的是空头支票，说话不算数，就会产生强烈的反感。空头支票会给他人增添无谓的麻烦，也将使自己名誉受损。一位贤人说："对别人委托的事情既要尽心尽力地去做，又不要应承自己根本力所不及的事情。"这位先贤告诫人们，因承担一些力所不及的工作或为哗众取宠而轻诺别人，结果却不能如约履行，是很容易失去信赖的。

在人与人的交往中，应把信用、信义看得非常重要。孔子说："与朋友交而不信乎？"墨子说："志不强者智不达，言不信者行不果。"还有"一诺千金，一言九鼎""一言既出，驷马难追"等都是强调一个"信"字。清代顾炎武曾赋诗言志："生来一诺比黄金，哪肯风尘负此心。"表达了自己坚守信用的处世态度和内在品格。因此，中国人历来把守信作为为人处世、齐家治国的基本品质，君子一言，驷马难追。自古以来，讲信用的人就受到人们的欢迎和赞颂，不讲信用的人则受到人们的斥责和唾骂。李白曾在他的《长歌行》中写道："常存抱柱信，岂上望夫台。"所谓"抱柱信"是说一个叫尾生的男子和一个女子在桥下约会，女子还没有来，河水就涨了。尾生为不失信用，还是不走，女子还没有来，宁可抱住桥柱，被水淹死。尾生的行为是过于迂腐拘泥，但他表现出的言行一致说到做到的精神却是历来受人称颂的。"小信成则大信立"，治国也好，理家也好，干工作做生意也好，都需要讲信用，一个言行一致、表里如一的人，是最靠得住的。

也有的人认为，不管做什么事，完全没有必要说出来。包子有肉不在褶上，哑巴吃饺子，心里有数也就行了。这样，就又走入了另一个极端，他们一个心眼认为，事实胜于雄辩。

当你做成了一件事情以后，用不着你去说什么，事实自然会为你说话的。如果事实果真如此固然好，但又往往事与愿违，假若别人对你所做的工作成就，视而不见，不予理睬，这岂不成了哑巴吃黄连——有苦说不出？所以说，当你干成了一件事后，千万别默不作声，你就说说又何妨？但是你一定要把握好这个说话的分寸。假如你干了十分的成绩，你只说五分，你那一半儿累肯定是白受了，一般人是不理会你的谦虚的；相反，干了五分的活儿，你却说成十分，那你就夸大其词了，有时同事嘴上不说什么，但心里肯定不舒服，说不定会瞅个机会到领导那儿数落你一通，这样你的工作非但未赢得别人的好感，还落了个人品不佳的名声，真是猪八戒照镜子——里外不是人了。所以，在单位介绍自己工作成绩的时候，最好要本着诚实、中恳的原则，不褒不贬，恰到好处，有功说功，有过说过。

还有我们经常看到那些本身并不显赫的人，为什么会在人们不知不觉中，一步一步地攀上权力的高峰呢?

那些本来资金并不雄厚的人，为什么会在市场中战胜比自己强大的对手？连翻几番，成为人们羡慕的大老板呢?

当人们追问起这些问题的时候，当记者采访这些成功人物的时候，当镜头对准这些当代名流的时候，大家都以为这些人身怀绝技，会说出什么秘诀来。

然而，他们淡淡一笑，说道：“成功没什么秘诀，只不过是老老实实地去做事情罢了。”

或者用调侃的口吻告诉人们：“我只不过是瞎猫碰到了死耗子。”

你看，他们说的话该是多么的谦虚啊，可是，又有谁因为他们说了这么句谦虚的话而忽略了他们所做出来的成就和所取得的成功呢?

世界上没有什么事是不可能的，只要你肯去做，也就有了“可能”的结果。

5. 巧对做与争的分寸

现实社会中有些人“只埋头耕作，不寻求收获”。他们以为，只要有所付出自然会有所回报。

但是事实并非如此，并非付出代价，就有同等的收获。

很多人都有这样一种感觉：自己的同学、朋友，几年不见，聊起天来，眼里多半都是收获，这个当官了，那个成了专家。这时候是最刺激人的。一些平时“只会耕作”的人，不由黯然神伤，顿生感慨……

所以，在利益面前，不要逆来顺受，也不要过分谦让，应该大胆地向领导要求自己应该得到的。“丑话说在前头”，在接受任务时谈好报酬更易让领导接受。争利把握好度，既不争小利，不计较小得失，又不得过分争利。当然，折扣的方法有时也很奏效。

当我们考虑工作究竟是为了什么的时候，可能有很多不同的回答，比如为社会做贡献、为人民服务等等，这些都是可以上电视或发新闻的话。然而，任何人都不能否认我们是为利益而工作，比如金钱、福利、职务、荣誉等等，否则就未免太虚伪了。在当今市场经济体制下，我们说为利益而工作是正大光明的。

之所以强调在与领导相处的过程中要学会争利这个问题，就是因为有许许多多的人因为不会争利而频频“吃亏”。不会争利一般有两种表现，一种是不敢争利，甚至连自己应该得到的也不敢开口向领导要求，既怕同事有看法，也怕给领导造成坏印象，大有“君子不言利”的味道；一种是把个人的私利看得高于一切，结果整日地跟在领导屁股后喋喋不休地讲价钱、要好处，把领导追得很烦。依我们的观点，这两者都是不可取的，争利也有个技巧问题。

在认识上，争利是应该的。

常言道：老实人吃哑巴亏，会哭的孩子有奶吃。这是我们的祖先总结出的地地道道的“真经”。在同等条件下，两个同事工作都比较勤恳认真，但在分房时，一个“有苦难言”，对领导只提了一次要求，虽然自己结婚5年，可3口人仍挤在一间破旧的平房里；但另一位却三天两头地找领导诉苦，有空就拨拨领导脑子里面分房的这根弦，结果被优先考虑，而他的那位老实巴交的同事却只能眼巴巴地看着别人住进了宽敞明亮的新房，难道他不明白其中的奥妙吗?

有些人认为向领导要求利益，就肯定要与领导发生冲突，给领导找麻烦，影响两者的关系，什么都不敢提，结果往往也是一事无成。干好本职工作是分内的事，要求自己应该得到的也是合情合理的，一份耕耘，一份收获，自己付出的越多，应该得到的就越多。

只要你能为领导干出成绩，向领导要求你应该得到的利益，他也会满心欢喜。如果你无所作为，无论在利益面前表现得多么“老实”，领导也不会欣赏你。事实上，从领导艺术上讲，善于驾驭下属的领导也善于把手中的利益作为笼络人心、激发下属的一种手段。可见，下属要求利益与领导把握利益是一个积极有效的处理上下关系的互动手段。因而，我们的鼻祖马克思也曾批判禁欲主义者，说“灭绝情欲”的禁欲主义“连对火炉旁的狗也不会发生什么鼓舞作用”，它不过是为了获得或成为“禁欲的然而只能是从事生产的奴隶”。

向领导要求利益大有学问，关键是要把握好火候和分寸。

（1）执行重大任务以前，争取领导的承诺

一般领导在交办重要任务时常常利用承诺作为一种激励手段，对下属而言这既是压力又是动力，对领导而言心理上也感到踏实、稳定，他坚信“重赏之下必有勇夫”。如果领导在交代任务时忘记了承诺，或不好做出承诺，你应该向领导提出自己的要求，这不是什么趁火打劫，领导也较容易接受。

王翦是秦始皇手下战功累累的大将，他协助秦始皇消灭晋王，赶走燕王，并数破楚军，但秦始皇对他疑心重重，怕他功高震主，因而在攻打楚军时有意重用李信将军，后来王翦称病告老还乡。李信在与楚军交战时受挫，秦始皇也只好放下架子赶到王翦面前谢罪并请他出山。王翦率兵60万由秦始皇亲自送到灞上，一方面表示秦王的信任，但同时他对王翦掌握重权表示不放心的顾虑也流露出来。于是，王翦在出发前，向始皇请求许多田宅园池。始皇问：“将军就要走了，为何忧虑贫穷呢？”王翦说：“作为君王的将军，即使有功也不能封侯，所以趁君王信任、重用和偏向我时，我得及时请求点好处为子孙造福。”始皇见王翦如此坦诚可爱，觉得放心不少，开怀大笑。王翦到了边关，又5次派人回都请求良田。有人觉得这样不妥，便问：“将军这样强请硬求未免太过分了吧。”王翦深谋远虑地说：“不然，秦王粗鄙而不信任人，现在倾全秦国的士兵而委任于我一人，我不多示田宅为子孙谋基业来巩固自己，反而让秦王因此而怀疑我吗？”

王翦不愧为智勇双全的大将，于外于内都是八面玲珑，可谓老谋深算。在接受重大任务前，当面向领导请求自己应该得到的，既表明你对完成任务充满信心，也能表明你既然如此坦诚地要求了利益，那么在完成任务的过程中就可能不再玩“猫腻”，至少在领导心目中能造成一种印象。

尤其是牵涉经济利益和好处的一些事情，领导也深明其中的利害，把这样的任务交给你去办他能不存疑心吗？比如你或许能在其中捞点回扣、做点手脚、收取礼品等等，领导都能算到，如果你接受任务时不声不响非常痛快，领导往往会怀疑你有其他不良想法，所以，你最好有话说在当面，有要求提在前面，要玩“马前卒”，不要搞“马后炮”。

（2）要求利益要把握好“度”，见机行事

有些人向领导提要求很不会把握分寸，往往要求很高，引起领导的反感，招致奚落。依我们的经验，需要做到以下几点：

① 不争小利

不为蝇头小利伤心动气，略显宽广胸怀、大将风度，在领导心目中形成“甘于吃亏”“会吃亏”的好印象，在小利上坚持忍让为先。

② 夸大困难，允许领导打折扣

“漫天要价，就地还钱”也是对付一些喜欢打折扣的领导的方法。有时你把困难说小了，领导可能给你记功小，给你的好处也少。因此，要学会充分“发掘”困难，善于向领导表露困难，要求利益时可以放得大些，比你实际想得到的多一些，给领导一些“余地”，不给他造成你“想要多少就给多少”的想法。比如提住房要求，按你的资格和条件，只能要求两室一厅的楼房，实际上你并不对此抱多大希望，那么领导打折扣时也不会太离谱。有的人很实在，够两室一厅的资格和条件，但没把困难充分说出来，不折不扣地提了两室一厅的要求，结果领导把两室一厅的房子优先分给“困难大，要求强烈”的人，只给他分一室一厅。所以，夸大困难和要求实在是一种必要的处事策略，关键问题是要把握住关键时机和重要关口。只有春天付出辛勤劳动，秋天才可望有所收获。在争利的同时，一定要脚踏实地地做出一些成绩来。

6. 把握分内与分外的分寸

不管是在一个单位工作，还是在一个群体中与人合作，都有分内与分外之分。分内的工作干不好，分外的活干得再好也于事无补。而若分内工作干好了，却对分外的事作壁上观，也不是成功的工作方法。

个性不同、素质不同的人，只有在各自的工作岗位上一展才华，才具有价值。在明确自己责任、权利与义务之后，就要尽职尽责，把分内的事情干好，把该干的事情干好，这时候，我们就应该制定一个做好这项工作的目标。不过这个工作目标一定要切合实际，合你心意，紧凑有致。如果自己理不好头绪，也可以请教一下同事、朋友或专业顾问。要知道，这是个很严肃的事儿，有了这个工作目标之后，你就有了驱策力，也明确了工作的方向，这样，你就要把你的真本领全部施展出来，用事实向领导证明你是一个可造之才。同时，要带给上司一些新的资料与信息，如商场行情、社会上的新闻、单位未来发展动向等，这样会让他认为你与众不同，把单位的利益放到了第一位。

其实，得到别人的认可并不困难，或者说并不十分困难。而把工作干好并得到好的报偿，并不完全取决于你自己，要靠领导、同事的评价而得出的结果。

能够在事业发展上步步高升，工作出色，第一要则是表现与众不同，惹人注目。不过，一个性格古怪，到处招摇的人，却无法得到领导的欣赏，如果你希望得到公允的评价认可，别忘了以下的忠告：

（1）每个人在事业发展的初期，须牢记："敏于事而慎于言。"

（2）在领导面前表现自己工作勤奋。

（3）不断学习与进修，掌握干好本职工作的本领与技能。

（4）熟悉办公室内的一切，阅读有关的工作备忘录，这样领导会对你的知识、才能和自我鞭策的精神，留下良好的印象。

（5）采取积极的行动，主动请缨，做一些可能需要你完成的工作，工作起来，兢兢业业，有始有终。

（6）提醒自己：我对单位所做出的贡献，能使我的地位变得更重要，领导自然会更器重我。

（7）遇到工作上的疑难时，要向领导请教；并时而向领导提出一些有建设性的报告，当自我表现的机会来临之际，不要迟疑，应马上展示你的才能。

（8）在单位里努力建立良好的人际关系，与同事相处融洽，帮助他们解决工作上和生活上的难题，这些都是让领导和同事器重你的秘诀。

工作完成之后，要写好总结，及时向领导做报告。如果你能够在工作上做到绝对地认真负责，对各种业务做到非常熟悉、老练，对同事做到诚恳友善、同心协力，对自己私生活做到严肃、纯正、朴实、健康——如果你能够努力做到这几点，就可以说是已经立稳自己的脚跟了。

在单位里，在同事间，当你已经建立了不可动摇的威信之后，你就可以一展身手了。人们都知道你很负责、能干，能够把自己分内的事情干好，对同事很好，人人都信任你，尊重你，即使遇到有人说你闲话，造你的谣言，损害你的名誉，攻击你的地位，大家也不会相信他，反而会支持你、同情你。

同事有需要帮忙的，你千万别认为那是分外的事儿，应义不容辞，尽量施以援助。但你在帮助别人时，不必以此沾沾自喜，自鸣得意，更不能摆出一副救世主的面孔，因为我们的帮助应该是无私的、诚恳的、不存在半点恩赐的感觉。

领导一般认为，一项工作给下属，而未能如期完成的话，怪罪的理应是整体。因为单位是一个合作的团体，并非各不相干的组织。最主要的，是领导若知道你付出较大的努力，除了做好自己分内的工作外，分外的工作也能积极主动地干，并能很好地协助同事，必然会赞赏你的工作能力。相反，若他发觉你本可以加以协助，却因为觉得是分外的事，与你无关，就袖手旁观的话，印象就会大打折扣了。

聪明的人应该讷于言、敏于行，而不是俗话所谓的“精人出口、笨人出手”，何况工作不能有半点嬉戏成分的。

不过，对于一些惯性懒惰的同事，则有责任做出适当的规劝。但不要在其他同事面前指出他的不足，而是找个机会与他单独谈谈，问他是否对本身的工作没有兴趣，并问他的志愿，他自然会向你倾诉自己的想法。这时，你才可以比较婉转地告诉他达到目标应要注意的事项。多倾听些别人的心声，多做些鼓励，并能尽量帮助他们，才能维系同事间良好的感情。这样也能够获得较高的评价。

也许你也有很大的工作压力，甚至影响到家庭，千万不要将这种不良情绪带入工作当中，因为这会影响到你办事的效率及与他人的关系。

7. 把握说话的分寸

人们常爱说得一句话是“祸从口出”。说出去的话就如泼出去的水是收也收不回来的。所以说话时一定要把握一定的分寸，不要将话说得太满，那样对人对己都没有好处。

当然，也有人话说得很满，而且也可以做得到。但是凡事总会有意外，使得事情产生了变化，而且这些意外并不是你可以预料到的，话不要说得太满，也就是为了容纳这个“意外”！杯子留出空间就不会因为加进其他的液体而溢出来，气球留有空间就不会因为再灌一些空气而爆炸，人说的话留有空间，就不会由于“意外”的出现而下不了台，可从容地转身。

因此许多政府官员在面对记者的询问或者议员的质询的时候，都会偏爱用这些字眼，比如：“可能、尽量、或许、研究、考虑、评估、征询各方的意见……”

这些全都是不肯定的字眼，他们为什么如此？也就是为了留下一点空间好容纳“意外”，要不然一下子自己说定了，结果却事与愿违，那不是很难堪吗？

当然了，一个有责任感的政府官员是不该这样的，但是做人做事有时候实在也是不得不如此的啊！

下面的状况就是你在说话时应该注意到的。

（1）做事方面

① 对待别人的请求可以同意接受，但是不要“保证”，应该代以“我尽量或我试试看”的字眼。

② 上级交办的事情当然要接受，但是不要说“保证没问题”的话语，应代以“应该没有问题，我将全力以赴”之类的话。

这就是为了万一自己不能做到所留出的后路，而且这样说实际上也没有损害你的诚意，反而更会显示出你的审慎，别人就会因此更加信赖你！事没有做好，也不会责怪你！

（2）做人方面

① 与人交往，不能够口出恶言，更不能说出“誓不两立”这样的话，除非有“杀父夺妻”之仇的。不管是谁对谁错，最好是闭口不言，以免以后需要携手合作的时候还有“面子”。

② 对别人不要太早地下判断，像“这个人完蛋了”“这个人一辈子都没出息”之类的属于“盖棺论定”的话最好不要说，人的一辈子很长，变化也很多的！也不要一下子判断“这个人前途无量”或者“这个人能力高强”。总之，应该多用一些“是……不过……如果”之类的话语。

当然了，状况并不只是我说的这几个。

把话说满有时也有实际的需要，可是我认为除了必要，还是保留出一点空间的好，既不会得罪人，也不会把自己陷入一种困境。总的来说，多用中性的或者不确定的话就对了！

为人处世一定要把好口风，什么话能说，什么话不能说；什么话可信，什么话不可信，都要在脑子里多绕几个弯子，心里有个小九九。

8. 把握开玩笑的分寸

没有笑声的生活和没有幽默感的朋友，都是无味的。在人际交往中，开个得体的玩笑，可以松弛神经，活跃气氛，创造出一个适于交际的轻松愉快的氛围，因而诙谐的人常能受到人们的欢迎与喜爱。但是，开玩笑开得不好，则适得其反，伤害感情，因此开玩笑要掌握好分寸。

（1）内容要高雅

开玩笑，如果没有知识与品格做支点，便要流于一般的低级趣味了。所以注意玩笑的内容。内容健康、格调高雅的笑料，不仅给对方启迪和精神的享受，也是对自己美好形象的有力塑造。钢琴家波奇一次演奏时，发现全场有一半座位空着，他对听众说："朋友们，我发现这个城市的人们都很有钱，我看到你们每个人都买了两三个座位的票。"于是这半屋子听众放声大笑。波奇无伤大雅的玩笑话使他摆脱了窘境。

（2）态度要友善

与人为善，是开玩笑的一个原则。开玩笑的过程，是感情互相交流传递的过程，如果借着开玩笑对别人冷嘲热讽，发泄内心厌恶、不满的感情，那么除非是傻瓜才识不破。也许有些人不如你口齿伶俐，表面上你占到上风，但别人会认为你不能尊重他人，从而不愿与你交往。

（3）行为要适度

非开玩笑除了可借助语言外，有时也可以通过行为动作来逗别人发笑。有对小夫妻，感情很好，整天都有开不完的玩笑。一天，丈夫摆弄鸟枪，对准妻子说："不许动，一动我就打死你！"说着扣动了扳机。结果，妻子被意外地打成重伤。可见，玩笑千万不能过度。

（4）对象要分清

同样一个玩笑，能对甲开，不一定能对乙开。人的身份、性格、心情不同，对玩笑的承受能力也不同。

对方性格外向，能宽容忍耐，玩笑稍微过大也能得到谅解。对方性格内向，喜欢琢磨言外之意，开玩笑就应慎重。对方尽管平时生性开朗，假如恰好碰上不愉快或伤心事，就不能随便与之开玩笑。相反，对方性格内向，但正好喜事临门，此时与他开个玩笑，效果会出乎意料地好。

此外，还要注意以下几点：

① 和长辈、晚辈开玩笑忌轻佻放肆，特别忌谈男女情事。几辈同堂时的玩笑要高雅、机智、幽默、解颐助兴、乐在其中。在这种场合，忌谈男女风流韵事。当同辈人开这方面玩笑时，自己以长辈或晚辈身份在场时，最好不要掺言，只若无其事地旁听就是。

② 和非血缘关系的异性单独相处时忌开玩笑（夫妻自然除外），哪怕是开正经的玩笑，也往往会引起对方反感，或者会引起旁人的猜测非议。要注意保持适当的距离。当然，也不能拘谨别扭。

③ 和残疾人开玩笑，注意避讳。人人都怕别人用自己的短处开玩笑，残疾人尤其如此。俗话说，不要当着和尚骂秃儿，瘸子面前不谈灯泡。

④ 朋友陪客时，忌和朋友开玩笑。人家已有共同的话题，已经成和谐融洽的气氛，如果你突然介入与之玩笑，转移人家的注意力，打断人家的话题，破坏谈话的雅兴，朋友会认为你扫他面子。

（5）场合要适宜

美国总统里根一次在国会开会前，为了试试麦克风是否好使，张口便说：“先生们请注意，五分钟之后，我对苏联进行轰炸。”一语既出众皆哗然。里根在错误的场合、时间里，开了一个极为荒唐的玩笑。为此，苏联政府提出了强烈抗议。总的来说，在庄重严肃的场合不宜开玩笑。

玩笑虽然可以换来人们欢快的笑，而且可以容解自身的悲哀。但是值得注意的一点是，开玩笑不能过分，尤其要分清场合和对象。

第十一章

丢掉迂腐的做事习惯

人应该支配习惯，而绝不是习惯支配人，所以对于生活中的坏习惯，你要想方设法改掉。

记住，因循守旧是思想的沼泽地，你必须从中走出来，才可能达到成功的彼岸。

1. 因循守旧

人应该支配习惯，而绝不是习惯支配人，所以对于生活中的坏习惯，你要想方设法改掉。如果你不改变因循守旧的习惯，那些转机将永远不会有。事物有一个可悲的趋势，那就是它们永远不会自我转变。靠一个精神上的“延期计划”生活，总是期待和希望，这是无益的，它将永远不会把你带到某一个目的地。因循守旧者的重要特征之一：就是抱着自己的老观念不放，不去主动接受新鲜的思维，进行脑力革命，这本身就是思维上的惰性所致。想要成功的人必须要时刻学会“洗脑”，摈弃因循守旧，创新求变，才有可能加入成功者的行列！我们有很多人常抱怨自己脑子太笨，这是因为他不想开动脑筋，总是在过去的思维模式中打圈圈。

要想成功，因循守旧是你必须克服的一大障碍。不要指望未来某个不确切的时候“情况将会好转”，而将就着过日子。如果你不改变因循守旧的习惯，那些转机将永远不会有。事物有一个可悲的趋势，那就是它们永远不会自我转变。靠一个精神上的“延期计划”生活，总是期待和希望，这是无益的，它将永远不会把你带到某一个目的地。你可以检测一下，看是否常常对自己说：

我希望一切都将朝最有利的方面转变；

我愿自己能在这件或那件事上做些什么。

你承认正用这些想法在自己周围建立封锁线吗？你意识到“希望”和“祝愿”这两个词实际上使得你什么也不干吗？坐等不会给你带来什么，事实上，你的惰性可能引起了一种情感上的麻痹，使你不能做出一些重要的决定。

要对你自己说：“我已经明白”，并且动手干起来。除非你去促成事物的转变，否则，未来的情况将是依然如故。

的确，要干，就需付出代价和担当风险，你的努力也可能会遭到失败；如果你避免干任何事情，你也可免遭风险和失败。但是，结果会怎样呢？你避免可能的失败，同时也就避免了可能的成功。

要找出你身上因循守旧的原因，可试着问自己：

（1）计划着一些令人激动的事情，但从来不实行这些计划吗？例如去休假，或者观光旅游等。

（2）拒绝做任何对自己也许是一种挑战的事情吗？例如控制饮食，戒烟，或者选修一门大学的课程。

（3）过多地依赖自己的朋友吗？过于沉湎已厌倦的职业吗？过于依靠那些对自己厌烦的亲戚吗？或者过于留恋那已不再令人满意的住房吗？

（4）一旦面临困难的任务或者某个将使自己处于危险境地的场合时，便立即变得忧心忡忡吗？

（5）推迟做那些费力的或令人厌烦的事情吗？如清扫房间，修车，修剪草坪，或者写信。

有这么一些人，他们要做的事情是如此之多，以致分散了自己的精力，周而复始地忙这忙那，整天被一些细枝末节的小事拖累着，使自己离目标越来越远，甚至到最后偏离了人生方向。如果你认为自己可能是属于这类人，那么你可以问自己下列问题：

（1）因为有一些“重要的事情”要做而推托自己亲爱的人们的要求吗？

（2）由于首先必须照顾别人或者自己的职业而放弃了自己的幸福吗？

（3）总是忙得没有一点自己可支配的时间吗？

（4）因为家里或者办公室里有那么多活儿要干，以至于放弃了一个休假、一场电影或戏剧演出吗？

认真地考虑这些问题，你将很容易确诊出自己因循的根源所在。从根本上说来，因循就是害怕担风险。当你对那些熟悉的然而也是有害的信号做出反应时，你至少能够心安理得地（或者是不怎么舒服地）维持现状。因循守旧确实称得上是生活的防弹衣。

克服因循守旧的坏习惯并不像你认为的那么困难。你所必须做的一切便是，你现在就必须行动，而不是等到明天或者下个星期：关掉你正在看着的电视连续剧，立即着手写你的学术论文；放下你正在读的杂志，去打那些令人担惊受怕的电话；放下那一片送到嘴边的饼干，开始你的饮食控制；立刻参加某一个自去年就吸引着你的课程学习；现在你从钱包里取出10元钱，开辟一个特别储蓄，以备你一直期待着的某次休假之用。

罗斯一直想成为一名心理学家。她在读高中时，便节省钱以备上大学时用。高中毕业不久，她的父亲得了重病，她的母亲由于要照顾她的弟弟妹妹，只能抽出部分时间出去工作，而她父亲的伤病补助费也是极有限的，她必须放弃上大学的梦想。她把自己的储蓄用来学习打字和速写技术，很快便找到了一个秘书职业。罗斯曾经多次产生读夜大的念头，但由于一个又一个的原因，她推迟了入学，就这样一学期又一学期地过去了。罗斯始终未能入学。“我真不明白，贝特丝，”她对自己最好的朋友吐露心事时说，“我真的愿意学习某些大学课程，但我要想获得心理学硕士学位，路途是如此遥远。首先，我得在大学文科熬四年，然后在研究生院再熬两年多。贝特丝，因为我只能在晚上去上课，我要到80岁才能取得硕士学位。”

这里，罗斯的思维方式犯了一个错误，她眼前看到的是6年全日制学习，并可能把6年看成12年甚至15年，因为她只能在晚间学习。然而，如果罗斯把她的总目标分解成一些小的目标，她最终将可能实现自己的愿望。罗斯应当说：“贝特丝，我知道要取得学位需走很长的路，但这没关系。我将不管大学文科四年的时间，而直接考虑在一个公共大学里学习两年，首先解决一些必要的基础知识问题。”

贝特丝应该回答说："甚至这两年也可以忘掉它，而集中考虑在每一学期里你将要修的一两门课。把你的总目标分解成若干初级目标，然后又把这些初级目标分解成一些易于实现的小段落。这时，你可以为实现你的初级目标采取第一个行动了。一旦你形成了'实干'的习惯，你将会不断地有所建树。"把一个大目标建立在一个个的小目标之上，你将能比你所想象的要更快而又更容易地实现那遥远的、似乎是可望而不可即的、因而也是被不断延误了的愿望。

贝特丝的话一点不错。有时我们因循守旧，是因为我们让生活的潮流拽着走，我们的生活陡然地由一处不知道的地方到另一处不知道的地方恶性循环。随着我们的理想在期望和等待的尘埃里埋葬，我们对自己的命运也失去了控制。然而，我们文过饰非地借口说是别人使我们不能做那些自己想做的事情，或者说是"我们无法控制的"环境使得我们如此之忙以至于不可能去改变自己的方向，以此来为自己的惰性辩护，这是何等的自欺欺人。

记住，因循守旧是思想的沼泽地，你必须从中走出来，才可能达到成功的彼岸。

2. 盲从别人

世界上的路是大家踏出来的，如果大家都照着第一个人的脚印走，那世界上还有路吗？所以说，我们不要盲从别人，要敢于走自己的路。

我们每个人都是世上独一无二的，你就是你自己，你无须按照他人的眼光和标准来评判甚至约束自己，你无须总是效仿他人。保持自我本色，这是每个成功者都应具备的素质。

加利福尼亚的伊丝·欧蕾太太从小就对害羞非常敏感，她的体重过重，加上一张圆圆的脸，使她看起来更显肥胖。她的妈妈十分守旧，认为伊丝·欧蕾太太无须穿得那么体面漂亮，只要宽松舒适就行了。所以，她一直穿着那些朴素宽松的衣服，从没参加过什么聚会，也从没参与过什么娱乐活动，即使入学以后，也不与其他小孩一起到户外去活动。因为她怕羞，而且已经到了无可救药的程度，她常常觉得自己与众不同，不受他人的欢迎。

长大以后，伊丝·欧蕾太太结婚了，嫁给了一个比她大好几岁的男人，但她害羞的特点依然如故。婆家是个平稳、自信的家庭，他们的一切优点似乎在她身上都无法找到。生活在这样的家庭之中，她总想尽力做得像他们一样，但就是做不到。家里人也想帮她从禁闭中解脱出来，但他们善意的行为反而使她更加封闭。她变得易怒，躲开所有的朋友，甚至连听到门铃声都感到害怕。她知道自己是个失败者，但她不想让丈夫发现。于是，在公众场合她总是试图表现得十分快活，有时甚至表现得太过头了，于是事后她又十分沮丧。因此她的生活中失去了快乐，她看不到生命的意义，于是想到自杀……

后来，伊丝·欧蕾太太并没有自杀，那么是什么改变了这位不幸女子的命运呢？竟然是一段偶然的谈话！“是一段偶然的谈话改变了我的整个人生。”欧蕾太太继续说道，“一天，婆婆谈起她是如何把几个孩子带大的。她说：‘无论发生什么事，我都坚持让他们秉持本色。’‘秉持本色’这句话像黑暗中的一道闪光照亮了我。我终于从困境中明白过来——原来我一直在勉强自己去充当一个不大适应的角色。一夜之间，我整个人就发生了改变，我开始让自己学会秉持本色，并努力寻找自己的个性，尽力发现自己究竟是一个什么样的人。我开始观察自己的特征，注意自己的外表、风度，挑选适合自己的服饰。我开始结交朋友，加入一些小组的活动，第一次他们安排我表演节目的时候，我简直吓坏了。但是，我每开一次口，就增加了一点勇气。过了一段时间，我的身上终于发生了变化，现在，我感到快乐多了，这是我以前做梦也想不到的。此后，我把这个经验告诉孩子们，这是我经历了多少痛苦才学习到的——无论发生什么事，都要秉持自己的本色！”

模仿照搬、重复、走老路，虽然很省事，没有什么风险，但是最没有出息，因为，老的总要被新的代替。

我们每个人都是世上独一无二的，你就是你自己，你无须按照他人的眼光和标准来评判甚至约束自己，你无须总是效仿他人。保持自我本色，这是拯救自己最重要的一点。

我们每个人的生活面貌都是由自己塑造而成的，如果我们能学会接受自己，看清自己的长处，明白自己的短处，便能踏稳脚步，达到目标；这样就不至于浪费许多时间和精力，空自苦恼。

不能保持自己的本来面目，这一问题自古皆然。詹姆士·基尔奇博士认为：“这是人性丛林中的一种普遍现象。”这也是造成许多精神衰弱症、精神异常或精神错乱的根源。曾对儿童教育问题写过十多本书和上千篇报道的安格罗·派屈说道：“当理想中的自我与现实中的自我不相一致时，那就是一种不幸。”这种现象在好莱坞比比皆是，著名导演山姆·伍德说过，他最头痛的就是让那些年轻演员如何秉持本色，他们只想变成三流的拉娜·透拉，或三流的克拉克·盖博，而“观众要的是另一种口味”。在执导《战地钟声》等名片之前，山姆·伍德从事过好几年的房地产生意，形成了自己的推销风格。他声称，拍电影和做买卖的原则是一样的，如果你一味模仿别人，就不能成功。“经验告诉我，”伍德说道，“不能表现出自我本色者注定要失败，而且失败得很快。”

下面让我们再来看看欧文·柏林给乔治·葛斯文的忠告吧。他们两人初识的时候，柏林已是位有名的作曲家，而葛斯文还是个每星期只赚35块钱的无名小子。柏林很赏识葛斯文的才华，愿意付3倍的价钱请葛斯文当音乐助理。“但是，你最好别接受这份工作，”柏林说，“如果你接受了，可能会变成一个二流的柏林，如果你秉持本色奋斗下去，你会是个一流的葛斯文。”葛斯文记下了柏林的忠告，果然成了美国当代著名的音乐家。

查理·卓别林开始拍电影的时候，导演要他模仿当时一个有名的德国喜剧演员。卓别林一直都不显得出色，直到找出了属于自己的戏路。鲍勃·霍伯也有类似的经验，他花了好几年的时间唱唱跳跳，直到还以本来面目，并以其机智的妙语而广受欢迎。

基尼·欧屈一直想改掉自己的得州腔，穿着入时，像个城里人。他宣称来自纽约，别人却在背后笑话他。直到有一天他弹起了琴，成为了牛仔明星和歌星。

所以，你既然已来到世上，就应庆幸自己是世上独一无二的，应该把自己的禀赋发挥出来。据分析，所有的艺术家都是具有一些天赋的；你是什么就唱什么，是什么就画什么。经验、环境的遗传造就了你的面目，无论是好是坏，你都得耕耘自己的园地；无论是好是坏，你都得弹起生命中的琴弦。爱默生在他的散文《自恃》中写道：

每个人在受教育的过程当中，都会有一段时间确信：嫉妒是愚昧的，模仿只会毁了自己；每个人的好与坏都是自身的一部分；纵使宇宙间充满了美好的东西。但如果不努力你什么也得不到；你内在的力量是独一无二的，只有你知道自己能做什么，但除非你真的去做，否则连你也不知道自己真的能做什么。

决定你是否能克服危机的不是你尺寸的大小——而在于做一个最好的你！你不应当丢掉自己身上最好的东西，去盲目模仿别人，把自己变成别人的影子。

“要想成为真正的‘人’，必须先是个不盲从因袭的人。你心灵的完整性是不可侵犯的……当我放弃自己的立场，而想用别人的观点去看一件事的时候，错误便造成了……”

这是爱默生所讲的名言。这对喜欢强调“由别人的观点来看事情”以增进人际关系的人来说，无疑是一大震撼。

也许，我们可以把爱默生的话做如下解释：“要尽可能由他人的观点来看事情——但不可因此而失去自己的观点。”假如成熟能带给你什么好处的话，那便是发现自己的信念及实现这些信念的勇气——无论遇到什么样的因素。

普林斯顿大学校长哈洛·达斯，对顺应群体与否的问题十分关切。他在1955年的学生毕业典礼上，以《超越盲从的重要性》的题目发表演说，指出：

“无论你受到的压力有多大，使你不得不改变自己去顺应环境，但只要你是个超越盲从而具有独立个性气质的人，便会发现，不管你如何尽力想用理性的方法向环境投降，你仍会失去自己所拥有的最珍贵的资产——自尊。想要维护自己的独立性，可说是人类具有的神圣需求，是不愿当别人橡皮图章的尊严表现。盲从虽可一时得到某种情绪上的满足，却也时时会干扰你心灵的平静。”

达斯校长最后做了一个很深刻的结论。他指出：“盲从是导致人生失去自我的危机因素之一，人们只有在找到自我的时候，才会明白自己为什么会到这个世界上来、要做些什么事、以后又要到什么地方去等这类问题。”

步人后尘的人，永远走不出属于自己的路，因此要自己的路自己走，自己脚上的泡自己治。

3. 半途而废

你想给胜利之神送礼吗？我告诉你，最好的礼物是——毅力。

美国著名学者安东尼·卡索，从他亲自策划和主持过的上百次民意测验中，整理和归纳了美国500家大企业创立人成功的要点和原则，得出的“创业十要”中就有这样一条：做一件事坚持到底最重要，相反半途而废，就会在竞争中一事无成，更谈不上成功！你如果制订出一个目标——要有耐心地完成它，即行动要有恒心。如果失去了恒心，人生恰似没有油的灯。一个人必须知道他正在为什么目标而工作，然后他才会像一只猫追逐老鼠一样紧迫不舍。本杰明·富兰克林写道：“让每个人确认他特殊的工作和职业，而且耐心地做着，如果他想要成功的话。”

诗人撒母耳·泰勒·柯尔雷基是个最该听从这人劝告的人，他遗留给后代的诗大部分都是未完成的。他把自己的才华分散得太微细而浪费掉了。他生活在一个不真实的梦幻世界里，在他死后，查理·兰姆写信给朋友时说：“柯尔雷基死了，听说他留下了四万多篇有关形而上学和神学的论文——没有一篇是完成的！”只有听从这个劝告的人，即只有行动有恒心的人，才能发挥潜能，才能成就伟业，才能完成目标。行动要有恒心，这是开发潜能的重要因素，诺贝尔是深谙这一点的。

通向成功的唯一捷径，就是在失败中认真地学习。然而，谁能想象这样一个人，死神在他事业的路上如影相随，他却矢志不移地走向了成功。他就是家喻户晓的诺贝尔奖金的奠基人——弗莱德·诺贝尔。

1864年9月3日这天，寂静的斯德哥尔摩市郊，突然爆发出一阵震耳欲聋的巨响，滚滚的浓烟霎时间冲上天空，一股股火花直往上蹿。仅仅几分钟时间，一场惨祸发生了。当惊恐的人们赶到出事现场时，只见原来屹立在这里的一座工厂已荡然无存，无情的大火吞没了一切。火场旁边，站着一位三十多岁的年轻人，突如其来的惨祸和过分的刺激，已使他面无人色，浑身不住地颤抖着……这个大难不死的青年，就是后来闻名于世的弗莱德·诺贝尔。

诺贝尔眼睁睁地看着自己所创建的硝化甘油炸药的实验工厂化为灰烬。人们从瓦砾中找出了五具尸体，其中一个是他正在大学读书的活泼可爱的小弟弟，另外四人也是和他朝夕相处的亲密助手。五具烧得焦烂的尸体，令人惨不忍睹。诺贝尔的母亲得知小儿子惨死的噩耗，悲痛欲绝。年老的父亲因太受刺激引起脑溢血，从此半身瘫痪。然而，若贝尔在失败和巨大的痛苦面前却没有动摇。

惨案发生后，警察当局立即封锁了出事现场，并严禁诺贝尔恢复自己的工厂。人们像躲避瘟神一样避开他，再也没有人愿意出租土地让他进行如此危险的实验。困境并没有使诺贝尔退缩，几天以后，人们发现，在远离市区的马拉仑湖上；出现了一只巨大的平底驳船，驳船上并没有装什么货物，而是摆满了各种设备，一个青年人正全神贯注地进行一项神秘的实验。他就是在大爆炸中死里逃生、被当地居民赶走了的诺贝尔！

大无畏的勇气往往令死神也望而却步。在令人心惊胆战的实验中，诺贝尔没有连同他的驳船一起葬身鱼腹，而是碰上了意外的机遇——他发明了雷管。雷管的发明是爆炸学上的一项重大突破，随着当时许多欧洲国家工业化进程的加快，开矿山、修铁路、凿隧道、挖运河都需要炸药，于是人们又开始亲近诺贝尔了。他把实验室从船上搬迁到斯德哥尔摩附近的温尔维特，正式建立了第一座硝化甘油工厂。接着，他又在德国的汉堡等地建立了炸药公司。一时间，诺贝尔生产的炸药成了抢手货，源源不断的订单从世界各地纷至沓来，诺贝尔的财富与日俱增。

然而，获得成功的诺贝尔并没有摆脱灾难。

不幸的消息接连不断地传来：在旧金山，运载炸药的火车因震动发生爆炸，火车被炸得七零八落；德国一家著名工厂因搬运硝化甘油时发生碰撞而爆炸，整个工厂和附近的民房变成了一片废墟；在巴拿马，一艘满载着硝化甘油的轮船，在大西洋的航行途中，因颠簸引起爆炸，整个轮船全部葬身大海……

一连串骇人听闻的消息，再次使人们对诺贝尔望而生畏，甚至把他当成瘟神和灾星，如果说前次灾难还是小范围内的话，那么这一次他所遭受的已经是世界性的诅咒和驱逐了。

诺贝尔又一次被人们抛弃了，不，应该说是全世界的人都把自己应该承担的那份灾难给了他一个人。面对接踵而至的灾难和困境，诺贝尔没有一蹶不振，他身上所具有的毅力和恒心，使他对已选定的目标义无反顾，永不退缩。在奋斗的路上，他已习惯了与死神朝夕相伴。炸药的威力曾是那样不可一世，然而，大无畏的勇气和矢志不渝的恒心最终激发了他心中的潜能，最终征服了炸药，吓退了死神。诺贝尔赢得了巨大的成功，他一生共获专利发明权355项。他用自己的巨额财富创立的诺贝尔科学奖，被国际科学界视为一种崇高的荣誉。

诺贝尔成功的经历告诉我们，恒心是实现目标过程中不可缺少的条件，恒心是发挥潜能的必要条件。恒心与追求结合之后，就形成了百折不挠的巨大力量。

没有恒心作定点，事业的圆规就画不出成功之圆来。商业竞争常常是持久力的竞争，有恒心和毅力的经营者往往成了笑到最后、笑得最甜的胜利者。只有不怕风吹浪打坚持扬帆前进，才能触摸到大海的脉搏，感受到大海的磅礴；不畏悬崖绝壁，坚持不懈攀登，才能领略山巅的灿烂胜景和绚丽风光。

4. 丧失进取心

几乎人人都有追求，但是追求，绝不仅仅是对现状的不满与海市蜃楼般的“理想”。追求必须体现在具体的事业上。事业如果不具有进取心，一切都无从谈起。

在成功者眼里，失败不只是挫折，失败还是一次机会：它说明你还存在某种不足和欠缺。找到它，补上这个缺口，你就增长了一些经验、能力和智慧，也就会离成功越来越近。世界上真正的失败只有一种，那就是轻易放弃，缺乏进取。在这个世界上，轻易放弃者比比皆是．因为他们不能像松下幸之助一样有一颗进取之心，所以总是在困境中徘徊，从而不能拯救自己。

日本松下电器公司总裁松下幸之助，年轻时家庭生活贫困，必须靠他一个人养家糊口。有一次，瘦弱矮小的松下到一家电器工厂去谋职。他走进这家工厂的人事部，向一位负责人说明了来意，请求给安排一个哪怕是最低下的工作。这位负责人看到松下衣着肮脏，又瘦又小，觉得很不理想。但又不能直说，于是就找了一个理由：我们现在暂时不缺人，你一个月后再来看看吧。这本来是个托词，但没想到一个月后松下真的来了，那位负责人又推托说此刻有事，过几天再说吧，隔了几天松下又来了。如此反复多次，这位负责人干脆说出了真正的理由："你这样脏兮兮的是进不了我们工厂的。"于是，松下幸之助回去借了一些钱，买了一件整齐的衣服穿上又返回来。这人一看实在没有办法，便告诉松下：'关于电器方面的知识你知道得太少了，我们不能要你。"两个月后，松下幸之助再次来到这家企业，说："我已经学了不少有关电器方面的知识，您看我哪方面还有差距，我一项项来弥补。"

这位人事主管盯着他看了半天才说："我干这行几十年了，头一次遇到像你这样来找工作的，我真佩服你的耐心和韧性。"结果松下幸之助的毅力打动了主管，他终于进了那家工厂。后来松下又以其超人的努力逐渐锻炼成为一个非凡的人物。

个人进取心，是你实现克服生存危机不可少的要素，它会使你进步，会使你受到注意而且会给你带来机会。

在有些人看来，个人进取心可以创造机会。巴尔塔是一位木匠的学徒，当他被派去建造衣橱时，他的周薪只有400美元。当完工后，看到他的客户对能善于利用空间以及他的手工品质而感到高兴时，巴尔塔想到了一个主意，他用从他第一位客户那儿赚到的工资，开了一家衣橱公司。

巴尔塔就凭着当时深受欢迎的“将拥挤的衣橱，转变成能有效利用的空间”的需求，在12年内就扩大成为全美拥有100多家加盟店的大企业。也引起其他衣橱制造业者一窝蜂跟进，巴尔塔便在1989年，将他的公司以1200万美元的价格卖给了威廉斯·索诺马。

巴尔塔可以作为一个木匠而感到满足，但他却能认清自己的能力，并获得远超过其他学徒梦想的成功。

在另外一些人看来，个人进取心也可以创造财富。贝斯和盖斯勒，是1960年费城一家电视公司的制作人。他们发现录影带比影片具有更强的市场适应性，虽然他们并非一流的制作专家，但他们决定开创自己的事业。

于是他们便成立了一家录影公司，由于他们无法制作一流的节目，故他们决定提供一些其他有价值的服务：他们提供最好的设备和空间，给其他制作公司使用。虽然他们很早就进入这一行，但是他们仍然面临竞争；为了占有市场，他们不惜冒风险和可能没有付款能力的人签约。

贝斯和盖斯勒也了解更进一步的道理，他们知道，他们的客户同样必须满足自己的客户，故除了提供设备空间之外，他们还提供给客户一些最新技术，就像盖斯勒在接受《成功杂志》访问时所说的：“我们告诉客户他们可能想都没有想到的技术，他们得到好评，而我们得到付款。”

贝斯和盖斯勒的公司目前除了制作一些表演节目之外，还为录影技术人员提供训练讲座，他们还为一些公司，像IBM、花旗银行等，提供公司内部通讯服务，也就是提供将位于纽约、洛杉矶等不同城市的人员连线以便召开电视会议的服务。

贝斯和盖斯勒，并非最先洞察视讯系统在未来市场上会拥有一片天空的人，但由于他们有采取行动、制订计划、承担风险和提供他人没有提供的服务的进取心，故使得他们成为这一行的第一人，赢得了生存的优势。

并且，个人进取心还可以创造进步。你克服危机的明确目标可能是有一天自己当老板，但即使你志不在此，或是这一克服危机目标尚遥远，培养个人进取心还是会为你带来好处的。

艾美是一家子公司的行销策略人员，她看准了该公司视为失败的一项产品：白雪洗发精。它是一种价格低廉而且不含添加剂的洗发精，这种洗发精没有华丽的包装，但却能吸引讲究价格的消费者。于是她决定再次为“白雪”全力以赴并将它再呈给管理阶层，并告诉他们“白雪”的价值所在。最后管理阶层接受了她的提议，而“白雪”竟成为该公司销售最好的洗发精之一。

由于“白雪”销售成功，艾美成为该公司一家分公司的负责人。于是，她研创了一系列新的护发产品，而这些产品最后也都成了市场宠儿。

如今艾美已成为布瑞尔通讯公司的执行副总裁，该集团所从事的正是市场行销服务。由于她不断地以她的个人进取心为公司引进更多更好的产品，故她得到今天的职位可说是实至名归。她的公司同样也了解她愿意提供超过她应该提供的服务，哈佛商业学校也颁给她“马克斯和柯恩卓越零售奖学金”，而《美金和意识》杂志称她为“前一百名商业职业妇女”之一。个人进取心使艾美获得认同、进步和选择工作的机会，赢得了生存的优势。

当你定出你明确的目标之时，就是你开始运用你个人进取心的时候了，开始执行你克服危机的计划，组织你的智囊团。尽管你会发现在执行克服危机的计划过程中，你克服危机的目标发生了一些变化，但最重要的是“马上展开”你克服危机的计划。

开始一项不甚完全的计划，总比拖延行动要好得多，“拖延”是你发挥个人进取心的大敌。如果你一开始时，就让拖延变成一种习惯的话，那么它必将蔓延于日后你的每一项行动中。尽一切努力使你的计划付诸实现，并从错误中学习经验。别理会那些说你的行动是自毁前程的人的话。当卡内基决定将钢铁的单价，从每吨140美元降到20美元作为他进入钢铁业的目标时，曾受到许多人的嘲笑。而当卡内基达到他的目标时，那些曾经嘲笑他的人连一毛钱都没有赚到。

别让外在力量影响你的行动，虽然你必须对他人的惊讶和你面对的竞争做出反应，但你必须每天以你的既定计划为基础向前迈进。

每当你完成一件工作时就应做一番反省——这是你所能做到的最好的成绩吗？如何能做得更好？何不现在就使自己更进一步？是否能够发挥个人进取心，应视你对于每次机会的觉醒程度，以及你是否能在发现机会时立即行动而定。

闪闪发光的珍珠，昨天却也是相貌平平的砂粒。可见，对于一个追求成材者来说，最重要的是自强不息的进取精神，而不是怨天尤人。

5. 办事拖延

一直拖到最后一秒钟的习惯，会使自己的生活充满焦虑。恺撒因为接到报告没有立刻展读，遂致一到议会就丧失了生命。拉尔上校正在玩纸牌，忽然有人递来一个报告说，华盛顿的军队已经推进到德拉瓦尔了。他将来件塞入衣袋中，牌局完毕，他才展开那报告，待到他调集部下，出发应战，但时间已经太迟了。结果是全军被俘，而自己也因此战死。仅仅是几分钟的延迟，然而却丧失了尊荣、自由与生命！美国哈佛大学人才学家哈里克说：“世上有93%的人都因拖延的陋习而一事无成，这是因为拖延能杀伤人的积极性，而成功者则与之恰恰相反。”

拖延是人性的一种弱点，它在生活中不仅强大而且令人讨厌。如果每当你遇到糟糕的情况，你总是说“我应该做它，但为时已晚”，那么，你的“拖延”误区的形成则不能归咎于外在力量的影响，它完全是由你自己的因素造成的。

然而他埋怨的不是他自己——而是命运。

凡是应该做的事拖延而不立刻去做，留待将来再做，有这种不良习惯的人，是弱者。有力量的人，是那些能够在一件事情意味新鲜及充满热忱的时候，就立刻去做的人。人们最大的理想、最高的意境、最宏伟的憧憬，往往是在某一瞬间突然从头脑中很有力地跃出来的。

一个猎人，带着他的袋子、他的弹药、他的猎枪和他的猎狗出发了。虽然人人劝他在出门之前把弹药装在枪筒里，他还是带着空枪走了。

“废话！”他嚷道，“以前我没有去过吗？而且不见得我出生以来，天空中就只有一只麻雀啊！我真正到达那里，得一个钟头，哪怕我要装100回子弹，也有的是时间。”

仿佛命运之神在嘲笑他的想法似的，他还没有走过开垦地，就发现一大群野鸭密密地浮在水面上，我们的乡村猎人一枪就能打中六七只，毫无疑问，够他吃上一个礼拜的，如果他出发时在枪筒内装好了子弹的话！

如今他匆匆忙忙地装着子弹，可是野鸭发出一声叫喊，一齐飞起来了，高高地在树林上方排成长长的一列，很快就飞得看不见了。

他徒然穿过曲折狭窄的小径，在树林里奔跑搜索，树林是个荒凉的地方，他连一只麻雀也没有见到。

真糟糕，一桩不幸又惹起了另一桩不幸：霹雳一声，大雨倾盆。浑身都是雨水，袋子里空空如也，猎人拖着疲乏的脚步走回家去了。

我们每天都有每天的事。今天的事是新鲜的，与昨天的事不同，而明天也自有明天的事。所以说今日事今日毕，千万不要拖延到明天！

拖延的习惯妨碍他人行事。过度郑重与缺乏自信都是做事的大忌。当你对一件事情充满兴趣、热情浓厚的时候去做，与你在兴趣、热情消失之后去做，其难易、苦乐，真不知相差多少！当你兴趣、热情浓厚时，做事是一种喜悦；而当兴趣、热情消失时，做事是一种痛苦。

搁着今天的事不做，而想留待明天去做，就在这种拖延中所耗去的时间、精力实际上也够将那件事做好。

斯通担任全美国际销售执行委员会的七个执行委员之一时，曾作为该会的代表走访了亚洲和太平洋地区。在一个星期二，斯通给澳大利亚东南部墨尔本市的一些商业工作人员作了一次励志性的谈话。到下个星期四的晚上，斯通接到一个电话，是一家出售金属柜的公司的经理李斯特打来的。

李斯特很激动地说：“发生了一件令人吃惊的事！你会同我现在一样感到振奋的！”

“把这件事告诉我吧！发生了什么事？”

“一件惊人的事！你在上星期二的谈话中推荐了十本励志书。我买了《思考致富》，在当天晚上就读了几个小时。第二天早晨我又继续读它，于是我在一张纸上写道：

‘我的主要的确定目标是把今年的销售额翻番。’令人吃惊的是，我竟在48小时之内达到了这个目标。”

“你是怎样达到这个目标的？”斯通问李斯特，“你怎样把你的收入翻一番的呢？”李斯特答道：“你在谈话中讲到你的推销员亚兰在同一个街区兜售保险单失败而又成功的故事。我记得你说过：‘有些人可能认为这是做不到的，但是亚兰做到了。’我相信你的话。我也做了准备。

“我记住了你给我们的自我激励警句：‘立刻执行！’我就去看我的卡片记录，分析了十笔死账。我准备提前兑现这些账，这在先前可能是一件相当棘手的事。我重复了‘立即执行’这句话好几次，并用积极的心态去访问这十个账户。结果做了笔大买卖。发扬积极心态的力量所做出的事是很惊人的——真正的惊人！”

其实，只要你养成好的做事习惯，李斯特所能做到的这些你同样也能做到。

然而，现在我们要你学会“立即执行！”

有时，立即执行的决定能使你最荒诞的梦想成为现实。它给曼里·斯威兹开辟了一条道路。下面就是他的故事：

曼里喜欢打猎和钓鱼。他的美好生活的概念就是带着鱼竿和猎枪，郊游80公里，到森林里去，在那儿劳累一两天之后，再走回来，虽然全身污泥，但他很愉快。

他对这种业余活动所感到的唯一烦恼，就是他作为一位保险业务的推销员，花费的工作时间太多了。有一天他极不乐意地离开了他所喜爱的鲈鱼湖，回到工作台。这时他产生了一种不着边际的想法：他假定有一些人住在荒野的地方，而这些人又需要保险。那么，他就能在野外开展工作。真的，曼里发现了这样一群人：他们在野外从事修建阿拉斯加铁路的劳动，他们住在分散的工段房子里，绵延在800公里长的铁路线上。如果向这些人兜售保险单又怎样呢?

曼里在想到这个主意的那一天就制定了计划。他请教了一位旅行代理人，然后就开始打行李包。他不中断他的准备工作，以免怀疑悄悄地溜来恐吓他，要他相信他的想法可能是轻率的，可能要失败。为了使他的想法不因有缺点而被搁置下来，他立即乘船到了阿拉斯加的西沃德半岛。

曼里在铁路沿线往返了好多次，人们称他为“徒步斯威兹”。他成了受这些孤独家庭所欢迎的人，他向他们推销保险单，也免费给人理发，向那些只吃罐头食品和火腿的单身汉教授烹饪术。所有的时间，他都是做自然而来的事，也是做他想做的事：踏遍群山，打猎，钓鱼——如他所说，“过着斯威兹式的生活！”

在寿险业务方面，有一种特殊荣誉的地位保留给那些在一年中能售出100多万美元业务的人，这叫作“百万美元圆桌英雄”。在曼里的故事中，值得注意和令人难以相信的是，曼里前往阿拉斯加的荒野，走无人愿意走的路，还做了百万美元的业务。这一年他在这种“百万美元圆桌英雄”中取得了自己的地位。

当不着边际的“想法”出现于他的脑海时，如果他犹豫而不用建功立业的秘诀，那么这些事情是一件也不会做成的。

“立即执行！”可以影响你各方面的生活。它能帮助你去做你所不想做而又必须做的事，同时也能帮助你，正如帮助曼里一样，去做那些你想做的事。它能帮助你抓住宝贵的时机——这些时机一旦失去，就绝不会再回来——哪怕只是打电话给你的一位伙伴，告诉他，你很敬慕他。

记住，不管你成了什么人或者你是什么人，如果你以积极的心态行事，你都能成为你想要成为的那种人。

“立即执行！”是一句重要的促使自己克服危机的自我激励语句。

一个人身体不好，应该就医，而拖延着不去就医，以致病情严重，或竟不治，这样的人在我们身边也为数不少吧！

拖延的习惯最能损害及降低人们做事的努力了，如果你有这种习惯，要立刻改掉。

6. 犹豫不决

有人曾将25000位遭受失败的男女加以分析，曾经揭开一件事实，即“踌躇不决”在失败的31项重大的原因中，名列前茅。

踌躇不决，几乎是每个人都必须克服的共同敌人。

亨利·福特最特异的性格之一，就是他有下决心迅速而改变则缓慢的习惯。他这种性格显著到他被称为出了名的顽固。就是这种性格，驱使他继续制造出名的T型汽车（世界上最丑的汽车），尽管他的全体顾问，以及很多买这种车的人，都极力劝其将它改型。

也许是福特拖延这车的改型太久了，不过在另一方面，在必须改型之前，他的坚定决心，却为他赚得巨大的财富。福特先生决心坚定的习惯，已经到了固执的程度，不过他此种性格，毕竟优于先犹豫不决而后改变快速的作风。

不能聚积足够钱财以供所需的人，大多数都容易受别人意见的影响。他们让新闻纸及多话的邻居替他思考，但意见是世界上最便宜的货色。每个人都有一大堆意见，准备好贡献给肯接受它的任何人。如果你做决定的时候会受别人意见的影响，你是做任何事都得不到成功的。如果你会受别人意见的影响，你就不会有自己的欲望。

你要自作主张，自己做出决定并且付诸实行。除了你选择智囊团的分子之外，你任何人都不要相信，而且在你选择智囊团的分子时，要确定只选与你的宗旨相协调而又完全拥护它的人。

好朋友与亲人尽管有时是无心的，也会用“意见”来阻碍你，有时用的是幽默的玩笑。成千上万的男女，终生带着自卑感，为的只是被怀着好意的无知人用“意见”或开玩笑而毁了他们的自信心。

你有自己的灵感与脑子，用它们来做你自己的决定。如果你需要别人提供事实或资讯来帮助你做决定——可能你很多时候会这样——要悄悄地取得你所需要的资讯，而别宣扬你的秘密。

人们的性格往往是：虽然只有一点浅薄的知识，也要给人造成他似乎有很多知识的印象。这种人有嘴巴，可没有耳朵。你要紧闭你的嘴，而让你的眼睛与耳朵张开——倘使你想养成立即下定决心的习惯的话。话讲得太多的人，是很少做事情的。如果你说话多于听话，你不仅失去很多收集有用知识的机会，并且会暴露了你的计划与意向，而使得人家大为高兴他可以将你击败，因为他们是嫉妒你的呀。也记住，每次你在一位知识丰富的人面前张口说话，你就向他暴露知识存量的确实底蕴，或者它的匮乏！高度的智慧，往往表现为谦逊与缄默。

再记住一件事实：你所交往的每个人，都像你自己一样在寻求发财的机会。如果你太随便暴露你的计划，你会发觉，有人就用你不很机警地说出的计划，比你提前付诸实施，而在你自己的目标上打败你，再使你惊讶不已。

你的第一个决定，就是闭上你的嘴，张开你的耳朵和眼睛。

作为提醒你遵守此建议的备忘录，你可以用大字抄写下面的警句，贴在你每天能看到它的处所——这对你很有益处：“告诉世人你想做的事，不过要在你做给他们看之后。”这等于是说：“最有用的是做，而不是说。”

决心的价值，决定于它做成时所需要的勇气。

在我们所讲的全部哲理中，可以发现一种提示：思想受到强烈欲望的支持，便有将它自己转变为其实质等量物的倾向。

在你寻求此种方法的秘密时，别寻求奇迹，因为你是找不到它的，你找到的只是大自然的永恒定律，这定律倒是每一个有信心有勇气使用它的人都找得到的。它们可以用来取得一个国家的自由，或者用来累积个人的财富。

能够立刻做出决定，又确切知道他要的是什么的人，一般都能得到他所要的事物。世界各国的领袖，都能迅速而坚定地下决心，这就是他们之所以成为领袖的主要原因。这个世界习惯于空出地位来，给予言行都明白表示他知道应该往何处去的人。

踌躇不决往往是人年轻时便开始的习惯。当年轻人由小学到中学，甚至经过了大学，都还没有一定的意向时，此种习惯便成为永久性的了。

踌躇不决的习惯，还会跟着学生一同到他所挑选的职业上去——假使他的确挑选过职业的话。普通的年轻人，是一踏出校门，便寻求他能找到的任何工作。而且他找到第一个职业便接受了，因为他已经养成了踌躇不前的习惯。目前做薪水阶层工作的人中，百分之九十八都是在缺乏确定的决心的情况下去寻求职位的，又在缺乏如何选择雇主的知识的情况下得到工作的。

缺乏决心是失败的主要原因。每个人都有他的意见，不过最后是你的意见决定自己的一切。下定了的决心，会使它自己切合异常特殊的环境。踌躇不决往往在年轻时候便开始，你应该避免它并且帮助别人避免它。

被坏的习惯势力束缚着支持着的人，永远无法从事创造性的劳动，又怎能达到理想之巅，无论做什么事情都不要让踌躇不决的坏习惯阻碍了自己的发展，要下定决心立刻行动。

7. 懒惰

惰性是人类可怕的敌人，它不仅使人屈从于失败的羞辱，更使人沉湎于成功的虚假浮光，而对于一个社会来说，惰性即意味着没有创造力，没有新的思想，平庸乏味和停滞不前。

无论王侯、贵族、君主还是普通市民都具有这个特点，人们总想尽力享受劳动成果，却不愿从事艰苦的劳动。懒惰、好逸恶劳这种本性是如此的根深蒂固、普遍存在，以至于人们为这种本性所驱使，往往不惜毁灭其他的民族，乃至整个社会。为了维持社会的和谐、统一，往往需要一种强制力量来迫使人们克服懒惰这一习性，不断地劳动。由此就产生了专制政府，英国哲学家穆勒这样认为。

无论是对个人还是对一个民族而言，懒惰都是一种堕落的、具有毁灭性的东西。人一旦产生了惰性并任它发展下去的话，那么庸俗、无知、愚蠢、怯懦就会结伴而来，人的一切美德又会随着它们的到来而丧失殆尽。

因此，那些生性懒惰的人不可能在社会生活中成为一个成功者，他们永远是失败者。成功只会光顾那些辛勤劳动的人们。懒惰是一种恶劣而卑鄙的精神重负。人们一旦背上了懒惰这个包袱，就只会整天怨天尤人，精神沮丧、无所事事，这种人完全是无用之人。

亚历山大征服波斯人之后，他有幸目睹了这个民族的生活方式。亚历山大注意到，波斯人的生活十分腐朽，他们厌恶辛苦的劳动，却只想舒适地享受一切。亚历山大不禁感慨道：没有什么东西比懒惰和贪图享受更容易使一个民族奴颜婢膝的了；也没有什么比辛勤劳动的人们更高尚的了。

有一位外国人周游世界各地，见识十分丰富。他对生活在不同地位、不同国家的人有相当深刻的了解，当有人问他不同民族的最大的共同性是什么，或者说最大的特点是什么时，这位外国人用不大流畅的英语回答道：“好逸恶劳乃是人类最大的特点。”

武英国圣公会牧师、学者、著名作家伯顿给世人留下了一本内容深奥却十分有趣的书《忧郁的剖析》——约翰逊说，这是唯一一本使他每天提早两个小时起来拜读的书——伯顿在书中提出了许多特别独到而精辟的论断。

他指出：精神抑郁、沮丧总是与懒惰、无所事事联系在一起的。“懒惰是一种毒药，它既毒害人们的肉体，也毒害人们的心灵，”伯顿说，“懒惰是万恶之源，是滋生邪恶的温床；懒惰是七大致命的罪孽之一，它是恶棍们的靠垫和枕头，懒惰是魔鬼们的灵魂……一条懒惰的狗都遭人唾弃，一个懒惰的人当然无法逃脱世人对他的鄙弃和惩罚。再也没有什么事情比懒惰更加不可救药的了，一个聪明然而却十分懒惰的人本身就是一种灾祸，这种人必然成为邪恶的走卒，是一切恶行的役使者，因为他们的心中已经没有劳动和勤劳的地位，所有的心灵空间必然都让恶魔占据了，这正如死水一潭的臭水坑中的各种寄生虫，各种肮脏的爬虫都疯狂地增长一样，各种邪恶的、肮脏的想法也在那些生性懒惰的人们的心中疯狂地生长，这种人的心思灵魂都被各种邪恶的思想腐蚀、毒化了……”

伯顿对于同一个问题有大量的论述。《忧郁的剖析》这本书的深刻思想也集中体现在该书的这段结束语中。伯顿在该书的最后部分说：“你千万要记住这一条——万万不可向懒惰和孤独、寂寞让步，你必然切实地遵循这一原则，无论何时何地也不要违背这一原则，只有遵循这一原则，你的身心才有寄托和归依，你才会得到幸福和快乐；违背了这一原则，你就会跌入万劫不复的深渊。这是必然的结果、绝对的律令。记住这一条：

千万不可懒惰，万万不可精神抑郁。”

聪明一旦让懒惰占有，就像钢铁一样层层生锈；本来可以做栋梁支柱，最后却变成废渣污垢。正义之神正是派遣这些恶魔来折磨那些懒惰、无所事事、真正的幸福绝不会光顾那些精神麻木、四体不勤的人们，幸福只在辛勤的劳动和晶莹的汗水中。懒惰，只有懒惰才会使人们精神沮丧、万念俱灰；劳动，也只有劳动才能创造生活、给人们带来幸福和欢乐。任何人只要劳动，就必然要耗费体力和精力，劳动也可能会使人们精疲力竭，但它绝对不会像懒惰一样使人精神空虚、精神沮丧、万念俱灰。

一位智者认为劳动是治疗人们身心病症的最好药物。马歇尔·霍尔博士认为：“没有什么比无所事事、空虚无聊更为有害的了。”一位大主教认为：“一个人的身心就像磨盘一样，如果把麦子放进去，它会把麦子磨成面粉，如果你不把麦子放进去，磨盘虽然也在照常运转，却不可能磨出面粉来。”

那些游手好闲、不肯吃苦耐劳的人总是有各种漂亮的借口，他们不愿意好好地工作、劳动，却常常会想出各种主意和理由来为自己辩解。确实，一心想拥有某种东西，却害怕或不敢或不愿意付出相应的劳动，这是懦夫的表现。无论多么美好的东西，人们只有付出相应的劳动和汗水，才能懂得这美好的东西是多么地来之不易，因而愈加珍惜它，人们才能从这种“拥有”中享受到快乐和幸福，这是一条万古不易的原则。即使是一份悠闲，如果不是通过自己的努力而得来的，这份悠闲也就并不甜美。不是用自己劳动和汗水换来的东西，你就没有为它付出代价，你就不配享用它。

在现实社会生活中，无论一个人处在什么样的社会阶层，他具有什么样的地位和身份，他都必须或者说有义务去努力劳动。无论是穷人还是富人、达官显要还是普通市民都必须各司其职、各尽其力，各尽所能，为社会做出自己应尽的贡献。但有些人却偏偏会这样去做——白吃白喝一辈子，从来没有为社会做出自己的贡献。

懒散只会使生命变成片片凋零的黄叶，然后随着时间的流失漂走。年轻时以“来日方长”自慰，年老时以“为时已晚”自弃，剩下来的还有什么呢？只有一个无所作为的苍白人生了，所以说，千万别让懒惰拖住了你前进的脚步。

8. 埋怨多

顺利和困难结伴，失败和成功为邻。伟人之所以伟大，关键在于，当他与别人共处逆境时，别人失去理智，一味抱怨命运的不公，而他则下决心实现自己的目标。

世上确实有很多不公平的事，有很多值得埋怨的事。但是，如果我们回过头来想想，世上是根本不可能会有什么十全十美。如果我们一味追求完美，抱怨社会，抱怨他人，如果我们一定要等到世上所有条件都完美后才开始行动，那么只好永远等下去了。有的人为什么一辈子都干不了一件事情，原因正在于此。相反，有的人也对自己的现状不满，但他却起来行动，力求改变现状，而不是埋怨，结果行动者却成功了，而埋怨者依旧一事无成。

吉恩快40岁了，他受过良好的教育，有一份安定的会计工作，一个人住在芝加哥，他最大的心愿就是早点结婚。他渴望爱情、友谊、甜蜜的家庭、可爱的孩子以及种种相关的事。他有几次差点就要结婚了，有一次只差一天就结婚了。但是每一次临近婚期时，吉恩都因不满他的女朋友而作罢。

有一件事可以证明这一点。两年前吉恩终于找到了梦寐以求的好女孩。她端庄大方、聪明漂亮又体贴。但是，吉恩还要证实这件事是否十全十美。有一个晚上当他们谈到婚姻大事时，新娘突然说了几句坦白的话，吉恩听了有点懊恼。

为了确定他是否已经找到理想的对象，吉恩绞尽脑汁写了一份长达4页的婚约，要女友签字同意以后才结婚。这份文件又整齐又漂亮，看起来冠冕堂皇，内容包括他所能想象到的每一个生活细节。其中有一部分是宗教方面的，里面提到上哪一个教堂、上教堂的次数、每一次奉献金的多少；另一部分与孩子有关，提到他们——共要生几个孩子、在什么时候生。他把他们未来的朋友、他太太的职业、将来住哪里以及收入如何分配等等，都不厌其烦地事先计划好了。在文件结尾又花了半页的篇幅详列女方必须戒除或必须养成的一些习惯，例如抽烟、喝酒、化妆、娱乐等等。准新娘看完这份最后通牒，勃然大怒。她不但把它退回，又附了一张便条，上面写道："普通的婚约上有'有福同享，有难同当'这一条，对任何人都适用，当然对我也适用。我们从此一刀两断！"

当吉恩先生收到被退回的婚约时，还委屈地说："你看，我只是写一份同意书而已，又有什么错？婚姻毕竟是终身大事，你不能不慎重行事啊！"

吉恩真是大错特错。他可能过分紧张、过度谨慎，但不论是婚姻，或是任何一件事情，你都不能过分吹毛求疵，以免你所定的每一种标准都偏高了。吉恩先生处理问题的做法，跟他对工作、积蓄、朋友的交情，甚至每一件事情都很相像。

成功的人物并不是在问题发生以前，先把它统统消除，而是一旦发生问题时，有勇气克服种种困难。我们对于一件事情的完美要求必须折中一下，这样才不至于陷入行动以前永远等待的泥沼中。当然最好是有逢山开路、遇水架桥那种大无畏的精神。

当我们决定一件大事时，心里一定会很矛盾，都会面对到底要不要做的困扰。

但是你要知道，积极的行动，即使百分之一的希望也有可能变成现实，消极的等待，即使有百分之九十九的把握也会落空。

杰米先生是个普通的年轻人，大约20多岁，有太太和小孩，收入并不多。

他们全家住在间小公寓里，夫妇两人都渴望有一套自己的新房子。他们希望有较大的活动空间、比较干净的环境、小孩有地方玩，同时也增添一份产业。

买房子的确很难，必须有钱支付分期付款的头款才行。有一天，当他签发下个月的房租支票时，突然很不耐烦，因为房租跟新房子每月的分期付款差不多。

杰米跟太太说：“下个礼拜我们去买一套新房子，你看怎样？”

“你怎么突然想到这个？”她问，“开玩笑！我们哪有能力！可能连头款都付不起！”

但是他已经下定决心：“跟我们一样想买一套新房子的夫妇大约有几十万，其中只有一半能如愿以偿，一定是什么事情才使他们打消这个念头。我们一定要想办法买一套房子。虽然我现在还不知道怎么凑钱，可是一定要想办法。”

下个礼拜他们真的找到一套两人都喜欢的房子、朴素大方又实用，头款是1200美元。他知道无法从银行借到这笔钱，因为这样会妨害他的信用，使他无法获得一项关于销售款项的抵押借款。

可是皇天不负有心人，他突然有了一个灵感，为什么不直接找包销商谈，向他借私款呢？他真的这么去做。包销商起先很冷淡，由于杰米一再坚持，他终于同意了。他同意杰米把1200美元的借款按月偿还100美元，利息另外计算。

现在他要做的是，每个月凑出100美元。夫妇两个想尽办法，一个月可以省下25美元，还有75美元要另外设法筹措。

这时杰米又想到另一个点子。第二天早上他直接跟老板解释这件事，他的老板也很高兴他要买房子了。

杰米说：“T先生（就是老板），你看，为了买房子，我每个月要多赚75美元才行。我知道，当你认为我值得加薪时一定会加，可是我现在很想多赚一点钱；公司的某些事情可能在周末做更好，你能不能答应我在周末加班呢？有没有这个可能呢？”

老板对于他的诚恳和雄心非常感动，真的找出许多事情让他在周末工作10小时，他们因此欢欢喜喜地搬进新房子了。

这个实例可以归纳为三点：

——杰米的决心燃起灵感的火花，因而想出各种办法来实现他的心愿，而不是妒忌那些住进新房的人。

——由此，他的信心大增，下一次决定什么大事时会更容易、更顺手。

——他提高了家人的生活水准。如果一直拖延，直到所有的条件都解决时，很可能永远买不起了。

让我们再来认识另一位先生。席第先生代表另一种类型，他不满现状，但他一定要等到万事俱备以后才去做，结果……

第二次世界大战之后不久，席第先生进入美国邮政局的海关工作。他很喜欢他的工作，但5年之后，他对于工作上的种种限制、固定呆板的上下班时间、微薄的薪水以及靠年资升迁的死板人事制度（这使他升迁的机会很小），愈来愈不满。

他突然灵机一动。他已经学到许多贸易商所应具备的专业知识，这是他在海关工作耳濡目染的结果。为什么不早一点跳出来，自己做礼品玩具的生意呢？他认识许多贸易商，他们对这一行许多细节的了解不见得比他多。

自从他想创业以来，已过了10年，直到今天他依然规规矩矩在海关上班。

为什么呢？因为他每一次准备搏一搏时，总有一些意外事件使他停止。例如，资金不够、经济不景气、新婴儿的诞生、对海关工作的一时留恋、贸易条款的种种限制以及许许多多数不完的借口，这些都是他一直拖拖拉拉的理由。

所以说，不要等到万事俱备了才着手奋斗，只有在实干中创造，才会闯出新路。